W0109707

WAGENBACHS TASCHENBÜCHEREI

Rom in Blüte (3. Jahrhundert). Am oberen Bildrand das Stadion des Domitian (heute die Piazza Navona); unten Mitte das Kapitol, links das Marcellus-Theater; rechts beginnen die Kaiser-Fora. Rekonstruktion von Gismondi, Rom, Museum der römischen Kultur

Die Überreste heute: Das Forum. Nur noch Touristenattraktion

Werner Raith

Das verlassene Imperium

Über den Ausstieg des römischen Volkes
aus der Geschichte

Verlag Klaus Wagenbach   Berlin

Meiner Frau Xenia und unseren Kindern
Xenia Adriana und Jessica Maria

Wagenbachs Taschenbücherei 92

© Verlag Klaus Wagenbach, Bamberger Straße 6, 1000 Berlin 30
Satz und Druck: DRUCKHAUS Neue PRESSE Coburg
Umschlagentwurf: Jürgen Holtfreter
Fotos: Werner Raith
Auszugsreproduktionen: Klaus Wehmeier, Reinheim-Georgenhausen
Repros: Reprowerkstatt Rink und Silbermann, Berlin
Bindung: Hans Klotz, Augsburg
Alle Rechte vorbehalten. Printed in Germany
ISBN 3 8031 2092 6

Inhalt

Die kaiserliche Verkörperung römischer
»Kultur«: Kaiser Hadrian. Philosoph, Bild-
hauer, Maler, Architekt, Wissenschaftler.
Hier zertritt er eben einen »Barbaren«, der
nicht an römischer »Kultur« teilhat. Abguß
einer Statue aus Kreta; Rom, Museum der
römischen Kultur

Ein folgenreicher Schritt:
Die Verkehrung des Begriffs »Kultur«

> Sage niemals von einer Sache: ›Ich habe
> sie verloren‹, sondern: ›Ich habe sie
> zurückgegeben‹. *Epiktet, Encheiridion*

Am 20. April des Jahres 45 vor unserer Zeitrechnung ernannten die römischen Senatoren Gaius Julius Caesar zum »Imperator auf Lebenszeit«, für zehn Jahre zum Diktator und zum Konsul und erbauten ihm obendrein noch einen eigenen Tempel.

Die Ämterhäufung, allenfalls für Krisenzeiten vorgesehen, kam diesmal nicht vor oder während einer Schlacht oder zur Abwendung eines Bürgerkriegs zustande, sondern *danach* – und mithin betrachteten überzeugte Republikaner den Vorgang mit recht gemischten Gefühlen. Sie argwöhnten, daß da alsbald die Wiedereinführung des Königtums – das man vor mehr als vier Jahrhunderten abgeschafft hatte – auf sie zukommen würde.

Die Gegner Caesars reagierten unterschiedlich. Die Optimisten blieben in Rom, in der Annahme, daß man gegen die drohende Alleinherrschaft noch rechtzeitig etwas unternehmen könne (tatsächlich waren dann bei der Ermordung des Feldherrn im Jahre 43 v. u. Z. mehr als 60 Senatoren in die Aktion eingeweiht). Die Pessimisten gaben die Sache verloren und zogen sich schon um 45 aus der Hauptstadt auf ihre außerhalb gelegenen, meist riesigen und prächtigen Landsitze zurück.

Zu letzteren gehörte Marcus Tullius Cicero, der trotz einer eiligst zum Lobe Ceasars gehaltenen Rede der Sache ganz und gar nicht traute. Er ging auf sein Gut in Tusculum – in den Albaner Bergen, nahe dem heutigen Frascati - und widmete sich wissenschaftlichen Studien. Er ließ seine Gedanken aufzeichnen, und sie kamen als »Tusculaner Gespräche« auf uns. Im zweiten Buch schreibt er:

»Wie ein Acker, auch wenn er fruchtbar ist, ohne Pflege (cultura) keine Frucht tragen kann, so auch die Seele nicht ohne Belehrung. Jedes ist ohne das andere wirkungslos. Pflege der Seele (cultura animi) ist aber die Philosophie: sie zieht die Laster mit der Wurzel aus, bereitet die Seelen dazu, die Saat zu empfangen, übergibt sie ihnen und säet sozusagen, was dann, wenn es ausgewachsen ist, die reichste Frucht bringt.«[1]

Die Formel »cultura animi« war neu, möglicherweise eine Eigenschöpfung Ciceros. Und sie sollte Folgen haben: denn diese Bedeutung von »cultura« erwies sich als so einprägsam, daß sie schon bald den alten Sinn des Wortes verdrängte, der sich ursprünglich von »colere« (sammeln, lesen, pflücken) herleitete. Wollte man künftig diese originale Bedeutung verwenden, mußte man schon etwas hinzusetzen, etwa »ager«: »agri cultura«. Was vorher selbstverständlich im Wort »cultura« lag, seinen Inhalt ausmachte, war nun nur noch durch Zusatz wieder zu bezeichnen; »cultura« bezog sich fortan auf die »Seele«.

Dieser neue Begriff »cultura« tendierte nun von Anfang an in eine ganz bestimmte Richtung. Er beinhaltete das, was Menschen wie Cicero darunter verstanden - »geistige« Dinge, die man durch Schule, durch Studium, durch Wissenschaft, durch musisches Tun erwirbt; bürgerlich-städtische Eigenschaften also. Gerade das, was den Stadtmenschen vom Bauern unterscheiden soll. Eine Generation nach Cicero besang der Dichter Ovid das neue Ideal, das im Gegensatz zu den Land-Sitten stand, folgendermaßen:

»Lobe das Alte wer mag! Ich preis es als Glück, daß ich jetzt erst lebe;
    nach Art und Sinn passen wir: ich und die Zeit.
Nicht weil jetzt das geschmeidige Gold aus der Erde gewühlt wird,
    Weil man Perlen sich holt von dem entlegensten Strand,
Nicht weil Feld und Gebirg durch Marmorbrüche man abträgt,
    Weil man durch Molen des Meeres bläuliche Fluten vertreibt:
Nein, weil Bildung herrscht, und der Ahnherrn bäurische Sitte,
    Nicht mehr dauert und nicht unsrer Zeit sich vererbt.«[2]

Das Gefühl, daß mit der »Kultur« allerhand Ursprüliches zerstört wird, ist deutlich vorhanden: dennoch, gerade

8

die Abkehr vom bäurischen Leben und Wertgefühl ist der zentrale, hochgelobte und alles rechtfertigende Aspekt. Eine Einstellung, die die literarischen Zeugnisse bis weit ins 5. Jahrhundert hinein weiterbehalten[3].

Erst mit dem Abbau der städtischen Vormacht, der zunehmenden Neuagrarisierung im Mittelalter, kam dieser bürgerliche Begriff von »cultura« wieder aus der Mode. Um dann in der Neuzeit wieder fröhliche Urständ zu feiern, als man begann, die vorangegangene Zeit (des »Mittelalters«) als »roh«, »finster« und »barbarisch« zu qualifizieren, und nach einer Erneuerung (»Renaissance«) der antiken Stadt-»Kultur« suchte. Rechtsgelehrte wie Samuel Pufendorf (im 17. Jahrhundert) nahmen sich des »Kultur«-Begriffes ebenso an wie (im 18. Jahrhundert) Schulmänner vom Schlag Johann Gottfried Herders oder Philosophen wie Immanuel Kant; und ganz zum Inbegriff künstlich-künstlerischer Menschheitserrungenschaften geriet der Gedanke dann im 19. Jahrhundert, als ihn etwa Friedrich Nietzsche so faßte: »Kultur ist vor allem Einheit des künstlerischen Stiles in allen Lebensäußerungen eines Volkes.«[4]

Anhänger einer »Kulturstufen-Theorie« entwickelten dann flugs eine ganze Skala von Aufstiegs-Ebenen, vom vormenschlichen Primitivling bis zum gestandenen Bürger; so etwa der Reformpädagoge Ludwig Gurlitt 1909:

»Jedes Kind macht unbewußt den Kulturaufstieg der Menschheit durch, der sie aus Klettertieren zu Jägern, Viehzüchtern, Kriegern, Feldbauern und Städtebauern machte . . .«[5]

Und die Philosophen Max Müller und Alois Halder definieren 1958 in ihrem »Philosophischen Wörterbuch« ganz allgemein Kultur als

»die Gestaltung seiner selbst und seiner Welt, die der Mensch als geistiges Wesen vollbringt, also die Entwicklung und Veredlung der natürlichen Fähigkeiten des Menschen, der aus dem Menschen herausgesetzten äußeren Lebenseinrichtungen, endlich der in der äußeren Natur gegebenen Existenzbedingungen. Die *subjektive* Kultur ist weithin mit Bildung und Gesittung gleichwertig; *objektive* Kultur ist das vom Menschen geschaffene Werk, besonders Wissenschaft, Kunst, Recht usw. Zur objektiven Kultur rechnet man auch die Mittel der Kultur, wie Forschungsinstitute, Schulen, Theater, Wirtschaftsordnungen, soziale Einrichtungen.«[6]

Was »cultura« ursprünglich und dann wieder im Mittelalter bedeutet hatte, nämlich unmittelbaren Umgang mit der Natur, Bebauen der Erde, Verbesserung des Bodenertrags zur Gewährleistung der Selbsterhaltung - und vorwiegend dieser -: all das wurde nun, wie schon in der römischen Antike, wieder zum Synonym für »Kultur«-Losigkeit, für Rückständigkeit, für Barbarei.

Hierin geben übrigens auch marxistische Deutungen kaum eine andere Figur ab. Zwar wird dabei nicht mehr die »bürgerliche« Kultur als Nonplusultra menschlicher Entwicklung gesehen, sondern auch der Eigenwert proletarischer, handwerklicher, bäuerlicher Kultur betont. Aber am Ende bezieht sich der Begriff doch vor allem auf den technisch-industriellen und damit städtischen Zusammenhang. Klaus/Buhrs »Marxistisch-leninistisches Wörterbuch der Philosophie« bemerkt:

»Die Anwendung der menschlichen Schöpferkräfte mit dem sittlichen Streben nach Vervollkommnung der Menschen zu vereinen und diese Einheit als oberstes Prinzip des demokratischen gemeinschaftlichen Handels zu realisieren, führt zur harmonischen Wechselbeziehung und gegenseitigen Durchdringung von technisch-ökonomischer und kulturell-sozialer Entwicklung, ist eine Gesetzmäßigkeit der sozialistischen Menschengemeinschaft.«[7]

Erst in den allerletzten Jahren hat auf breiterer Basis eine Sensibilisierung gegenüber diesen angeblichen »Gesetzmäßigkeiten«, seien sie bürgerlich oder proletarisch akzentuiert, eingesetzt. Klar wurde nicht nur, daß die hochgeschätzten »Kulturleistungen« historisch am Ende stets auf der Ausbeutung der Arbeit unzähliger Menschen beruhen - in Rom etwa der Sklaven, in der Neuzeit der Proletarier, heute der Menschen der dritten Welt -: klar wurde auch, daß die »Kultur« mittlerweile längst dabei ist, die Lebensbedingungen der Menschen selbst zu zerstören. Die hohen Errungenschaften der »Kultur«, die sich in Wissenschaft und Technik, in »Verfeinerung« der Sitten und der Entwicklung der Kunst manifestieren, bedeuten heute für immer mehr Menschen gleichzeitig die bedenkenlose Verschleuderung lebenswichtiger Grundlagen in Natur und Umwelt, die nicht mehr rücknehmbare Zerstörung der Lebensfundamente schlechthin.

Und im Zuge dieses Umdenkens ist heute bereits für

ganze Gruppen ehemals eingefleischter Stadtmenschen eine Existenz auf dem Lande mit all ihren Einschränkungen nicht mehr das bloße Reservat der Rückständigkeit und auch nicht bloß ein für einige Wochen lohnendes Alternativ-Leben in guter Luft. Die Erhaltung oder Wiederherstellung einer originären »cultura« kündigt sich als eine zentrale Aufgabe zumindest in den Industriegesellschaften allenthalben an und scheint sich zu einem Jahrhundertproblem auszuwachsen. Freilich sind wir uns heute über die Tragweite einer solchen »Wende« nicht im klaren – wir haben eben keine Erfahrung mehr mit einer ursprünglichen »cultura«.

Für die Geschichtsschreibung eröffnet sich damit ganz unversehens eine bisher völlig verschlossene Möglichkeit: nämlich die Gesellschaftsformen, die wir bisher als rückständig, oder allenfalls als Zwischenstadium zwischen zwei Perioden »hoher« Kultur angesehen haben, neu zu bewerten. Erstmals läßt sich die Formierung einer vor allem oder ausschließlich vom Bodenertrag bestimmten Sozialstruktur nicht mehr nur als einen »Rückfall« in überwunden geglaubte halbwilde Zustände begreifen, sondern als eine Lebensform, die von Menschen bewußt und mit voller Absicht auf sich genommen wurde – obwohl sie vorher die »Segnungen« der städtischen Kultur kennengelernt hatten.

Erstmals kann damit auch eine Tatsache wieder ins Bewußtsein gerückt werden, die die Geschichtsschreibung stets nobel verschwiegen, ausgeklammert oder abgewertet hatte: daß nämlich all die historisch bekannten »Hochkulturen« überhaupt nur deshalb entstehen konnten, weil sie auf einem jahrhunderte-, ja jahrtausendelang intakten und kultivierten agrarischen Umfeld gründeten, das sie bedenkenlos ausbeuteten – das ist bei den babylonischen und ägyptischen Stadt-Kulturen nicht anders als in Griechenland und im alten Rom; und auch in der Neuzeit konnte die Blüte der Keimzellen des Kapitalismus – wie Florenz, Mailand, Paris, der holländischen und der deutschen Zentren des frühen Welthandels – nur deshalb entstehen, weil zwischen dem alles aussaugenden römischen Reich der Antike und der rasanten Entwicklung der Neuzeit fast ein Jahrtausend geduldiger Wiederbelebung der agrarischen Produktionsformen und der Wiederschaffung einer halbwegs intakten Umwelt lag.

Auf diese Weise ergibt sich für den Historiker auch eine gänzlich neue Antwort auf die seit dem 17. und 18. Jahrhundert von bürgerlicher – und seit hundert Jahren auch von sozialistischer – Seite gestellten Frage nach dem »Untergang« des einst nahezu weltumspannenden Römischen Reiches. Hatte man das Verschwinden dieses Imperiums bisher als Folge entweder innerer Zersetzung, Unfähigkeit der Regierung oder äußerer Aggressionsakte interpretiert, so stellt sich heute die Frage, ob der Übergang zur fast reinen Agrargesellschaft des Mittelalters nicht auf ganz anderer Ebene und unter ganz anderen sozialen und psychologischen Grundlagen stattfand. Mit anderen Worten: ob nicht die Völker dieses gigantischen Weltreichs einschließlich seines Zentrallandes Italien weithin absichtlich und bewußt nach Alternativen zum Imperium gesucht haben, deren eine (und, wie sich zeigen sollte, folgenreichste) die Rückkehr aufs Land und zur Landbestellung war. Eine Rückkehr also von der »cultura animi« zur »agri cultura«.

Diesen Fragen ist das folgende Buch gewidmet.

Römer mit »kultureller« Beute. Hier haben sie den Tempel von Jerusalem beraubt. Relief vom Titusbogen, Rom

EINLEITUNG

Vom Bauernvolk zur Weltmacht - und zurück?
Die Legenden vom »Untergang« des Römischen Reiches

> Was gibt es noch Sicheres, wenn Rom
> untergeht?   *Hieronymus, Epistulae*

Über den »Niedergang«, »Verfall«, »Untergang« des römischen Reiches wurde schon spekuliert, als diese Entwicklung noch keineswegs besiegelt schien. Meist kamen solche Überlegungen nach besonders deprimierenden Erfahrungen der Römer zustande - im allgemeinen dann, wenn sich die ansonsten alles niederwalzende Kriegsmaschinerie einmal nicht so recht bewährt hatte, insbesondere wenn dies im eigenen Land oder unter Verlust besonders hoher Vertrauensträger geschah. Etwa, als Kaiser Valens 378 in einer Schlacht gegen die Ostgoten bei Adrianopel (heute Edirne/ Türkei) nicht nur besiegt worden, sondern selbst gefallen war - schließlich hatten die Römer bisher das Privileg, Kaiser umzubringen, selbst beansprucht: alleine zwischen 235 und 284 wurden dreißig regierende (22 davon in aller Form anerkannte) Kaiser von den eigenen Leuten ermordet, und die durchschnittliche Regierungsdauer im 3. Jahrhundert u. Z. betrug kaum zweieinhalb Jahre. - Ein anderer Auslöser für aufkommende Untergangsstimmung war 410 der Sieg Alarichs und seiner Vandalen und die anschließende Plünderung Roms; selbst christliche Romfreunde wie der Heilige Augustinus verfielen in Schwermut und fragten sich, ob das in manchen Bibel-Schriften angekündigte Weltende nun nahe sei (eine Frage, die Augustinus am Ende mit nein beantwortete - womit er recht behielt -; stattdessen deutete er die Katastrophe lieber als Strafe für Sünden der Römer oder gar als Teufelswerk). Ein weiteres Datum war 476, als der Germanenführer Odoaker den letzten regierenden Kaiser

Römischer Alptraum: ihr Kaiser unterwirft sich einem »Barbaren«-Herrscher.
Hier Philippus Arabs, der den Sassaniden-Führer Schapur um Frieden bittet.
Relief von Naghsch e Rostan bei Persepolis (Ausschnitt)

Roms auf sein Landgut in Pension schickte; dieses Jahr
merkte später der erste mittelalterliche Geschichtsschreiber
Roms, Paulus Diaconus, im 8. Jahrhundert als Verfallsjahr
an. Dazwischen, auch danach, fanden die alten Rom-For-
scher aber auch noch andere Jahre, in denen das Ende
besiegelt worden sein sollte, so etwa die - von Diocletian
schon im endenden 3. Jahrhundert versuchsweise einge-
führte, dann nach dem Tod von Theodosius dem Großen 395
endgültige - Reichsteilung in ein (von Constantinopel aus
regiertes) Ostrom und ein Westrom (mit Herrschaftssitz in
Italien).

Aber Untergangsängste waren den Römern eigentlich
nichts Neues; schon lange vor der Kaiserzeit wurden sie von
Zeit zu Zeit von Vernichtungserwartungen heimgesucht,
auch damals schon vor allem nach verlorenen Schlachten.
Der Angstruf „Hannibal vor den Toren" im 3. und zu
Beginn des 2. Jahrhunderts v. u. Z. signalisierte das ebenso
wie der entsprechende Schrei zwischen 73 und 71 v. u. Z., als
der entlaufene Sklave Spartacus mit seinem zusammenge-
würfelten Bauern- und Sklavenhaufen Italien landauf landab
durchzog und ein römisches Heer nach dem anderen schlug[1].

14

Allerdings ist für den späteren Betrachter nicht immer ganz leicht zu entscheiden, welcher der Untergangsrufe der zeitgenössischen römischen Redner eher als rhetorisches Mittel zum Aufrütteln von Senatoren und Rittern gedacht war, und welcher ernst gemeint war. Entsprechend muß man die verschiedenen Begründungen für den angeblichen Verfall einordnen, die von den antiken Autoren angeführt werden.

So sah der – nichtchristliche – spätantike Historiker Ammianus Marcellinus die Gründe für die zunehmende Bedeutungslosigkeit des historischen Rom darin, daß auch eine weltbeherrschende Macht irgendwann ins Alter kommen muß:

»Das Volk dieser Stadt hat von seiner ersten Kindheit bis zum Ende des Knabenalters, in einem Zeitraum von etwa dreihundert Jahren, Kriege im Umkreis seiner Mauern bestanden. Als es danach in ein gereifteres Alter eingetreten war, drang es nach vielfachen Kriegsstürmen über die Alpen und das Meer vor. Zum Jüngling und Mann herangereift, hat es in allen Gegenden des Erdkreises Lorbeeren und Triumphe geerntet. Schließlich schon dem Greisenalter nahe und zuweilen alleine durch seinen Namen überlegen, hat es sich einem ruhigeren Leben zugewandt ... und wie eine besonnene, kluge und reiche Mutter den Kaisern als ihren Söhnen die Verwaltung ihres Erbteils anvertraut ...«[2]

Leider aber verhielten sich, nach Ammianus Marcellinus, die Erben nun überwiegend nicht so, wie es sich für anständige Nachfahren gehörte, und so war es kein Wunder, daß sich beim Volk und sogar bei den ehrenwerten Senatoren und vor allem beim Militär – Ammianus war selbst hoher Offizier – Haß und Unzufriedenheit angestaut hatten und so der Staat zu Ammianus' Zeiten von innen heraus im Zerfallen begriffen war[3].

Ammianus Marcellinus nahm dabei eine These wieder auf, die schon ein Jahrhundert vorher ein christlicher Rom-Deuter, Caecilius Cyprianus, formuliert hatte, der aus dem ständigen Spiel des Kaiser-Machens, Kaiser-Absetzens und -Ermordens und wieder neuen Kaiser-Machens auf die Abnutzung des gesamten Systems schloß und der den allgemeinen Sittenverfall als Hauptgrund für die Misere des zeitgenössischen Rom interpretierte:

»Du mußt wissen, daß die Welt bereits alt geworden ist und nicht mehr in ihrer früheren Kraft steht . . . Sie bezeugt ihren eigenen Untergang durch den sichtlichen Verfall aller Dinge.«[4]

Später, als sich schon deutlicher abzeichnete, daß Rom nicht mehr fähig war, seine militärische und politische Großmacht aufrechtzuerhalten und kriegerische Ereignisse immer näher an die Stadt heranrückten, ja die Stadt selbst nicht mehr verschonten, sahen sich die römischen »Patrioten« allmählich genötigt, das schon fast selbstverständlich gewordene Wort von der »Roma aeterna«, dem »ewigen Rom« phantasievoll zu modifizieren: denn als unüberwindbares Reich hatte es, weithin jedenfalls, ausgespielt. So ging z. B. Augustinus daran, die Vorstellung der weltlichen Größe Roms von dem ideellen Gedanken eines erdumfassenden Reiches abzulösen. So entstand die Idee des »Gottesstaates«, der nunmehr als allgemeine Staatstheorie zu gelten begann, und aus dem sich alsbald alle möglichen Herrschaftsformen ableiten ließen, wenn sie nur in irgendeiner Weise den christlichen Gott und die Umsetzung von dessen Willen in staatliche Organisationsformen akzeptierten. Damit konnte der Gedanke des Römerreichs als ideologische Größe aufrechterhalten werden – konsequent wird sich im Mittelalter daher auch das »Heilige Römische Reich Deutscher Nation« konstituieren –, ohne daß die römische Verfassung und das von der Stadt Rom selbst ausgehende Reich noch überleben mußten.

Meist indes waren es kaiserliche Hofschreiber, die die immer häufigeren Niederlagen Roms zu interpretieren suchten; und in der Regel verstanden sie diese Niederlagen als korrigierbare Rückschläge: sie hofften auf baldigen Wiederaufschwung, wenn nur die Hauptursachen beseitigt würden. Hauptursachen war ihnen dabei zumeist das, was man heute in etwa als »menschliches Versagen« bezeichnen würde: ein unbeherrschter oder unfähiger Kaiser, ein ungeschickter Feldherr, Intrigen am Hofe, vielleicht auch ungnädige Götter. Und christliche Interpreten sprachen von einer »Strafe Gottes« für angeblichen Sittenverfall – wofür sich die Nichtchristen revanchierten, indem sie wiederum die Christen als Hauptursache für die Schwierigkeiten bezeichneten. So lag schon der Kirchenvater Tertullian im 2./3. Jahrhundert mit der römischen Obrigkeit in Fehde darüber, wer nun

16

Schuld an der Misere habe; so manche Christenverfolgung - wie die unter Diocletian zu Beginn und die unter Julian Apostata in den sechziger Jahren des 4. Jahrhunderts - wurde mit der »staatszersetzenden« Haltung der Christen gerechtfertigt; umgekehrt begründeten schon unter dem zum Christentum übergetretenen Constantin dem Großen die nun auf den Plan tretenden Heidenverfolger ihr Vorgehen mit den gleichen Argumenten, nur andersherum - jetzt waren die Ungläubigen an allem schuld.

Mit dem endenden 4. Jahrhundert trennte sich die Geschichte des römischen Westens von der des Ostens, und nominell hörte Westrom - der Bereich also, der Italien, Gallien, Spanien und Teile Germaniens umfaßte - als einheitliches Herrschaftsgebiet 476 zu existieren auf. Der Osten - mit seiner Hauptstadt Constantinopel, das im 4. Jahrhundert von Constantin nahe dem alten Byzantion gegründet worden und alsbald zum eigentlichen Organisationszentrum des noch bestehenden Gesamtreichs geworden war - überdauerte aus verschiedenen, in den folgenden Kapiteln am Rande zu benennenden Gründen bis ins 15. Jahrhundert. Uns interessiert hier aber vor allem die Geschichte des Westens.

Als sich im 6. und 7. Jahrhundert im Gefolge der Völkerwanderung germanische Stämme nicht nur auf ehemaligem weströmischen Reichsboden niederließen, sondern auch Königreiche gründeten, als im 8. und 9. Jahrhundert einzelne germanische Fürsten auch den Schutz - d. h. die Besetzung, Ausplünderung und dann die Herrschaft - Roms übernahmen, bildete sich das »Römische Reich Deutscher Nation« heraus. Nach den Ursachen des »Untergangs« des alten Rom wurde da nicht mehr gefragt: denn jetzt war eine neue Epoche angebrochen, es hatte sich das vom Christentum westlich-katholischer Prägung geleitete Herrschaftssystem etabliert, und so galt es als ausgemacht, daß gegenüber diesem heilswürdigen Reich das alte heidnische ohnehin unterlegen war.

Erst mit der Herausbildung neuer Großreiche im - nunmehr als »Europa« bezeichneten - »Abendland« der Neuzeit kamen wieder Probleme einer anderen Reichsorganisation und -gestaltung auf, und damit zwangsläufig auch die Frage, warum das alte, bürgerliche Römerreich entschwunden war und einem agrarisch bestimmten, später feudalen System Platz gemacht hatte. Die Humanisten des 14.-16. Jahrhunderts – selbst meist Angehörige von Stadtrepubliken – begannen mit der Erforschung des vorkaiserlichen Rom; schon das 17., besonders stark aber das 18. Jahrhundert (v. a. seit Montesquieu), stellten die Frage nach dem Aufstieg und bald auch nach dem Niedergang des römischen Reichs ganz in den Vordergrund.

Aber wie schon in der Antike selbst, klafften die Interpretationsansätze bald weit auseinander – und sie tun es heute noch. In einer umfangreichen Dokumentation hat Karl Christ 1970 die maßgeblichen Aussagen seit der Aufklärung zusammengestellt[5]. Mehr als zwei Dutzend »Denkschulen« haben sich bisher etabliert, seit der neuzeitliche »Klassiker« der Erforschung des späten Rom, Edward Gibbon, 1781 ziemlich ratlos vermerkt hatte:

»Anstatt zu fragen, warum das Römische Reich zerstört wurde, sollte man lieber erstaunt sein, warum es so lange Bestand gehabt hatte.«[6]

Ein paar Beispiele aus dem Bündel von Mutmaßungen über die Lösung dieser Fragen sollen hier angeführt werden.

Da behauptete der – natürlich – deutsche Gelehrte Otto Seeck (1895), die »Ausrottung der Besten« habe das Römische Reich seiner fähigsten politischen Köpfe beraubt und nur das Mittelmaß zurückgelassen, mit dem sich aber keine Weltmacht betreiben ließe[7]. Die Frage, ob diese »Besten« aber für das Reich wirklich notwendig waren, und ob die in den Annalen genannten Gemeuchelten nicht doch bloß eine reine Titelaristokratie ohne politische Substanz darstellten, stellte er sich lieber nicht; auch blieb offen, ob nicht die unendlichen Scharen von Arbeitern, Bauern, Sklaven den wirklichen Reichtum und damit die Basis der Macht geschaffen haben. Andere Historiker, vor allem Max Weber[8], sahen denn auch eher im Ausbleiben des Sklavennachschubs nach Beendigung der Expansion (unter Tiberius) den Grund für die Wirtschaftsprobleme der kommenden Jahrhunderte. Daneben auch noch die Verlagerung der Wirtschaftszentren aus der Mittelmeerküstengegend ins Hinterland: diese These ließ sich aber nicht halten.

Wirtschaftliche Gründe fand auch der amerikanische Althistoriker W. L. Westermann, der allerdings die Rolle der Sklaven für die Gesamtwirtschaft mit allen möglichen Mitteln herunterzuspielen suchte: er hatte stattdessen (1915) einen anderen Schuldigen für den Niedergang gefunden:

»Der wirtschaftliche Hintergrund für den Niedergang der Kultur war nicht die Sklaverei, sondern der römische Colonat.«[9]

Der Colonat war das System der Landbewirtschaftung, in dem große Landgüter (Latifundien) von Bauern im Auftrag und zugunsten der Landbesitzer bestellt wurden; die Arbeiter waren dabei an das ihnen übergebene Stück Land gebunden und hatten aufgrund der Ausbeutung durch die Landeigner kein besonderes Interesse an hohem Ertrag.

Außer ökonomischen Gründen fanden die Spurensicherer aber auch noch andere angeblich durchschlagende Ursachen: da war z. B. schlicht das Klima schuld an der Misere (was Ellsworth Huntington dem staunenden Publikum 1917 anhand kalifornischer Mammutbäume weiszumachen versuchte[10]); auch die »Rassenmischung« im Römischen Reich mußte herhalten (was Tenney Frank 1915 postulierte[11]); A.E.R. Boak sah – 1955 – den Bevölkerungsrückgang und die »Überfremdung«, »Barbarisierung« des Heeres als Niedergangsgrund[12].

Julius Beloch machte da schon lieber die Unfähigkeit der Römer zu originärer Kulturschöpfung verantwortlich – sie hatten allenfalls den Griechen ihre geistigen Güter geraubt, sie aber nicht einmal verstanden; und selbst auf dem Gebiet des Handwerks, der Technik der Bodenbestellung kamen sie nicht über das Althergebrachte hinaus. Beloch 1900:

»Das alles führte dann schließlich auch zu einem Rückgang im Wirtschaftsleben; denn hier lassen sich nur durch Energie und Unternehmungsgeist Erfolge erzielen . . . Die Römer selbst haben es nicht vermocht, eine eigene Kultur zu erzeugen oder auch nur die griechische Kultur weiterzubilden.«[13]

Weshalb, so Beloch, die einzige Leistung der Römer denn auch darin bestehe, die griechischen Errungenschaften in alle Welt verstreut und zum Teil unverstandenerweise konserviert zu haben – bis im Florenz der Renaissance und dann natürlich besonders im deutschen Neuhumanismus des 19. und 20. Jahrhunderts (z. B. durch Beloch) die »eigentliche« Wiederentdeckung der Kultur erfolgte.

Mangelnde Leistungsfähigkeit des Römischen Reichs hielt auch der bis heute meistzitierte Theoretiker des römischen Niedergangs für die Hauptursache, der Russe Michail I. Rostovtzeff. Er formulierte seine Thesen vom großbürgerlichen Standpunkt her und angesichts der sowjetischen Revolution (geprägt von der Ablehnung dieser Umwälzung): im Gegensatz zu Beloch ging es aber Rostovtzeff nicht um eine Leistungsfähigkeit im ideologischen Bereich, sondern um Handfesteres:

»Das Römische Reich war zu klein und zu arm, um die gewaltige Leistung vollbringen zu können, die die Schaffung von Eisenbahnen, Fabriken usw. dargestellt hätte. Außerdem war, nachdem die unmittelbare Gefahr der Wiederkehr einer langjährigen sozialen Revolution durch Augustus und seine Nachfolger gebannt war, ein großer Teil der Energie des Römischen Reiches konzentriert auf die Sicherheit des Staates . . . Die Ergebnisse dieser Entwicklung waren einerseits das Ende des eben im Werden begriffenen kapitalistischen Systems, andererseits die umfassende Vereinfachung des wirtschaftlichen Lebens aufgrund der Verarmung der einzelnen Bewohner des Römischen Reiches . . .«[14]

Auch die römische Militär- und Heerespolitik schon der ersten Kaiser war dazu angetan, dem Reich den Garaus zu machen: Ernst Kornemann (1922)[15] hielt sie von der Konzeption her verfehlt, Norman H. Baynes[16] meinte, im Westen habe – im Gegensatz zum Osten – einfach das nötige Geld gefehlt, um die Truppe schlagkräftig zu erhalten.

Neben Rostovtzeffs Ärmlichkeitsthese wird vor allem noch eine andere häufig zitiert. Sie stammt von André Piganiol und wurde angesichts des Einmarsches der Deutschen in Frankreich während des Zweiten Weltkriegs formuliert. Zwar hat er sie selbst bald differenziert, aber geichwohl geistert sie noch immer umher. In ihrer ersten Form lautete sie kurz und bündig:

»Die römische Kultur ist nicht eines natürlichen Todes gestorben. Sie ist ermordet worden.«[17]

Und zwar folgendermaßen:

»Die Katastrophe ist in Form der Barbareneinfälle hereingebrochen. Die Germanen bewohnen unwirtliche Länder, deren unfruchtbaren Boden urbar zu machen sie zu bequem sind. Sie ziehen den Krieg geordneter Arbeit vor und fallen *fame urgente* in die benachbarten Staaten ein. Weder der Einfluß Griechenlands noch der Roms hat sie in so vielen Jahrhunderten zivilisieren können . . . Gegen eine so offensichtliche und große Gefahr wäre es für Rom nötig gewesen, eine starke Armee aufzustellen. Nun haben die römischen Kaiser seit Augustus aus Furcht vor der Freiheit systematisch die Bürger entwaffnet und die Verteidigung des Reiches Söldnern anvertraut . . . Rom ist vor allem aufgrund des Verzichts auf Kriegsdienstpflicht der Bürger untergegangen.«[18]

Man kann eben mit den arbeitsscheuen und gefräßigen Germanen nur dann in Frieden leben, wenn man rechtzeitig eine force de frappe aufbaut.

Die Untergangstheorien widersprachen sich im Laufe der Zeit so sehr, daß sich die Forschung gezwungen sah, nicht nur die Frage nach der »Untergangsursache« unentschieden sein zu lassen, sondern auch die Frage danach, wann und wo der »Verfall« denn begonnen hatte. Am radikalsten ist hier die Lösung, die u. a. Arnold J. Toynbee (1955) in einer späteren Kritik Gibbons so formulierte:

»Niedergang und Fall des Römischen Reiches waren nicht mehr als eine Episode - und zwar eine späte - im Niedergang und Fall der hellenistischen Kultur; und der Grund ist nicht im ›triumph of Barbarism and Religion‹ im vierten und fünften Jahrhundert der christlichen Zeitrechnung zu entdecken, sondern in den Bruderkriegen zwischen den regionalen Stadtstaaten von Hellas im fünften Jahrhundert vor Christus.«[19]

Stimmt ganz und gar nicht, mokierten sich andere Historiker: spezifisch neue Erscheinungen der Kaiserzeit seien der Zerfallsgrund - vordringlich das gerade während der hoffnungsvollen Etablierung des Kaisersystems auftretende destruktive Christentum, das alle romabträglichen Eigenschaften in sich vereinigte. Arnaldo Momigliano 1957:

»Es scheint mir unmöglich abzustreiten, daß der Reichtum der Kirche sowohl eine Folge als auch eine Ursache des Niedergangs des Staates war . . . Es scheint so, daß die Kirche im Westen, nachdem sie ihren Teil zur Schwächung des Reiches beigetragen hatte, dazu neigte, die Zusammenarbeit mit den Barbaren und sogar die Ersetzung der römischen Behörden durch Barbaren hinzunehmen.«[20]

Natürlich interessierten sich nicht nur die bürgerlichen Theoretiker des Römischen Reiches für das »Ende« der antiken Welt; auch marxistische und sozialistische Historiker nahmen sich der Frage an. Es gab dabei freilich Probleme, denn die Gründerväter des Historischen Materialismus hatten kaum Verwendbares hinterlassen. Marx geht in den

»Grundrissen« nur beiläufig auf den Übergang von der antiken Gesellschaft zur feudalen ein, und auch in Engels »Ursprung der Familie, des Privateigentums und des Staates« kommen nur sehr umrißhafte Verallgemeinerungen zutage, etwa, wenn er die germanische Ordnung des Mittelalters anspricht:

»Das neue Geschlecht, Herren wie Diener, war ein Geschlecht von Männern, verglichen mit seinen römischen Vorgängern. Das Verhältnis von mächtigen Grundherren und dienenden Bauern, das für diese die ausweglose Untergangsform der antiken Welt gewesen war, es war jetzt für jene der Ausgangspunkt einer neuen Entwicklung . . . Ihre persönliche Tüchtigkeit und Tapferkeit, ihr Freiheitssinn und demokratischer Instinkt, der in allen öffentlichen Angelegenheiten seine eigenen Angelegenheiten sah, kurz, alle die Eigenschaften, die dem Römer abhanden gekommen und die allein imstande, aus dem Schlamm der Römerzeit neue Staaten zu bilden und neue Nationalitäten wachsen zu lassen – was waren sie anders als die Charakterzüge der Barbaren der Oberstufe . . . Alles, was die Deutschen der Römerwelt Lebenskräftiges und Lebenbringendes einpflanzten, war Barbarentum. In der Tat sind nur Barbaren fähig, eine an verendender Zivilisation laborierende Welt zu verjüngen. Und die oberste Stufe der Barbarei, zu der und in der die Deutschen sich vor der Völkerwanderung emporgearbeitet, war gerade die günstigste für diesen Prozeß. Das erklärt alles.«[21]

Daran mag man heute allerdings zweifeln.

In den dreißiger Jahren begann sich die sowjetische Geschichtsschreibung intensiver mit der Frage eines Übergangs von der Antike zum Feudalismus zu beschäftigen; Grund dafür war die versuchte Konkretisierung der jeweils revolutionären, sprunghaften Verwandlung von ökonomischen Stufen, die der stalinistische Marxismus postuliert hatte. Dabei gerieten die staatlichen Forscher allerdings in arge Bedrängnis; die Arbeitshypothese, daß sich die Sklaven im alten Rom als revolutionäres Subjekt konstituiert hätten und etwa im Spartacus-Aufstand 73–71 v. u. Z. der Sklavenhaltergesellschaft einen entscheidenden Schlag versetzt hätten, ließ sich so nicht halten; und auch die im 4. und 5. Jahrhundert auftretenden Bauern-, Colonen- und Sklavenrevolten vor allem in Gallien, die im Begriff der „Bagauden"-Aufstände zusammengefaßt wurden, ließen sich nicht als Musterexempel von Aktivitäten eines revolutionären Subjektes begreifen. So griffen die Kreml-Historiker lieber wieder auf die Ansätze Engels' zurück und machten die

Germaneneinfälle verantwortlich und die Germanen zu einer Art Ersatz-Subjekt. Als auch dies angesichts der Quellen nicht zu halten war, entstand dann eine recht verwirrende Deutung des römischen Zusammenbruchs: teils ist von inneren Unruhen im Römerreich, teils von den vordringenden Barbarenstämmen als Ursache die Rede. Das grundlegende - und in der DDR noch in den sechziger Jahren verlegte - Werk über die Geschichte des Mittelalters aus dem Historischen Institut der Akademie der Wissenschaften der UdSSR, redigiert von dem Althistoriker J. A. Kosminski, beschreibt dies dann so:

> »Aber der Einfall der ›Barbaren‹ selbst war nur im Einklang mit den immer häufiger ausbrechenden Sklaven- und Kolonenaufständen möglich. Zahlreiche Stämme der ›Barbaren‹ hatten seit fünf Jahrhunderten erbitterte Kämpfe gegen Rom geführt. Doch bis jetzt hatte der römische Staat über genügend innere Kräfte verfügt, um dem Ansturm der äußeren Feinde standzuhalten. Erst als das Sklavenhalterreich aufgrund der allgemeinen Krise der auf Sklaverei beruhenden Produktionsweise von innen her geschwächt und seine Kräfte durch ununterbrochene Sklaven- und Kolonenaufstände untergraben waren, führten die Einfälle der ›Barbaren‹ zur Eroberung des römischen Staates.«[22]

In den sechziger Jahren - nach der Entstalinisierung - bekam die Forschung in den sozialistischen Ländern eine neue, vor allem auf Untersuchung der historischen Dokumente gründende Richtung, die bald das Stalinsche Schema auflöste und die Frage des Klassenantagonismus eher ausklammerte bzw. durch die Darstellung wesentlicher Nebenklassen ein ganzes Bündel von Zerfallsursachen ausmachte - vor allem E. M. Štaerman entwickelte hier ein Modell, das mehr und mehr auch von DDR-Historikern wie J. Streisand, B. Töpfer oder R. Günther[23] akzeptiert und weiterentwickelt wurde. Insbesondere die Frage nach Übergängen von Spätformen der Urgesellschaft ohne Zwischenschaltung der Sklavenhalterordnung unmittelbar in den Feudalismus, ja sogar direkt in den Sozialismus, trat nun in den Vordergrund.

Das alles aber ändert nichts daran, daß auch die sozialistischen Historiker (wie schon Marx und Engels) ganz im Tone ihrer bürgerlichen Kollegen von einem »Verfall«, »Zerfall«, »Niedergang« oder »Untergang« des Römischen Reiches sprechen und dabei weder genauer definieren, was denn

»Untergang« sei, noch, worauf der sich erstrecken soll. Ist es nur die »Kultur«, also ein Gesamt von ideologischem und ideellem Gut, das zerstört wurde - um dann in der Renaissance wiederaufzuleben -; oder ist es die antike Produktionsweise (sofern man eine solche überhaupt exakt definieren kann), oder nur die administrative Einheit, also die Reichsregierung, die verschwindet - oder am Ende alles zusammen, mehr oder weniger?

Die Fakten, auf die sich alle beziehen, sind eigentlich nur die folgenden[24]:

Rom war, als es im 8. Jahrhundert v. u. Z. deutlicher in die Geschichte trat, eine reine Bauernsiedlung und blieb dies bis ins 6. Jahrhundert; die Verstädterung begann mit der handwerklichen Produktion, die vor allem die Etrusker einbrachten und die die Römer dann - nach der Vertreibung des letzten Etruskerkönigs um 500 v. u. Z. - weiterentwickelten; damit intensivierte sich auch der Handel. Das vom Bauerntum geprägte Königtum wurde nun zugunsten städtischer Verwaltungsformen mit republikanischer Verfassung ersetzt: in den Bauern des Umlands sahen die Stadt-Römer von nun an nur noch ein großes Reservoir von Nachschub (an Lebensmitteln und Menschen). Die Stadt Rom selbst dehnte ihren Einfluß durch Unterwerfung der in Italien lebenden Stämme bis ins 3. Jahrhundert aus, kam in Konflikt mit den ebenfalls expansiven Karthagern und mit den schon seit dem 8. Jahrhundert v. u. Z. in Unteritalien bestehenden griechischen Kolonien und machte sich auch diese untertan. Rom richtete sich ein immer weiter expandierendes Weltreich ein, das von der Metropole her regiert, nach dem Muster städtischer Organisation durch sehr viele kleinere Verwaltungszentren beherrscht wurde, gab dann im 1. Jahrhundert u. Z. allmählich die nicht mehr finanzierbare und vor allem nachher nicht mehr zu sichernde Expansion auf und suchte das Eroberte und Geraubte durch eine immer mehr sich verstärkende Staatsgewalt zu sichern. Am Ende, im 3. - 6. Jahrhundert, verschwand jedoch gerade die starke Zentralmacht weitgehend, konzentrierte sich nur noch auf den Osten, der daher auch mit dem Zentrum Constantinopel bis ins 15. Jahrhundert als Kaiserreich weiterbestand. Der Westen entwickelte sich nach und nach in eine andere Richtung:

am Ende (also am beginnenden Mittelalter, wo immer man dieses auch ansetzen mag) standen ein Italien und Westeuropa, die ihren von der Stadt bestimmten Charakter nicht mehr aufrechthielten, sondern sich zu relativ unabhängigen Agrarländern mit fast ausschließlich vom Bodenertrag lebenden Menschen hinentwickelten.

Nahezu alle Spezifika der einstigen städtischen Produktions- und Distributionsformen wie differenzierte Arbeitsteilung, Geldverkehr, Bankwesen, Groß- und Fernhandel etc. verschwanden fast völlig.

Die Frage ist jedoch: wenn Italien – und mit ihm die einst von Rom beherrschten westlichen Gebiete des heutigen Frankreich, Spanien und Deutschland südlich der Donau und westlich des Rheins – lediglich zu einem Zustand zurückkehrten, der ursprünglich schon einmal geherrscht hatte, warum muß man in diesem Prozeß unbedingt etwas Negatives sehen und ihn als »Niedergang«, »Verfall« und »Untergang« bezeichnen?

Es ist seit den Anfängen des dialektischen Materialismus eine Binsenweisheit, daß Geschichtsschreiber zum gesellschaftlichen Bereich der Ideologen gehören, also zu denen, die die Realität in dieser oder jener Hinsicht deuten; und ebenso bekannt ist, daß diese Deutung naturgemäß von der eigenen Interessenlage abhängt. Solange die Historiker nahezu ausschließlich die Interessen des Bürgertums vertreten hatten oder selbst durchgehend aus diesem kamen, gab es faktisch keine »Geschichte« der nicht-bürgerlichen Klassen (es sei denn, im Zusammenhang mit den bürgerlichen Klassen oder wenn diese gegen die anderen kämpfte); erst als die Arbeiterbewegung erstarkte, kümmerten sich auch Historiker um deren Geschichte sowie allgemein um die Geschichte der Unterklassen.

So viel seither auch an Einzelnachrichten über die Historie der »Volksmassen«, der »einfachen« Menschen gesammelt wurden und so sehr die bürgerlich orientierte Historiographie mittlerweile abdanken mußte, so wenig hat sich aber dennoch an einer Grundeinstellung geändert: selbst wenn bürgerliche Geschichte nur als überwindbare – oder gar schon überwundene – Epoche der Menschheitsentwicklung interpretiert wurde, so blieb doch bei alledem eines außer

Zweifel, daß nämlich das jeweils untersuchte Zeitalter zumindest in seiner historischen Funktion »fortschrittlich« gewesen war (oder noch ist) – und zwar gemessen an der vorangegangenen Epoche; bezüglich der neuzeitlichen Städter-Gesellschaft also das Mittelalter, bezüglich Roms die originär agrarische Produktions- und Sozialstruktur.

Dies wird besonders dort deutlich, wo das Mittelalter nicht mehr bloß als »dunkles« Zeitalter angesehen wird, sondern wo man sich bemüht, auch hier »Werte« zu entdecken. Welche Werte aber sind dies? Es sind: hervorragende kunsthandwerkliche Schöpfungen (wie sie etwa die Ausstellung »Karl der Große« in Aachen 1964 besonders in den Vordergrund gestellt hat); besonders diffizile wissenschaftliche Erörterungen; erstaunliche Kraftanstrengungen in Logistik und Durchführung kriegerischer Unternehmungen (wie etwa der Kreuzzüge). Vor allem aber: die Konservierung, die Rettung antiken Erbes in den Klöstern und Domschulen, die Schaffung neuer Hochschulformen, vor allem der Universitäten – deren wirkliche Entfaltung dann erst in der Neuzeit zum Tragen kam, eben weil sie bürgerliches Erbe weitergaben.

Der typisch auf unsere bürgerlich-städtische Fortschrittsideologie zugeschnittene Interpretationsmodus wird dann besonders sichtbar, wenn man einzelnen angeblich besonders hochstehenden Epochen noch ein zusätzliches Etikett verpassen zu müssen glaubt: so wird nun die Frankenzeit mit ihren Hofschulen und Wissenschaftszirkeln als »karolingische Renaissance« bezeichnet; danach kommt dann noch eine »ottonische Renaissance«, auch eine solche »des 12. Jahrhunderts« wurde ausfindig gemacht; und sogar noch das frühere Germanenleben wird, weil da Schrift und Latein erstmals wieder besser wurden, mit einer »merowingischen Renaissance« versehen[25]. Es ist, als ob sich im Mittelalter eben nur dort »Kultur« erhoben habe, wo es eine »Wiedergeburt« (Renaissance) gab, wo also die alte städtische Tradition Griechenlands und Roms wieder aufgenommen wurde. Was dazwischen liegt, ist immer noch dunkel, finster, barbarisch, ungehobelt – eben nur-agrarisch.

Wir können uns bis heute nicht vorstellen, daß Menschen dieses nichtstädtische, nichtzivilisierte, nichtkultivierte, von allerlei Unwetter und manch anderem Unkalkulierbarem abhängige Leben freiwillig auf sich genommen haben und sich dabei wohler fühlen mochten als unter dem Regiment der Stadt, die zwar unentwegt Neues, Komfortableres, Kulinarischeres bietet, die aber eben Schattenseiten hat, welche auf Dauer den Menschen in immer tiefere Probleme stoßen – kollektive Probleme, individuelle Probleme, Schwierigkeiten mit der Lebensbewältigung ebenso wie mit der Zuversicht für das Künftige.

Natürlich liegt eine besondere Widrigkeit für unsere heutige Geschichtsschreibung darin, daß eben nur oder fast nur Städter handfeste und nicht verwischte Spuren hinterlassen haben; sie haben Bauwerke erstellt, die für die Ewigkeit berechnet schienen; sie haben sich mit der Schrift ein Instrument geschaffen, ihre Meinungen zu konservieren; sie haben sich in Kunstwerken auf Stein und auf Hauswänden bemerkbar gemacht, sie haben zahllose materielle und immaterielle Dokumente hinterlassen. Die Bauern – wie auch die Masse der Arbeiter – haben solche Mittel nicht benutzt; sie waren für sie sinnlos, denn sie mußten sich vor allem mit Wind und Wetter auseinandersetzen, sich auf die Jahreszeiten einstellen und ihre Arbeit jedes Jahr von neuem beginnen – was hätte man da aufzeichnen sollen, wozu wären prunkvolle Häuser von Nutzen gewesen?

Für uns, die es aber interessiert, warum sich im Verlauf weniger Jahrhunderte ein riesiges Machtgebilde wie das Römische Reich in ein Agrarland zurückzuverwandeln vermochte, ist dieser Tatbestand fehlender unmittelbarer Zeugnisse natürlich doppelt mißlich. Wir sind daher auf Rückschlüsse aus Dokumenten angewiesen, die uns gerade diejenigen hinterlassen haben, die in der Regel das städtische Leben und das imperiale Denken, alles in allem, für positiv und erhaltenswert hielten. Für unsere Zwecke sind da vor allem Texte und Dokumente aufschlußreich, die sich oft abschätzig mit Leuten und Lebensformen auseinandersetzen, die der städtische Bürger verabscheut oder zumindest kritisiert hat – daraus lassen sich existente Alternativen ableiten und Formen der Flucht vor dem Bestehenden rekonstruieren, mitunter sogar ihr Ausmaß.

Dennoch bleibt auch für den, der die These vom gewalt-

samen Ende des Reichs (von innen oder von außen) ablehnt
und der der Transformation der Gesellschaft zurück zum
Agrarischen einen zumindest überwiegend freiwilligen Charakter zuspricht, ein großes Problem: da wir alle in Denkka-
tegorien erzogen wurden, die unser bisheriges Leben als
zukunftsweisend, mit der Hauptströmung der Menschheits-
geschichte in großen Zügen übereinstimmend betrachten, ist
es heute noch kaum möglich, Umfang und Inhalt eines
solchen freiwilligen Verzichts auf Weltmacht und massive
Ausbeutung der Umwelt zu ermessen. Das muß auch beim
vorliegenden Buch beachtet werden. Es soll einen ersten
Anfang einer Neuinterpretation des Überganges von der
Spätantike ins Mittelalter machen und zuallererst einmal die
herkömmliche Deutung vom »gewaltsamen Ende« ebenso
erschüttern wie die Herausbildung einer alternativen Lebensform durch die römischen Untertanen belegen. Und
zwar für alle Schichten des Römischen Reichs - von den
herrschenden Klassen bis zu den Sklaven.

Das Landleben hat sich gegenüber der städtischen Kul-
tur durchgesetzt. Miniatur aus dem Codex Vaticanus
Latinus 3867, aus dem 6. Jahrhundert: Illustration zur
Handschrift von Vergils Georgica

ERSTES KAPITEL

Rom als Weltmacht.
Die »Pax Romana«: Vom Raub zum Reich

> Ein Staatslenker hat in erster Linie
> dafür zu sorgen, daß der Privatbesitz
> keines Bürgers angetastet wird.
> *Cicero, De officiis*

Als im 8. Jahrhundert v. u. Z. das, was später »Rom«
werden sollte, allmählich Konturen annahm[1] (nachdem
wohl schon im 10. Jahrhundert einige Hütten errichtet
worden waren), umfaßte das ganze von »Römern« gehaltene
Gebiet nicht mehr als den Palatinshügel, der aus der sump-
figen Umgebung des heutigen Forums herausragte. Zwei
Jahrhunderte danach hatte sich eine »Vierregionenstadt«
entwickelt (sie umfaßte den Bereich der Palatiner, der
Esquiliner, der Suburbaner und der Colliner); sie umschloß
ein Territorium von knapp 8 km Durchmesser. Hier lebten
nach einigermaßen zuverlässigen Schätzungen 10 000 bis
15 000 Einwohner[2]: jeder von ihnen hatte somit durch-
schnittlich 3000 bis 5000 qm »Lebensfläche«, 200 bis 300
Einwohner kamen auf einen Quadratkilometer. Zum Vergleich: in West-Berlin leben derzeit ca. 4000 Personen auf
einem Quadratkilometer, für jeden stehen damit 250 qm zur
Verfügung. Die Stadt Rom – das soll damit gesagt sein – hatte
noch immer die Struktur einer rein agrarischen Siedlung.

Sechs Jahrhunderte später hatte die Stadt ca. 1 Million
Einwohner, umfaßte das Reichsgebiet eine Fläche, die nach
untersten Schätzungen bei 3,3 Millionen qkm und nach
obersten bei 8 650 000 qkm lag; die Einwohnerzahl kann
zwischen 54 und 100 Millionen angenommen werden[3].

Das Erstaunliche dabei: regiert wurde im Rom des 1.
Jahrhunderts v. u. Z. noch immer mit einem System, das

schon im 5. Jahrhundert seine Ausprägung erfahren und sich lediglich hinsichtlich der Zugangsberechtigung zu den Ämtern geändert hatte. Was die Römer nach der Vertreibung der etruskischen Fremdherrscher um 500 als Staatsverfassung installiert hatten, erhielt sich trotz mancher Widersinnigkeiten in vollem Umfang: die Leitung lag bei ehrenamtlichen – damit zum Reichsein verurteilten – Politikern, die jeweils nur für kurze Zeit (ein Jahr oder auch nur ein halbes) gewählt wurden und sich danach um andere Betätigungsfelder umsehen mußten, z. B. in anderen, höheren Stellen.

Lediglich der Senat war eine relativ stabile Einrichtung, seine Mitglieder waren auf Lebenszeit bestimmt (hatten aber in aller Regel vorher irgendwelche Meriten auf dem Gebiet der aktiven Staatsführung errungen und waren meist vorher Consuln gewesen). Selbst die Verteidigung des Landes und die Kriegsführung bei den häufigen Raub- und Eroberungszügen der Römer lag nach wie vor – bis ins letzte Drittel des letzten Jahrhunderts v. u. Z. – in Privathänden: die vom Senat bestimmten Heerführer mußten die Truppen auf eigene Kosten ausheben und danach auch bezahlen (durch Anteile an der zu erobernden Beute – was aber mitunter nicht klappte, weil man Kriege manchmal auch verlor: dann war der Feldherr in der Regel pleite). Auch die Armenversorgung – eine gigantische Aufgabe angesichts einer sich der Millionengrenze nähernden Hauptstadt – hatten Privatleute zu erledigen: meist erwartete man große Spenden von denen, die sich um höhere Staatsämter bewarben.

Dieses Führungssystem erhielten die Römer also jahrhundertelang aufrecht. Es bedeutete:
- daß die hohen Ämter von Leuten verwaltet wurden, die oft genug kaum Sachverstand für das Amt mitbrachten, sondern aufgrund anderer Verdienste populär waren und daher gewählt wurden;
- daß aufgrund der kurzen Dienstzeit eine überaus diskontinuierliche Amtsführung zustandekam, weil jeder neue Amtsinhaber durchaus imstande war, das umzuwerfen, was der Vorgänger eingerichtet hatte;
- daß diejenigen, die Ämter übernahmen, sich in der kurzen zur Verfügung stehenden Zeit sehr bemühen mußten, um den erstrebten Reichtum zu erwerben: Korruption, Aus-

Römische Krieger-Ausrüstung, 1. Jh. v. u. Z., Rom. Kapitolinische Museen

beutung, Willkür waren besonders dort an der Tagesordnung, wo die anderen Stadtrömer nicht so gut kontrollieren konnten – etwa in den entfernten Provinzen, die die gewesenen Consuln in der Regel für ein Jahr zur Statthalterschaft bekamen (eine Art Belohnung – hier konnten sie nach Herzenslust raffen);

– daß eine langfristige Planung hinsichtlich der gesellschaftlichen Entwicklungen überhaupt nicht zustandekam, so daß sich soziale Gegensätze mitunter bis zur Explosion verschärften: etwa in der letzten Hälfte des 2. Jahrhunderts v. u. Z., als der Bauernstand am Ende war und die Brüder Gracchus Reformen ansetzten, aber nicht durchführen konnten;

– daß karrieresüchtige Leute bei ihrem Weg nach oben stets auf der Suche nach »Verdiensten« waren, die der – stimmberechtigten – Masse gefielen: und das war natürlich besonders das Einbringen reicher Beute aus Kriegszügen; mit der Konsequenz, daß sich die römischen Amtsinhaber stets voller Eifer und meist recht kopflos in außenpolitische Abenteuer stürzten – was nur deshalb erfolgreich war, weil außerhalb Italiens nur selten eine einigermaßen große Gegenkraft vorhanden war (etwa die Punier, bei denen sich die Römer denn auch sehr schwer taten).

Das System schien den Römern, wie gesagt, bis ins letzte Jahrhundert v. u. Z. immer noch funktional; immerhin hatte es sich auch nicht zerstören lassen, als seit dem 4. Jahrhundert massive innenpolitische Streitigkeiten gelöst werden mußten. Dabei ging es vor allem um den Zugang der handwerklichen und kaufmännischen Mittelschichten, der Stadtbürger, zu den Ämtern, die bisher nur den Patriziern vorbehalten waren: die Praetur, das Zensorenamt, Consulat, Priesteramt usw. Die städtischen Plebejer trotzten den Adeligen nach und nach alle Rechte ab, mitunter durch Streik und Auszug aus der Stadt. Aber am Ende hatten sie alles, was sie wollten: das Recht wurde aufgezeichnet und der Willkür der Patrizier entzogen, die Klassenschranken - etwa in Form von früheren Heiratsverboten - gelockert oder aufgehoben, und sogar ein eigenes Volks-Amt wurde geschaffen, das des Tribunen. Dessen Gesetze - von der Volksversammlung beschlossen - wurden für alle, auch die Patrizier, verbindlich, der Tribun selbst war »sakrosankt«, d. h. unverletzlich, bekam auch ein Vetorecht gegen Beschlüsse des Senats.

Das Regierungssystem — Wahlbeamte auf ein Jahr, Consuln als oberste Staatsführer, Senat als ständige Honoratiorenvertretung - wurde jedoch nicht angetastet. Die Plebejer wollten keine Revolution, sie wollten nur auch regieren dürfen.

Daß die Integration der mitunter so aufmüpfig erscheinenden Mittelschichten in das an sich patrizische Mächtespiel so leicht möglich war, hatte einen einfachen Grund. Denn als die Plebejer gleichberechtigt waren und nach und nach in die Ämter einsickerten, zeigte sich - wohl auch zum Erstaunen der altehrwürdigen Adelsfamilien -, daß die Kaufleute und Handwerker in einem zentralen Bereich eine völlige Interessensidentität mit den Patriziern an den Tag legten: in der Außenpolitik. Mochte es um die Posten im Staat selbst Gerangel geben, mochten die meist vom Handel reichen Ritter - der zweite Stand nach dem Adel - zum Verdruß der Patrizier mitunter Richterstellen besetzen, mochten die Neureichen durch ihre ökonomische Macht auch hier und da den Amtsinhabern allerhand dreinreden, im Grunde zogen sie dann doch alle an einem einzigen Strang, dem des Beutemachens, der Expansion, der ständigen Eroberungszüge. Solange das nicht in Frage stand, d. h. solange man diesen Drang aufrechterhalten und erfolgreich ausleben konnte, gab es kaum Verteilungskämpfe zwischen dem Adel und den oberen Mittelschichten, denn es war genügend Reichtum

Römische Lustbarkeiten: Faustkampf, Wagenrennen, Jagd (Tierhetze). Rom,
Museum der römischen Kultur und Konservatoren-Palast

vorhanden – Beute. Selbst das Volk der Unterschichten konnte insofern zufrieden sein, als man ihm ja zu seiner Beruhigung auch ab und zu Spenden gab, bei Triumphzügen und nach gewonnenen Schlachten Geld unter die Leute warf oder Spiele abhielt. Solange die Beute zufloß, verstand man es, auch den einfachen Menschen das Gefühl zu geben, sie seien an alledem beteiligt.

Für das römische Volk hatte sich eine solche Politik fast wie selbstverständlich ergeben. Bis ins 7. und 6. Jahrhundert hatte es gegen Nachbarvölker zahlreiche Kämpfe ums Überleben zu überstehen gehabt, es war also Kriege gewohnt. Nach der Vertreibung der Etrusker um 500 stand dann die Sicherung der jungen Republik im Vordergrund; mit gewisser Plausibilität konnten Ausdehnungsbestrebungen als Präventivmaßnahmen gegen künftige Feinde gerechtfertigt werden. Aber die Siege (und damals gab es für die Römer fast nur Siege) machten Appetit – bald verschwamm die Grenze zwischen Verteidigung und Gefräßigkeit. Spätestens seit dem 3., völlig deutlich dann im 2. Jahrhundert war das Übergreifen auch auf außerrömische und schon außeritalienische Gebiete zur offiziellen Politik geworden. Selbst der Kampf gegen das – selbst imperiale – Karthago im 3. und 2. Jahrhundert kann nicht uneingeschränkt als Verteidigungskrieg interpretiert werden (selbst wenn die Auseinandersetzung durch Hannibals Siege mitunter dazu wurde): es war vielmehr schon der Vernichtungskampf zweier Weltmächte.

Nach allem, was wir wissen, gab es zu dieser Zeit kaum nennenswerte Differenzen über die »Berechtigung« der imperialen Politik. Warum sollte man nicht vernichten, was sich vernichten ließ, und mitgehen heißen, was dann keiner mehr festhielt?

Doch die Römer, die so erfolgreich Außenpolitik betrieben, transportierten im Innern ihres Landes Konflikte, die sich später in der Kaiserzeit zu massiven Problemen auswachsen sollten. Die wichtigsten davon müssen hier vergegenwärtigt werden.

Da war einmal die Tatsache, daß das ursprüngliche Rom ganz agrarisch war. Mehr noch: selbst in der Zeit höchster Blüte und Menschendichte in der Hauptstadt Rom und der schätzungsweise ca. 1000 größeren Städte des Reichs lebten nie mehr als etwa 10 % der Menschen in den Metropolen (überdies: Rom, mit wohl nahe einer Million Einwohner, Antiochia und Alexandria waren die drei Städte mit mehr als 100 000 Einwohnern, von »Großstadt« mußte man damals schon bei 10 000, von »Stadt« bei 3000 Bewohnern sprechen). Die Gesamtgesellschaft wurde aber faktisch ausschließlich von der Stadt her regiert - mithin überwiegend oder ausschließlich nach den Bedürfnissen einer Minderheit von 10 %[4]. Eine der Folgen war die bedenkenlose Ausbeutung des umliegenden Landes durch die Stadt-Römer bzw. reichsweit die Städter. Und als die Gegenden jeweils leergesaugt waren, mußten benachbarte Provinzen herhalten - hatte man keine mehr, eroberte man eben welche. Städtische Gepflogenheiten machten sich auch bei der Landbevölkerung, deren Lebensformen ehemals rein agrarisch waren, breit. Der alte Cato, selbst großer Kritiker der städtischen »Kultur«, war dennoch einer der großen Verfechter professionell gewinntreibender Landwirtschaft, wie er in seinem berühmten Werk »De agri cultura« bewies - gleichgültig, wie der Naturboden die Sache vertrug, es ging nur um Profit. Auf die Frage nach der besten Nutzung antwortete er:

»Die profitabelste Nutzung landwirtschaftlichen Bodens? Gewinnbringende Viehzucht . . . Welches ist die zweitbeste? Mäßig gewinnbringende Viehzucht . . . Und die drittbeste? Sehr unprofitable Viehzucht . . . Und dann? Ackerbau.«

Wollte man aber unbedingt doch Ackerbau betreiben, dann sollte etwas gepflanzt werden, was krisenfesten Gewinn abwerfe - etwa Wein oder Olivenbäume. Und dies, Cato hatte es genau durchgerechnet, rentierte vor allem dann, wenn man riesige Ländereien gleichmäßig bepflanzte, Monokulturen anlegte, und diese Latinfundien durch die damals billigen Sklaven bewirtschaften ließ[5].

Zwei Jahrhunderte später schrieb dann der Naturforscher Plinius der Ältere (23-79): »Die Latifundien haben Italien ruiniert.«[6] Den reichen Römern hatte der Rat des alten Cato so gut gefallen, daß sie ringsumher Grundstücke und Ländereien gleich bündelweise zusammenkauften oder -preßten und mit Monokulturen oder Viehherden belegten. Das früher abwechslungsreich bewachsene und ökologisch gesunde Land verkarstete und wurde zu einer felsigen, nackten

Gegend - eine Entwicklung, von der sich Teile Italiens bis heute nicht erholt haben.

Natürlich bedeutete dieses Investieren von Geld auf dem Land keineswegs, daß die Anleger nun ihre Liebe zur bäuerlichen Arbeit entdeckt hatten. In der Regel waren es reiche Ritter - Senatoren war das Handeltreiben verboten, weshalb der listige Cato gangbare Umwege erfand[7] - und andere zu Geld gekommene Stadtmenschen, die in den Großgrundbesitzen vor allem eine recht konjunkturbeständige Anlagemöglichkeit sahen. Und natürlich kam es auch vor, daß die Begüterten auf dem stadtfernen Landgut ein idyllisches Plätzchen suchten, wo sie Ruhe vor der geschäftigen Stadt hatten. Der jüngere Plinius (61/61-113) schildert seine Liebe zum Landleben z. B. so:

»Du fragst verwundert, warum mir mein laurentinisches Gut . . . so große Freude macht. Du wirst dich noch mehr wundern, wenn ich dir die Reize dieses Landgutes, seine vorteilhafte Lage sowie seine Ausdehnung am Seestrande schildere. Siebzehn Meilen ist es von Rom entfernt, so daß man nach Erledigung seiner Geschäfte und nachdem man sein Tagwerk bereits vollkommen in Ordnung gebracht hat, dort die Mußestunden verbringen kann . . .«[8]

Für den Fall, daß er gar noch länger als ein paar Abendstunden ausspannen wollte, hatte er noch weitere Güter - eins z. B. am Comer See, von besonderer Größe -: und so alle die Reichen aus der Hauptstadt.

Sie hatten natürlich in der Regel keine Ahnung von der Bodenbestellung und von der Landwirtschaft als solcher, und so ist es auch kein Wunder, daß sie keinerlei Verständnis für die Probleme ihrer Arbeiter und Sklaven, die oft in die Tausende gingen, hatten und diese bis aufs Blut ausbeuteten. Und nicht umsonst hatte schon der Sklavenaufstand des Spartacus 73-71 v. u. Z. einen ganz besonderen Zulauf von Landarbeitern und verarmten Bauern gehabt[9].

Das massive Spannungsverhältnis, die Konfliktträchtigkeit der Beziehung von verstädterter Führungsschicht des Reiches und ausgebeuteter Landarbeiter- und Bauernbevölkerung durchzieht die gesamte römische Geschichte, und nicht zufällig sind nahezu alle Reformansätze (sieht man einmal vom schon zitierten Ständekampf ab) der römischen Geschichte von diesem Problem geprägt. Schon im 4. und 3.

Jahrhundert hatten sich die Konsuln genötigt gesehen, der Grundstücksrafferei durch Senatoren und Ritter Grenzen zu setzen; die licinisch-sextischen Gesetze (wohl aus dem Jahr 367/366) begrenzten den Höchstbesitz an Grund auf 125 ha, und der ältere Cato zitiert diese Bestimmungen in seinem Buch ausdrücklich. In der zweiten Hälfte des 2. Jahrhunderts war der Bauernstand wieder so verarmt, daß die Gebrüder Gracchus (Tiberius, 163/2–133, und Gajus, 153/152–121) eine Sanierung dieses für Rom lebenswichtig erscheinenden Bereichs versuchten, indem sie mittellosen Städtern und armen Bauern Grundstücke aus Staatsbesitz zuwiesen und den an Rom gefallenen Staatsschatz von Pergamon als Starthilfe verteilen wollten. Natürlich blieb das Ganze ohne Erfolg, denn die begüterten Römer dachten nicht daran, auch nur ein Quentchen von ihren Ausbeutungsprivilegien abzugeben; sie brachten die beiden Reformer um.

Die agrarische Wirtschaftsstruktur bedingte aber noch einen weiteren durchgehenden Konflikt der römischen Geschichte, zumindest bis in die Kaiserzeit hinein. Da die Römer ungute Erfahrungen mit den herrschsüchtigen und auf ihr Heer gestützten Etruskern gemacht hatten, da sie andererseits ursprünglich auch nur ein kleines Völkchen gewesen waren, hatten sie für militärische Zwecke kein stehendes Heer aufgebaut. Solange es nur um Verteidigung ging, war das ja auch nicht notwendig. Später, als die Expansion begann, wollte man aber immer noch kein stehendes Heer: man wollte keine im Ganzen doch gefährliche Binnenmacht heranziehen und außerdem durch die Beteiligung aller Bürger an der Verteidigung die Identifikation mit dem Kriegsziel fördern. Da die meisten römischen Staatsbürger aber Bauern waren, bedeutete dies: wenn Krieg war, mußten sie ihre Landarbeit unterbrechen und fortziehen. Dadurch gingen einerseits viele Arbeitskräfte auf Dauer verloren – durch Tod –, oder zumindest auf Zeit, wurde doch der wichtige Herr des Hauses für Jahre von der Organisation das Landbaus abgezogen. Bis ins letzte Jahrhundert v. u. Z., bis auf Marius (156–86) und Sulla (138–78) mußten die mithin unfreiwillig dienenden Leute auch noch ihre Kampfausrüstung selbst stellen: zusätzliche Kosten – und keiner wußte, ob am Ende des Feldzuges etwas für ihn von der Beute abfiel.

Erst Marius und Sulla gingen dazu über, den Soldaten außer ihrem Sold oder Beuteteil auch noch Ländereien zuzuweisen, auf denen sie später als Bauern arbeiten konnten, während sie sich aber auf 20 oder 25 Dienstjahre für weitere Feldzüge zur Verfügung halten mußten: aber das waren natürlich nicht mehr die ursprünglich ansässigen Landarbeiter, sondern meist aus den Armen der Stadt rekrutierten Menschen, da die besitzenden Schichten schon an Schwund zu leiden begonnen hatten[10].

Solange aber diese Versorgungssysteme und wenigstens Vorformen eines stehenden Heeres noch nicht vorhanden waren, blieb der Konflikt, und er äußerte sich z. B. darin, daß die Heere nur in den Sommermonaten einigermaßen kampflustig waren – im Frühjahr, zur Aussaat, und im Herbst, zur Ernte, wollten sie wieder zu Hause sein.

Aber der Konflikt zwischen Stadt und Land war keineswegs der einzige, der sich durch die römische Geschichte hindurchzog und bestimmend blieb. Von mindestens gleicher Bedeutung war, daß – wie schon erwähnt – die Außenpolitik spätestens seit dem Beginn der Expansion im 4. und 3. Jahrhundert v. u. Z. das römische Denken fast ausschließlich bestimmte. Die politischen Führer Roms dachten nur noch in diesen Kategorien, und als sich neben den alten herrschenden Patriziergeschlechtern nach der Beendigung des Ständekampfes ein neuer Amtsadel, die Nobilität, etablierte, der auch Aufsteiger aus dem nichtpatrizischen Bereich aufnehmen konnte, fand dieses Denken seinen Höhepunkt. Denn wer nun in Ämter wollte, der mußte durch »Leistung« (nicht mehr Abstammung) die Qualifikation erbringen – und Leistung war eben weitgehend identisch mit Ruhm im Feld oder im Kampf mit anschließender Beuteverteilung; ab und an war auch ein erfolgreicher Verteidigungskampf angesehen, das war aber schon alles, was an »Leistung« zählte. Selbst Bewerber aus altem Adel – Caesar etwa – mußten sich erst bewähren, und so mancher suchte verzweifelt nach Profilierungschancen, weil er sonst keine Zukunft sah; Caesar, um beim Beispiel zu bleiben, war zu Beginn seiner großen Laufbahn völlig pleite und über alle Maßen verschuldet. Nach seinen Feldzügen hingegen war er so reich, daß er neben allerhand Geschenken ans Volk seinem

Neffen Octavian noch so viel vererben konnte, daß dieser das künftige Kaiserhaus mit diesem Grundstock zur ökonomisch mächtigsten Familie des Reichs machte.

Dieses rein kriegerische und außenpolitische Denken hatte eine Kehrseite: es war innenpolitisch, und schon gar bei sozialen Problemen, nicht anwendbar - gleichwohl versuchten es die römischen Führer immer wieder. Gab es Rebellionen von Sklaven und Bauern, schickten sie einen Praetor mit einer oder zwei Legionen, um die Erhebung niederzuschlagen); suchten Reformer an den bestehenden Zuständen etwas zu ändern, brachte man sie - ebenso wie Könige von Nachbarvölkern, die sich nicht rechtzeitig unterwarfen - einfach um.

Aber der innenpolitische Gegner funktionierte nach anderen Gesetzen als der außenpolitische. Der äußere Feind war nach einer Niederlage meist in die Knie gezwungen und mußte kapitulieren, wollte er nicht außer dem Reichtum auch noch sein Land und sein Leben verlieren. Für aufständische Sklaven und Bauern galt das aber nicht. Denn für sie bedeutete die Niederlage in jedem Fall den Tod - man brachte sie um, kreuzigte sie oder hieb ihnen den Kopf ab. Aufständische im Inneren des Reichs kämpften daher allesamt bis zum bitteren Ende. Und die Römer wunderten sich ein übers andere Mal, warum man zum Niederhalten eines völlig unausgebildeten und nur mit unzureichenden Waffen ausgerüsteten Sklaven- oder Bauernhaufens drei- oder viermal so viel Soldaten bester Ausbildung brauchte wie zu einem imperialen Eroberungszug. Die Sklavenrebellionen in Sizilien im 2. Jahrhundert v. u. Z. und der Spartacus-Aufstand 73-71 hatten jeweils Heere in der Gesamtstärke von bis zu 50 000 Mann erfordert[11].

Noch ein weiterer entscheidender Konflikt durchzieht die römische Geschichte: die fast totale Scheidung von intellektueller und politischer Führung auf der einen und produktiver (insbesondere Hand-)Arbeit auf der anderen Seite.

Die Abneigung gegen körperliche Arbeit hatten die Griechen schon vorgelebt. Ein Freier definierte sich bereits damals als einer, der frei von der Verpflichtung und vom Zwang war, seinen Lebensunterhalt durch eigene Arbeit zu verdienen. In Rom erklärte der Schriftsteller Varro um die

Zeitenwende die »Freien Künste« (der Kanon der Schulfächer, nämlich Grammatik, Dialektik, Rhetorik, Arithmetik, Geometrie, Astronomie, Musik) als »eines freien Mannes würdige Künste (Wissenschaften)«, und der bekannteste Rhetor Roms, Marcus Tullius Cicero (106–43), hatte schon ein halbes Jahrhundert vorher in seinem Buch »De officiis« (»Von den Pflichten«) aufgezählt, welche Berufe eines freien Mannes angemessen sind und welche man »als schmutzig und unsauber« bezeichnen müsse: zu letzteren gehörten alle Berufe, die der leiblichen Reproduktion dienen: »Fischhändler, Köche, Hühnermäster, Fischer«, daneben »alle Handwerksberufe: was soll eine Werkstatt schon Edles an sich haben?«; weiterhin »Zöllner und Wucherer, Tagelöhner, Klein- und Zwischenhändler, Quacksalber, Tänzer und Spieler«. Dagegen aber:

»Diejenigen Berufszweige, die eine umfassende Vorbildung verlangen und dem Nutzen aller dienen, wie die Medizin, die Baukunst, der Unterricht in den edlen Wissenschaften, sind anständig für jeden, der dazu berufen ist . . . Auch der kapitalkräftige Großhandel, der die Verbrauchsgüter aus aller Welt heranschafft und sie ehrlich den Massen zugutekommen läßt, ist durchaus untadelhaft.«[12]

Cicero stammte selbst aus dem Ritterstand, der in dieser Klasse vorwiegend betriebene Großhandel war ihm daher besonders ans Herz gewachsen. Eine Haltung, die später übrigens Kaiser Augustus durchaus teilte, der ja väterlicherseits auch aus dem Ritterstand kam; die in senatorisch-patrizischen Kreisen verbreitete Abneigung gegen Handel und Geschäfte war ihm daher fremd. Selbst als im 3. Jahrhundert in der Zeit der sogenannten Soldatenkaiser gar Leute auf den Thron kamen, die von Handarbeitern abstammten - etwa Maximinus Thrax, dessen Vater Bauer war -, bedeutete das keine Aufwertung der produktiven Arbeit. Die Führung des Staates blieb ebenso wie die ideologische, geistige Elite des Reichs immer völlig abgetrennt von den arbeitenden Klassen und Schichten. Und dieser Umstand war einer der wesentlichsten Gründe für die baldige Auseinanderentwicklung von staatlichem Verwaltungs- und Machtapparat und römischen Bürgern; spätestens als die in der Republik noch gemeinsame Grundlage der außenpolitischen Räuberei bei den Kaisern nach und nach aufgegeben werden mußte, war es mit der Identifizierung von Volk und Herrschenden vorbei. Darüber später mehr.

Durch all diese Konflikte, die schon im 1. Jahrhundert v. u. Z. immer wieder aufbrachen und deutlich wurden, aber ebenso durch andere Entwicklungen, staute sich allmählich eine solche Masse von gesellschaftlich-staatlichen Problemen an, daß die Oberschichten des Reiches allmählich doch hellhörig wurden und darüber nachzusinnen begannen, wie man der auf die Römer zutreibenden Unsicherheiten Herr werden könne.

Da war einmal die Frage, wie die Etablierten – Senatoren, Ritter, reichgewordene Bürger – ihren Besitz auch auf Dauer sichern könnten. Erfahrungen mit der späten Republik hatten gezeigt: das war ein dauerhaftes und überhaupt nicht gelöstes Problem. Dazu kam: die Versorgungslage der Metropolen wurde immer schwieriger – und das traf auch die Reichen. Denn: da in Italien schon alles leergeplündert war, was man ausbeuten konnte, da das Land die Leute längst nicht mehr ernähren konnte, mußten selbst elementare Güter wie Getreide von weither geholt werden, etwa aus Afrika, aus dem Osten usw. Das aber bedeutete, daß man nicht nur lange Wege hatte, sondern auch gute Straßen und Versorgungseinrichtungen für die Fuhrunternehmen brauchte, auch Sicherheit vor Zwischenfällen auf den Transportwegen, vor allem durch aufständische Völker, die man zwar unterjocht hatte, die sich aber bei jeder Gelegenheit widerborstig zeigten. Ganz abgesehen davon, daß die Reichspolizei und das Militär längst nicht in der Lage waren, den immer zahlreicher werdenden Gangstern und Wegelagerern das Handwerk zu legen.

Nicht nur das: den Oberschichten wurde auch klar, daß die reine Ausbeutung, die die Ämterinhaber bisher betrieben hatten, nicht nur die Beraubten schädigte, sondern oft genug auch die Basis zerstörte, auf der ihre Nachfolger aufbauen konnten. Schon Cicero hatte z. B. 71 v. u. Z. den Statthalter von Sizilien, Verres, vor dem Senat in leidenschaftlichen Reden zur Rechenschaft gezogen, weil dieser das Land mehr ruiniert hatte als die beiden vorangegangenen Sklavenaufstände zusammen. Überdies hatte der maßlose Verres die Beute noch ganz für sich behalten und nichts in Rom

abgeliefert, wo doch andere Herrschende – Cicero wohl auch
– darauf warteten; ganze Städte soll er ihres beträchtlichen
Tempelschatzes beraubt, einige Gemeinden einfach seiner
Geliebten zum Geschenk gegeben haben. Für einen Nachfolger war aus einem derart ausgepreßten Land natürlich nichts
mehr zu holen; laut Cicero, der ja im Staat vor allem eine
Veranstaltung zum Schutz des Anspruchs auf privates Eigentum sah, mußte deshalb energisch eingeschritten werden,
damit nicht der Besitz anderer ausbeutungswilliger Leute
unter solchem Extremismus leide.

Tatsächlich aber konnte das Problem nicht nur durch neue
Vorschriften, sondern mußte auch durch deren Überwa-
chung gelöst werden, und dazu war die amateurhafte
Administration der Republik nicht imstande.

Auch die unendlich lange Grenze des Reichs schuf Probleme. Wollte man sie immer nur mit Heeren verteidigen,
die ausgehoben wurden, wenn die Gegner schon im An-
marsch waren, kam man regelmäßig zu spät und mußte
mühevoll zurückerobern, was man vorher schon besessen
hatte.

Noch immer war es indes gänzlich unmöglich, ein dauerndes Heer aufzustellen und grenznah zu stationieren – wer
hätte es bezahlen sollen? Die bisherigen Heere wurden von
Privatleuten aufgeboten, der Staat selbst hatte keine über-
mäßig großen Einnahmen. Und wenn er durch erhöhte
Steuern sich solche geschaffen hätte – wer hätte dies alles
verwalten sollen? Etwa die als korrupt bekannten und nur
kurzzeitig dienenden Wahlbeamten?

Kein Zweifel, daß für die Besitzenden Roms die Frage
nach mehr Kontinuität in der Staatsführung, nach Berechen-
barkeit und nach dauerhaftem Schutz des Erworbenen und
Geraubten immer brennender wurde. Manche Probleme
betrafen zwar auch das Volk insgesamt – wie die Verteidigung des Reichs, die Nahrungsmittelversorgung usw. –, aber
im Ganzen sahen sich zuallererst die Oberschichten nach
Möglichkeiten zu einer Verbesserung der Sicherheit um.

Immerhin: als dann in Caesar erstmals eine Person auf-
tauchte, die sich mehr oder weniger von selbst als Zentral-
herrscher anbot, fühlten sich die Senatoren und anderen
Mächtigen doch wieder nicht ganz wohl dabei, einem Militär

alle Macht in die Hand zu geben, der oft genug bewiesen hatte, wie leicht er über Leichen ging. Und als nicht nur ergebene Günstlinge, sondern auch ernsthafte Senatoren trotz aller Bedenken daran dachten, den wendigen Mann zum obersten Herrscher auf Lebenszeit zu machen, als ihm Antonius auch noch das Königsdiadem anbot, wurde die Opposition noch einmal übermächtig: obwohl Caesar das Diadem ausschlug - er war ja Realist und hatte wohl auch durch Spitzel genug Erkenntnisse über die Stimmung im Senat -, war es schon zu spät: die republikanische Opposition brachte ihn um; mit dem Erfolg, daß nicht einmal 20 Jahre später Caesars Neffe und noch schnell adoptierter Sohn[13] Octavian doch die Machtausstattung erhielt, die zur Entwicklung einer starken Zentralmacht führte.

Octavian und die von ihm berufenen Regierungsleute - die allgemein mit dem Namen »amici« umschrieben werden, ohne daß damit eine genaue Abgrenzung möglich wird — nahmen die aufgetragene Aufgabe in zweifacher Weise in Angriff. Einerseits wurde nun die »pax Romana«, der römische Friede, propagiert. Andererseits gingen sie auf eine massive (daher jederzeit zum Angriff bereite) Grenzsicherung aus - das Hauptanliegen der furchtsam gewordenen Römer sollte also innen wie außen bewerkstelligt werden.

Die »pax Romana« bedeutet eine besondere Art von Frieden. Es ging um die Ruhe im Innern, um das Unterbinden von Wirrnissen. Wenn also im Reichsinneren kein Aufstand, keine Provinzrebellion herrschte, war das schon die berufene »pax«. Augustus, über seinen Ruf bei der Nachwelt sehr besorgt, ließ gegen Ende seines Lebens eine Art Rechenschaftsbericht über seine gesamte Regierungszeit nicht nur anfertigen, sondern zur Erbauung der Reichsbewohner in jedem Winkel des Imperiums in Stein gehauen aufstellen. Darin spricht er folgendes:

»Der Tempel des Janus Quirinus, der nach dem Wunsch unserer Vorväter geschlossen sein sollte, wenn im gesamten römischen Reichsgebiet zu Wasser und zu Lande durch Siege errungener Friede herrsche - dies soll, wie überliefert, vor meiner Geburt seit Gründung der Stadt erst zweimal geschehen sein -, dieser Tempel wurde, während ich der erste Mann des Staates war, auf Anordnung des Senats dreimal geschlossen.«[4]

Frieden also im römischen Reichsgebiet, dem schon eroberten Gelände, bis hin zu den Provinzen. Nach außen hin galt das natürlich überhaupt nicht, es gab weiterhin große Kriege. Der Rechenschaftsbericht, die »res gestae«, berichten darüber und lassen anklingen, daß auch der innere Friede so beständig nicht war; ausdrücklich spricht Augustus von »bella civilia externaque«:

»Kriege zu Wasser und zu Lande gegen innere und äußere Feinde habe ich auf dem ganzen Erdkreis oftmals geführt, und als Sieger habe ich allen Mitbürgern, die um Gnade baten, Schonung gewährt. Auswärtige Völker, denen man ohne Bedenken Verzeihung gewähren konnte, habe ich lieber erhalten als ausrotten wollen. Etwa 500 000 Bürger haben den Fahneneid auf mich geleistet. Von diesen habe ich ein gut Teil mehr als 300 000 in Neugründungen angesiedelt oder nach Ableistung ihrer Militärdienstzeit in ihre Heimatorte entlassen. Und diesen allen habe ich Ackerland zuweisen oder Geld als Lohn für ihren Kriegsdienst auszahlen lassen. Schiffe habe ich 600 gekapert, abgesehen von denen, die etwa unter der Größe eines Dreiruderers waren . . .«[15]

Im Verlauf dieser Aufzählung nennt er dann auch die einzelnen Eroberungszüge, die sich prächtig ausnahmen, denn sie reichten von Gallien und Germanien über Armenien bis nach Äthiopien und Ägypten. Aber das darf nicht darüber hinwegtäuschen, daß schon dieser erste Kaiser prinzipiell nicht mehr unbedingt expansiv dachte, sondern die Sicherung des Zusammengeraubten der Neueroberung vorzog. Sicherlich hatte er 31 v. u. Z., als er Antonius und Cleopatra überwunden hatte, noch so expansive Intentionen – bis hin zum Atlantik und weit nach Afrika hinein oder am Schwarzen Meer entlang. Aber er erkannte wohl bald, daß beides – Friede nach innen mit gesichertem Wohlstand und dauerndes Ausbluten des Kernreichs durch ständige Feldzüge – nicht vereinbar war. In Äthiopien und Arabien scheiterte er schon vor der Zeitwende, im Jahr 6 u. Z. verlor er dann Dalmatien und Pannonien an der Ostseite der Adria, und kurze Zeit später, 9 u. Z., erlitt er mit der Zerstörung zweier Legionen durch die Germanen im Teutoburger Wald eine derart deprimierende Niederlage, daß er nun jegliche Expansionspolitik völlig aufgab; auch sein Nachfolger Tiberius (reg. 14–37) blieb bei dieser Haltung.

Ob das am Ende die Politik war, die sich die Senatoren und

»Pax Romana«: Der römische Friede galt nur im Inneren. Nach außen gingen die Kriege weiter. Hier kämpft ein Gallier gegen einen römischen Legionär. Paris, Louvre

Ritter vorgestellt hatten, als sie der Installierung einer starken Zentralgewalt Vorschub leisteten, mag dahingestellt bleiben. Sicher ist jedoch, daß nun für einige Zeit – noch ein halbes Jahrhundert nach der Zeitwende – ein bis dahin grundlegendes Element aus der römischen Herrschaftsideologie verschwand: daß man nämlich alles, was man unterwerfen und ausplündern kann, auch möglichst unverzüglich zur Beute machen soll. Natürlich blieben in diesem römischen Reich seit Augustus viele nichtrömische, nichtitalienische Völker unterjocht, tributpflichtig oder botmäßig, und später kamen unter wieder aggressiveren Kaisern (etwa Claudius in der Mitte und Trajan seit dem Ende des 1. Jahrhunderts) noch andere hinzu[16]. Aber ihre Ausbeutung war nun insgesamt längst nicht mehr so ergiebig wie beispielsweise im letzten Jahrhundert der Republik.

Die Römer waren gezwungen, künftig sorgsamer mit dem umzugehen, was einigermaßen sicherer Besitz war - ob das nun die Ausplünderung des Bodens und seiner Produkte betraf oder die teurer werdenden Sklaven, seit deren Nachschub stockte.

Für die neue zentrale Staatsgewalt bedeutete dies aber, daß sie nun damit beginnen mußte, innere Gleichgewichte zu schaffen. Nackte Ausplünderung wie zur Zeit des Verres mußte unterbunden werden, auf daß sich das Land regeneriere und auch für Nachfolger etwas übrigbleibe; eine Administration mußte Fehlleistungen und Unzuverlässigkeiten der Ämterinhaber schon im Vorfeld abwehren können und durfte nicht erst dann einschreiten, wenn es zu spät war; die gröbsten Ungleichgewichte in den Besitzverhältnissen mußten so weit beseitigt - oder verdeckt - werden, daß soziale Revolten nicht aufkamen oder leicht unterdrückt werden konnten. Und: es hieß für das gesamte Volk, gewisse Opfer gemeinsam zu tragen, damit die Zentralgewalt zahlreiche Aufgaben übernehmen konnte, die bisher privat - und damit unzuverlässig - erledigt worden waren: etwa die Aufstellung von ständig einsatzbereiten Streitkräften mindestens im Grenzbereich, die Übernahme der Lebensmittelversorgung (zumindest deren Garantie durch Verbürgung von Vorräten im Krisenfall). Mit anderen Worten: vieles wurde nun als Gemeinschaftsaufgabe dem Staat übertragen, und vieles, was man bisher durch räuberischen Zugewinn an alle verteilen konnte, mußte man, wenn Veränderungen gewünscht wurden, umverteilen - zweifellos schwierige Aufgaben für den darin völlig ungewohnten Staatsapparat. Denn die Römer hatten keinerlei Erfahrung mit einer professionellen zentralen Verwaltung, kannten keine sauber bilanzierte Ausgabenpolitik, keine Bedarfsschätzung für die Zukunft, dachten und planten nicht auf mehrere Jahre im voraus, und sahen in ihrem - wiederum rein privat organisierten - Ausbildungssystem auch keinerlei Schulung für hauptberufliche und ökonomisch-politisch-administrativ tätige Beamte vor; und schon gar nicht waren sie im flexiblen Auffangen von Krisen geübt, die sich im Zuge der stagnierenden Expansionspolitik ergaben.

ZWEITES KAPITEL

Der Staat mischt sich ein:
Arbeitsorganisation und Wirtschaft in Krisen

> Fürsten sind sterblich, ewig aber ist der
> Staat, sagte Tiberius.
>
> *Tacitus, Annalen*

Um die Frage, wie in Rom während der Republik und dann während der Kaiserzeit die Arbeit organisiert war, welche Wirtschaftsform vorherrschte und welche Konsequenzen jeweils daraus abzuleiten waren, streiten sich seit gut einem Jahrhundert die Gelehrten. Es geht dabei vor allem um die Rolle der Sklaven im alten Rom: waren sie die Hauptträger der Arbeitslast oder nicht? Nachdem die Frage bis ins letzte Drittel des vorigen Jahrhunderts eindeutig – und dabei keineswegs abschätzig – bejaht worden war, geriet die Sache dann gegen Ende des 19. Jahrhunderts und in die 1. Hälfte des 20. mehr ins Detail: es tauchten Fragen auf wie die, ob wohl ein Drittel der Gesamtbevölkerung Roms Sklaven waren oder die Hälfte, ob alle Sklaven die gleiche Stellung innehatten – d. h., ob es solche gab, denen es etwas besser ging als anderen und die gar in hohe Stellungen aufsteigen konnten –; und schließlich, wo, wann und wodurch es dann gegen Ende des Kaiserreichs (wann immer man dies auch ansetzen mag) nur noch wenige Sklaven gegeben habe, wobei die Arbeit dann von einer anderen Kategorie von Abhängigen und Ausgebeuteten erledigt werden mußte – von welchen in welchem Ausmaß ist wiederum strittig.[1]

Einmal abgesehen davon, daß selbst dann, wenn »nur« ein Drittel der römischen Gesamtbevölkerung aus Sklaven bestanden hätte, man noch immer davon sprechen könnte, daß es sich um eine auf Sklavenarbeit beruhende Gesellschaft

47

Hirte auf dem Land,
wahrscheinlich ein
Sklave, 1. Jahrhundert
v. u. Z., München,
Staatliche Antiken-
sammlungen

handele, haben Forschungen aus dem Westen ebenso wie aus
der Sowjetunion und anderen sozialistischen Ländern mittlerweile einige nicht mehr angreifbare Daten geliefert.

Danach entwickelte sich der massenhafte Einsatz von
Sklaven in der römischen Republik schon sehr früh, im 5.
und 4. Jahrhundert. Im Zuge der siegreichen Feldzüge der
Römer über die anderen italischen Völker kamen dann
ständig große Mengen von neuen Sklaven – als Kriegsgefangene – hinzu, so daß die Zahlen im 2. und 1. Jahrhundert v.
u. Z. enorm anschwollen. Von Caesar berichtet Plutarch,
daß dieser insgesamt mehr als eine Million Sklaven erbeutet
und Rom zugeführt habe[2]; aber auch schon im Jahrhundert
zuvor waren die Zahlen erheblich: zwischen 200 und 150 v.
u. Z. kamen alleine aus Griechenland mehr als 250 000
Sklaven nach Italien, 171 standen nach dem Sieg über Perseus
150 000 Menschen zum Verkauf; und 147, nach der Zerstörung Karthagos, sind erneut 60 000 Neusklaven verbürgt.
Die Insel Delos, Hauptumschlagplatz für den Sklavenhandel,
war derart auf dieses lukrative Geschäft eingerichtet, daß am
Tag bis zu 10 000 Personen an- und verkauft werden
konnten.[3]

Aber die römischen Raubzüge waren nicht die einzige
Basis für den Erwerb von Sklaven, es gab noch mindestens
zwei andere Quellen: den Verkauf von Menschen durch
benachbarte, noch nicht besiegte Völker – wie etwa der

48

Germanen, die durchaus bereit waren, in gegenseitigen Kriegen Gefangengenommene zu verkaufen -; und die professionellen Sklavenjäger, vor allem die Seeräuber und die in den besiegten Ländern umherziehenden Aufkäufer, die oft genug auch bisher freie Menschen einfach verschleppten. Als Marius 104 v. u. Z. den König von Bithynien um Rekruten zur Germanenabwehr ersuchte, sagte ihm dieser, daß es keine wehrfähigen Männer mehr gäbe - die hatten die römischen Sklavenhändler schon längst alle weggeschleppt. Die daraufhin vom römischen Senat verfügte Freilassung aller widerrechtlich - also nicht im Krieg oder aufgrund von Schulden - versklavten Menschen führte innerhalb weniger Tage zu solchen Massenentlassungen, daß z. B. der Statthalter von Sizilien den Vorgang stoppen ließ - und damit den zweiten großen sizilischen Sklavenaufstand provozierte.

Die Seeräuberei, eine besonders ergiebige Nachschubquelle, warf indes ein großes Problem auf: die Piraten machten wenig Unterschied zwischen freien römischen Bürgern und anderen Leuten. Sie nahmen mit, wen sie erwischen konnten; selbst Julius Caesar ergriffen sie einmal und ließen ihn erst nach Lösegeldzahlung wieder frei (Caesar bemängelte später, man habe ihn für viel zu wenig Geld laufen lassen - er sei schließlich mehr wert).

Gegen Mitte des letzten Jahrhunderts v. u. Z. entschieden sich die Römer für eine durchgreifende Lösung: Pompejus wurde beauftragt, der Piraterie ein Ende zu machen. Der teilte das Meer in quadratische Bezirke ein, schickte eine eigens dazu konzipierte neue Flotte aus und hatte nach kurzer Zeit dem Spuk ein Ende bereitet.

Daß damit auch die Sklaven ausblieben, die von den Piraten geliefert worden waren, focht die Römer zu dieser Zeit noch nicht an: schließlich gab es ja im erreichbaren Umland noch genügend Völker, die man ausplündern konnte - z. B. die Germanen, auch die Gallier (die erst ein Jahrzehnt später durch Caesar besiegt und zum größten Teil versklavt wurden), die Britannier, dazu im Osten des Mittelmeers etwa das Volk Ägyptens, das zu diesem Zeitpunkt noch nicht einverleibt war, usw. Kein Grund also, die Sklavenlieferanten des Meeres zu schonen.

Kein Grund auch, sich besondere Sorgen um den einzelnen

Sklaven-Haushalt: in der Mitte ruht die Herrschaft, außenherum erledigen die Unfreien die Arbeit. Relief vom Grabmahl der Haterii. Rom, Vatikanische Museen

Sklaven zu machen; bis an die Existenz gehende Ausbeutung galt nicht nur als erlaubt, sondern als normal: der alte Cato, der seine Gedanken hierzu auch in seinem Werk »De agri cultura« niedergelegt hatte, empfahl, Sklaven tunlichst Tag und Nacht zu beschäftigen, damit sie nicht auf dumme Gedanken kämen; alte und gebrechliche sollte man möglichst bald verkaufen, damit sie wenigstens noch ein paar Geldstücke einbrächten[4]; und römische Historiker wie Diodor berichteten, daß man vor allem in der Landarbeit die Menschen unglaublich brutal behandelte, z. T. in Fesseln ihre Arbeit verrichten ließ[5]. Dies alles bot Gründe genug, Aufstände zu befürchten, und tatsächlich kam es im 2. und 1. Jahrhundert v. u. Z. zu riesigen Erhebungen – ohne daß diese allerdings das System auch nur geringfügig ins Wanken brachten; kaum waren die Rebellen besiegt und hingerichtet, gingen die Römer wieder ihrer gewöhnlichen Tätigkeit nach, die Sklavenausbeutung blieb.

Natürlich hatten sich innerhalb der Sklavenschaft auch längst gewisse Standesunterschiede herausgebildet, und es gab tatsächlich die gern zitierten Sklaven im gehobenen Dienst – als Buchhalter im Handelskontor, als Gelehrte im Haus der Reichen, als Mediziner, Wissenschaftler usw. Gemessen an der Gesamtzahl der Sklaven waren das freilich nur relativ wenige – was ja schon alleine aus der zur Verfügung stehenden Zahl »gehobener« Posten hervorgeht, und aus der Notwendigkeit großer Menschenmengen zur Landbestellung auf den Latifundien.

Die Sorglosigkeit der Römer ihren Sklaven gegenüber schwand dahin, als in der frühen Kaiserzeit – im Grunde schon unter Augustus nach den Schwierigkeiten in Pannonien, Dalmatien und im Teutoburger Wald – die Expansion ziemlich abrupt zum Stehen kam und auch unter späteren Kaisern nur sehr geringfügig und meist nur kurzfristig wiederaufgenommen werden konnte. Der billige Sklavennachschub fand ein Ende; da man die Seeräuberei als Quelle ja zerstört hatte, stand das römische Wirtschaftssystem plötzlich vor großen Problemen. Natürlich stiegen die Sklavenpreise aufgrund der Verknappung des Angebots – vorbei waren die Zeiten, wo man einen ungelernten Sklaven für ca. 300 Denare kaufen konnte, dem Äquivalent für den Jahreslohn eines freien Arbeiters.

Man mußte die wertvoll gewordenen Sklaven nun pflegen. Das bedeutete unter anderem ein Denken in langfristigen Kategorien (z. B. durch »Nachzucht« von Sklaven) – und das lag den Römern gar nicht. Ihre an Siegen und damit reicher Beute orientierten Konzeptionen waren vorwiegend kurzfristig angelegt – was man investierte, mußte möglichst sofort Rendite bringen. So gelang eine Umstellung der reichsweiten ökonomischen Verhältnisse nur unter größeren Mühen und begleitet von leichten bis mittleren wirtschaftlichen Katastrophen.

Zugute kam bei diesem tiefgreifenden Strukturwandel den Römern allerdings der Umstand, daß sich noch während der Blütezeit der Sklaverei aus ganz anderen Gründen gewisse Alternativen zur Arbeit völlig Rechtloser entwickelt hatten. So stammt schon aus den Tagen Caesars ein Gesetz, welches für den Hirtenbetrieb verlangte, daß mindestens ein Drittel aller dort Arbeitenden Freie sein mußten. Der Grund: Caesars Angst vor Sklavenaufständen[6]. Auch hatten sich trotz der billigen Sklaven-Arbeitskraft »freie« Arbeiter niemals ganz verloren; in manchen handwerklichen und kleinhändlerischen Berufen der Stadt überwogen sie stets und bei weitem; das war auch gar nicht anders möglich, denn täglich strömten seit dem 2. Jahrhundert v. u. Z. immer zahlreicher verarmte Bauern in die Stadt und suchten nach Arbeit.

Römisches Handwerk: Getreidemühle, von einem Pferd angetrieben. Rom, Vatikanische Museen

Wollte man ihre Unzufriedenheit nicht bis zur Rebellion kommen lassen, so mußte man auch sie beschäftigen. Wie klar die Lage dieser Menschen – die ja frei waren, für Rom Kriegsdienst mit allen Folgen leisten mußten und sich darum noch mehr grämten, wenn sie sahen, wie im Sklaventum die Menschen wenigstens leiblich versorgt waren – auch von der anderen, der begüterten Seite erkannt wurde, zeigt ein von Plutarch aus dem Munde des Reform-Patriziers Tiberius Sempronius Gracchus überlieferter Ausspruch:

»Die Tiere in Italien haben ihre Gruben, jedes von ihnen hat seine Lagerstätte, seinen Unterschlupf, aber die Menschen, die für Italien kämpfen und sterben, haben wohl an Luft und Licht, aber sonst nichts Anteil. Ohne Haus und ohne Wohnsitz streichen sie mit ihren Kindern und Frauen herum, und die Feldherren lügen, wenn sie in den Schlachten die Soldaten ermahnen, für ihre Gräber und Heiligtümer gegen die Feinde den Kampf zu führen, denn keiner von so vielen Römern hat einen vom Vater ererbten Altar, ein Grabmal der Ahnen, sondern für die Völlerei und den Reichtum anderer ziehen sie in den Krieg und sterben. Herren der Erde werden sie genannt, aber nicht eine Scholle haben sie zu eigen.«[7]

War die Arbeit der Freien jedoch während der Blütezeit der Sklaverei und deren scheinbar nie versiegenden Nachschubquellen nur in bestimmten Bereichen rentabel, so wurde sie mit steigenden Sklavenpreisen in der Kaiserzeit zunehmend konkurrenzfähiger. Auch ging den »Arbeitgebern«, insbesondere den händlerisch und handwerklich orientierten Rittern, allmählich auf, daß der »freie« Arbeiter zwar Lohn (meist in Form von Geld) beanspruchte, aber andererseits der Herr nicht mehr für das leibliche Weiterexistieren des Arbeiters zu sorgen hatte – was beim Sklaven der Fall war.

Schon in der Zeit der späten Republik hören wir daher von massenweisen Entlassungen von Sklaven; sie waren derart umfangreich, daß sich Augustus genötigt sah, hier einen Riegel vorzuschieben und die Freilassung an bestimmte Bedingungen zu knüpfen (daß der Freilasser ein bestimmtes Alter haben müsse, daß nur jeweils in einem Zeitraum oder bei bestimmtem Anlaß ein gewisser Bruchteil freigelassen werden durfte etc.)[8]. Wobei der Kaiser verschwieg, wie sehr er selbst – während des Bürgerkriegs gegen seine Rivalen – zu dieser Freilassungsbewegung (»manumissio«) beigetragen hatte, indem er kräftige Sklaven zu tausenden in seine Streitkräfte aufnahm, sie aber, der guten Form halber, noch schnell freiließ, damit der alte Brauch gewahrt blieb, der die Verteidigung Roms nur Freien gestattete. Doch trotz aller dann während der frühen Kaiserzeit verfügten Einschränkung der Freilassungen war nichts mehr daran zu ändern, daß sich das Verhältnis freier Arbeiter zu Sklaven ständig zugunsten der Nichtsklaven veränderte. Sie wurden mehr und mehr auch gesellschaftlich akzeptiert; Kinder von Freigelassenen waren bald als römische Freie anerkannt; selbst wer – als erstmals Freigelassener (libertus) – noch minderen Rechtsstatus besaß, konnte bis in höchste Ämter aufsteigen[9].

Römisches Handwerk: Metzgerei. Rom, Museum der römischen Kultur
Nachbildung eines Reliefs, Dresden, Museum

Römisches Handwerk: Schuhmacherwerkstatt, Rom, Museum der römischen Kultur. Nachbildung eines Reliefs aus Mailand

Und tatsächlich wurden wichtige Regierungsstellen – wie die kaiserliche Kanzlei, das Petitionsministerium und das Finanzamt – spätestens unter Kaiser Claudius (reg. 37–54) in der Mitte des ersten Jahrhunderts u. Z. mit »liberti« besetzt. Das alles wirkte natürlich auf die öffentliche Einschätzung der Freigelassenen zurück, wenn auch selbstverständlich nur sehr wenige ganz nach oben gelangten. Immerhin aber konnten sie auch jenseits staatlicher Ämter-Würde immensen Reichtum anhäufen (in eingeschränktem Rahmen wurde manchem von ihnen sogar schon während der Sklavenzeit der Erwerb von Gütern gestattet[10]). Unnachahmlich hat Petronius (gest. 66 u. Z.) zur Zeit des Kaisers Nero in der Mitte des 1. Jahrhunderts in der Figur des Trimalchio einen ehemaligen Sklaven dargestellt, der sich unglaubliches Vermögen zusammengerafft hat, nachdem er von seinem Herrn in der Erbschaft bedacht worden war, und der nun ganz das Leben des Neureichen genießt.[11]

Für die freilassenden Herren hatte das System mehrere Vorteile: erstens war man den zu ernährenden Menschen los, zweitens ließ man sich die Freilassung meist bezahlen – durch Teile des vom Sklaven neben seiner eigentlichen Sklavenarbeit erworbenen Vermögens oder, sofern dies nicht vorhanden war, durch eine schöne Rente für den ehemaligen Herrn. Wenn man bedenkt, daß einzelne Sklavenherren ganze Heere – verbürgt sind sie bis in die Größenordnung von 4000 Personen[12] – Unfreier hatten, konnte solche Rente nach Freilassungen ganz beträchtlich sein.

Das alles muß man sich vergegenwärtigen, wenn man ermessen will, wie tiefgreifend der Wandel war, der sich seit der ersten Kaiserzeit in sozialer und ökonomischer Hinsicht vollzog. Mehr und mehr geriet die »freie« Arbeitskraft in Konkurrenz nun nicht mehr nur zu den Sklaven, sondern auch untereinander; ein riesiges Reserveheer Unbeschäftigter stand bereit und konnte von den »Arbeitgebern« ausgenützt werden.

Freilich hatte all dies einen beträchtlichen Mangel auch für die Herren: die Arbeitskräfte, die »frei« waren, konnte man nicht einfach dorthin dirigieren, wo gerade Arbeit war. Auf dem Land z. B. fehlte es in der frühen Kaiserzeit oft an geeigneten Arbeitskräften – die waren größtenteils in die Stadt geflüchtet, weil man dort auf Arbeit, zumindest aber durch die üblichen Getreide- und Brotspenden für Arme zu überleben hoffte. Es mußte also ein System gefunden werden, in dem man Leute zwar wie »freie« Arbeiter anstellte, ihnen aber nicht die Möglichkeit des einfachen Stellenwechsels bot. Und so kam auf dem Land daher schon in den ersten Jahrhunderten u. Z. ein System auf, das dann sehr zentral wurde und bis ins Mittelalter hinein bestand: der Colonat.[13]

Der Begriff »colonus« ist nicht ganz eindeutig; in seiner häufigsten Ausprägung bedeutet er zunächst schlicht »Bauer«, dem aber schon im 2. Jahrhundert v. u. Z. eine rechtliche Vertragsstellung zum Bodenbesitzer zukommt: d. h., der Colone bebaut Land, das ihm nicht gehört, und führt daher einen bestimmten Pachtzins an den Grundherrn ab, sei es relativ zur eingefahrenen Ernte, sei es einen absolut festgesetzten Preis, in Naturalien oder in Geld. In der ersten Zeit dieses Systems war der Bauer wenigstens nominell noch frei, d. h. er konnte die Stelle wechseln – sofern es keine Hindernisse etwa in Form von Schulden beim Grundherrn gab – oder seinen Beruf ganz aufgeben, was auch häufig geschah.

Solange die Sklavenwirtschaft noch in Blüte stand, war solcher Wechsel nicht besonders gefährlich; im Zweifelsfalle konnte der abgewanderte Colone zumindest zur Überbrückung durch Sklaven ersetzt werden. Als aber die Sklavenzufuhr ins Stocken geriet bzw. Sklaven sehr teuer oder gar nicht mehr zu bekommen waren, konnten davonlaufende Colonen den Herrn recht unangenehm um seinen Profit oder gar um seinen Reichtum insgesamt bringen. Die Herren gingen daher dazu über, die Pachtbauern mehr und mehr an das von ihnen bearbeitete Land zu binden.

Dabei entstand nun ein neues Rechtsverhältnis grundlegender Art, und zwar ein importiertes: die Bindung an »die Scholle« entwickelten die Römer nämlich nicht selbst, sondern hatten sie von den Germanen übernommen, die schon in den frühen Formen ihrer Mischwirtschaft aus Allmende (dem Gemeindeland) und Allod (Privatland) demjenigen, der nicht ihm gehörendes Land zugewiesen bekam, die Auflage erteilten, auch auf diesem Boden auszuharren. Solche Leute hießen »Liten« oder »inquillini«[14] und waren halbfrei, also weder unabhängige Grundbesitzer noch Sklaven. Auch die römischen Colonen durften nun ihr zugewiesenes bzw. gepachtetes Land nicht mehr verlassen – zunächst nicht ohne Erlaubnis des Grundbesitzers, später überhaupt nicht mehr, d. h., sie mußten mit dem ihnen übergebenen Landstück im Falle des Verkaufs mit veräußert werden. In vollendete rechtliche, d. h. vom Staat verfügte und garantierte Form, wurden diese Zustände spätestens unter Kaiser Constantin dem Großen im beginnenden 4. Jahrhundert überführt.

Dies alles aber war bei den frühen Kaisern noch im Umbruch, und es bedingte naturgemäß allerhand Schwankungen und Unsicherheiten in der Arbeitsorganisation. Darüber hinaus aber geriet das ökonomische wie soziale System noch durch eine Reihe von Erfordernissen in Schwierigkeiten, die gerade mit der Einführung des Kaisertums – so wenig konkret es zu Anfang noch war – in Zusammenhang standen.

Wie bereits erwähnt, war ursprünglich die Hoffnung auf eine starke Zentralgewalt Ursache für die relativ weitgehende Zustimmung breiter vermögender Kreise zum Kaisertum bzw. für die Forderung nach Abschaffung der republikanischen Unstetigkeiten in der Ämterführung. Das hieß aber auch: die nunmehr auf Kontinuität bedachte Zentralgewalt sollte eine Reihe von Aufgaben übernehmen, die als Gemeinschaftsaufgaben begriffen wurden und die bisher vor allem in privater Regie gelöst worden waren.

Dazu brauchte die neue Führung aber verschiedene bisher keineswegs in Staatsgewalt stehende Einrichtungen, die recht kostspielig waren: ein Heer, das nicht privat organisiert und nicht nur bei unmittelbarer Gefahr oder bei Bedarf einberufen wurde, sondern als Militär zur ständigen staatlichen Einrichtung wurde; darüber hinaus eine besondere Truppe zum unmittelbaren Schutz vor Putsch und Palastrevolution, was sich in der Aufstellung einer »Praetorianergarde« ausdrückte, die unter Tiberius dann sogar in das römische Stadtinnere selbst verlegt wurde (eine geradezu revolutionäre Neuerung, denn bisher war Soldaten das Betreten Roms strengstens untersagt). Außerdem mußten die Handelswege nicht nur geschützt, sondern so ausgebaut werden, daß die mittlerweile längst nicht mehr durch italische Eigenproduktion zu deckende Nahrungsmittelzufuhr schnell und ohne Komplikationen abgewickelt werden konnte – Bau und Erhaltung von Straßen waren notwendig, und solange dies in der Regie von Privatleuten oder ehrenamtlichen Beamten lag, kam es immer wieder zu Problemen, wie der Bericht des Tacitus über die Zeit von Kaiser Tiberius weiß:

»Corbulo, . . . ein ehemaliger Praetor, führte laut Klage über die meisten Straßen Italiens, die durch den Betrug der Unternehmer und die Sorglosigkeit der Beamten stellenweise ganz unbrauchbar geworden seien, und übernahm die weitere Verfolgung dieser Angelegenheit . . .«[15]

Bis zu knapp 100 000 km umfaßte das Straßennetz des römischen Reiches zeitweise, und alleine in Italien sind 372 Haupt- bzw. Fernstraßen mit einer Länge von 18 000 km nachweisbar (zum Vergleich: die Autobahnen der Bundesrepublik umfassen derzeit ca. 7500 km)[16]. Hier kam eine riesige Aufgabe auf den Staat zu, die bisher fast völlig in Privathänden gelegen hatte.

Auch die Lebensmittelversorgung mußten die Kaiser

Römischer Straßenbau: Um die Via Appia ohne Höhenunterschiede führen zu können, wurde dieser Fels bei Terracina senkrecht abgetragen und abgeschliffen – mehr als 40 Meter. In der unteren Bildmitte ist die eingemeißelte Fuß-Zählung (CXX = 120 Fuß) zu lesen.

sicherstellen; sie übertrugen diese Aufgabe besonders bewährten Privatleuten; später mußte auch hier der Staat einschreiten und durch Zwangsverpflichtungen bei Vermögenden Garantien bieten.

Vor allem aber mußte nun eine ausgeprägte Administration eingeführt werden, denn selbst das durch Raubzüge ehemals reiche Kaiserhaus konnte dies nicht alles bezahlen. Bürger Roms und meist auch Italiens waren von Steuerabgaben überwiegend frei, und so entwickelte sich die Bürokratie zunächst – läßt man die reine Regierungsverwaltung Roms beiseite – in den Provinzen, wo sich vor allem die Steuerbehörden rasch vermehrten. Die Ämter blähten sich schnell auf, manche Stellen umfaßten mehrere hundert Beamte. Ein Prätorianerpräfekt – also ein Amtsvorsteher der innenministeriellen Verwaltung – konnte bis zu 600, sein Stellvertreter bis zu 300 Beamte beschäftigen; wobei sich solche Ausuferung natürlich vor allem in der späteren Kaiserzeit durchsetzte; nach Lactanz, der im 3./4. Jahrhundert lebte, sollte damals schon die Hälfte der Bevölkerung der Bürokratie angehören.[17]

Zur Zeit der ersten Kaiser gab es aber trotz der sicher schon verbreiteten Einsicht in die Notwendigkeit zusätzlicher Staatsaufgaben vor allem ein Problem: das römische Staatssystem war darauf überhaupt nicht eingerichtet. Es fehlte sowohl an Amtsstellen, die sich hierfür eigneten, an einem bürokratischen Management, wie – vor allem – an professionellen Beamtenköpfen, die den Aufgaben gewachsen waren.

In der Republik mit ihren kurzzeitig wechselnden und meist nur ein Jahr amtierenden ehrenamtlichen Wahlbeamten hatte jeder, der ein Amt übernahm, dies so gut es ging dilettantisch verwaltet, wobei wohl meistens die persönliche Bereicherung im Vordergrund stand. Daß mit solchen allenfalls im schnellen Beutemachen versierten »Beamten« kaum Staat und schon gar keine Staats-Kasse zu machen war, leuchtete ein, und spätestens Tiberius, der Nachfolger von Augustus, ging daher dazu über, die Ämter zu professionalisieren. Er verlängerte deshalb die Amtszeit der einzelnen Stellen – bis hin zu den Provinzstatthaltern –, mitunter vergab er sie sogar auf Lebenszeit. Außerdem sah er als Amtsinhaber nicht Männer vor, die sich anderswo Verdienste erworben hatten, sondern solche, die sich in der Verwaltung schon bewährt hatten – nicht mehr bloß gewesene Consuln oder Senatsabkömmlinge, sondern auch im Handel und in der Wirtschaften erfahrene Ritter (denen er z. B. die städtische Lebensmittelversorgung anvertraute); wobei er sich selbst bzw. dem Staat die Überwachung vorbehielt.[18]

Es war übrigens bezeichnend, daß die republikanisch empfindenden Zeitgenossen gerade in dieser Einführung des Berufsbeamtentums nur Negatives erblickten – ihnen war klar, daß von nun an der Beamte sich dem Kaiser persönlich verantwortlich fühlen würde und nicht mehr dem Staat oder der Gemeinschaft (was vorher wenigstens nominell noch der Fall gewesen war). Und so gibt der ganz und gar gegen das damalige Kaiserhaus (und wohl gegen das Kaisertum allgemein) eingestellte Historiker Tacitus (55–120) die verschiedensten Gründe für die Verlängerung der Amtszeit unter Tiberius an, nur nicht die nächstliegenden und sachbezogenen:

»Auch dies war eine Eigentümlichkeit des Tiberius, die Verwaltungsstellen zu dauernden Ämtern zu machen und die meisten Männer bis zum Lebensende bei den gleichen Heeren oder Gerichtsbezirken zu belassen. Die Beweggründe dafür werden verschieden angegeben: Einige meinen, er habe aus Scheu vor immer neuen Sorgen an einmal gefaßten Beschlüssen für immer festgehalten, andere, aus Mißgunst, damit möglichst wenige in den Genuß dieser Ämter kämen. Manche sind der Ansicht, er sei in seinen Entscheidungen ebenso ängstlich gewesen wie in seinen Absichten verschlagen. Denn wie er auch ausgezeichnete Vorschläge nicht achtete, so haßte er doch auf der anderen Seite die Laster. Von den Besten fürchtete er Gefahr für sich, von den Schlechteren Schande für den Staat. In dieser Unentschlossenheit ging er schließlich so weit, daß er manchen Männern Provinzen übertrug, die er gar nicht aus der Stadt herauslassen wollte.«[19]

Und selbst der monarchisch gesinnte Cassius Dio (155–235) mutmaßt hierfür ganz andere Gründe als den wahrscheinlichen Mangel an geeigneten Administratoren:

»Andere Römer und Senatoren waren so viele hingerichtet worden, daß von den durch das Los bestimmten Statthaltern aus Mangel an Nachfolgern die vom Amte getretenen Praetoren auf drei, die gewesenen Consuln sogar auf sechs Jahre die Statthalterschaften in den Provinzen bekleiden mußten.«[20]

Der Aufbau einer professionell arbeitenden Bürokratie gelang natürlich nicht auf Anhieb; und als die Administration schließlich organisatorisch gefestigt war, waren die Beamten wieder entsprechend korrupt geworden: beides Gründe dafür, daß der nun auch vom Staat mitgestalteten Wirtschaft allerhand Wechselbäder zugemutet wurden, die sie nicht immer heil überstand. Obwohl nahezu jeder Kaiser mitsamt seiner Administration ein eigenes Gepräge hatte[21], stellte sich doch schon bei den beiden ersten Amtsinhabern zwei Grundformen der Wirtschaftslenkung heraus, die nicht nur allen Nachfolgern als Grundmuster ihres Handelns galten, sondern eigentlich auch bis heute die Mittel sind, die in allen Gesellschaften angewandt werden, die von Privateigentum bestimmt sind. Diese Grundmuster sind verkörpert in der Politik des Augustus und in der seines Nachfolgers Tiberius.

Für Augustus stellte sich erstmals die Frage, wie man das enorm gestiegene Aufgabenvolumen des Staates bezahlen sollte. Er griff zu dem Mittel, das nahelag, und ließ einfach mehr Geld prägen. Die Konsequenz: steigende Preise, Inflation. Die Zinsen blieben bei so viel wohlfeilem Geld niedrig, die Ausgabefreudigkeit wurde durch eifrige Spenden des sich offenbar noch nicht fest im Sattel wähnenden Kaisers und seiner Höflinge weiter angeregt. Es ist ganz aufschlußreich, einmal nachzulesen, was Augustus nach eigenem Bekunden alleine für nicht investive Bereiche, also für Dinge ausgegeben hat, die sich nicht in Waren, Festwerten oder Dienstleistungen niederschlugen. Er schreibt in seinem »Tatenbericht«:

»Dem Volk in Rom habe ich pro Kopf 300 Sesterzen auszahlen lassen gemäß dem Testament meines Vaters. In meinem eigenen Namen habe ich während meines fünften Consulats (29 v. u. Z., W. R.) jedem einzelnen 400 Sesterzen aus der Kriegsbeute zugewiesen, ein weiteres Mal habe ich in meinem zehnten Consulat (24 v. u. Z.) aus meinem ererbten Vermögen pro Kopf 400 Sesterzen als Spende auszahlen lassen. In meinem elften Consulat (23 v. u. Z.) habe ich zwölf Getreidespenden austeilen lassen, zu denen das Getreide aus meinem Privatvermögen aufgekauft worden war. Im zwölften Jahr meiner tribunizischen Amtsgewalt (12 v. u. Z.) habe ich zum dritten Mal 400 Sesterzen pro Kopf verteilt. Diese meine Spenden gingen niemals an weniger als 250 000 Menschen. Als ich die tribunizische Gewalt zum achtzehnten Mal und das Consulat zum zwölften Mal

61

(5 v. z. Z.) innehatte, habe ich an 320 000 Menschen aus der städtischen Bevölkerung pro Kopf 60 Denare (entspricht 240 Sesterzen, W.R.) auszahlen lassen. Den Ansiedlern unter meinen Soldaten habe ich in meinem fünften Consulat pro Mann 1000 Sesterzen aus der Kriegsbeute gegeben. Diese zur Feier des Triumphs ausgezahlte Spende haben in den Neuansiedlungen ungefähr 120 000 Menschen in Empfang genommen. Als ich zum dreizehnten Mal Consul (2 v. u. Z.) war, habe ich je 60 Denare an diejenigen aus dem Volk gezahlt, die damals von Staats wegen Getreidespenden erhielten; dies waren etwas mehr als 200 000 Menschen. Für das Ackerland, das ich in meinem vierten Consulat (20 v. u. Z.) und später im Amtsjahr der Consuln Marcus Crassus und Gnaeus Lentulus Augur (14 v. u. Z.) den Veteranen habe zuweisen lassen, habe ich den Gemeinden Geld bezahlt. Dies ergab eine Summe von ungefähr 600 Millionen Sesterzen, die ich für Grund und Boden in Italien gezahlt habe, und eine solche von ungefähr 260 Millionen, die ich für Ackerland in den Provinzen ausgegeben habe. Das habe ich als erster und einziger von allen getan, die Veteranen in Italien oder den Provinzen angesiedelt haben, soweit die Erinnerung unseres Zeitalters reicht. Und später (7, 6, 4, 3 und 2 v. u. Z., W. R.) habe ich die Soldaten, die ich nach Ableistung ihrer Militärzeit wieder in ihre Heimatstädte habe zurückführen lassen, mit Geldsummen belohnt, wofür ich etwa 400 Millionen Sesterzen aufgewendet habe. - Viermal habe ich mit meinem eigenen Vermögen die Staatskasse saniert, indem ich 150 Millionen Sesterzen den Kassenverwaltern übergab. Und unter den Consuln Lepidus und Arruntius (6 u. Z.) habe ich zur Militärkasse, die auf meinen Vorschlag hin eingerichtet wurde, um aus ihr den Soldaten eine Abfindung zu zahlen, die zwanzig oder mehr Dienstjahre geleistet hatten, aus meiner Privatschatulle 170 Millionen Sesterzen beigesteuert. - Von dem Jahr an, in dem Gnaeus und Publius Lentulus (18 v. u. Z.) das Consulat innehatten, habe ich, als das Steueraufkommen nicht ausreichte, bald 100 000, bald noch mehr Menschen Getreide- und Geldspenden aus meinem eigenen Vorratslager und aus meinem eigenen Vermögen zukommen lassen.«[22]

Dies alles noch ohne Einbeziehung der anderen Ausgaben, z. B. für die Renovierung öffentlicher Gebäude, von Tempeln und Theatern, von Wasserleitungen - die er z. T. noch vermehrte -, für die Einrichtung eines neuen Forums im Zentrum, die zahlreichen Spiele - Gladiatorenkämpfe größter Art, Schiffskämpfe, Tierhatzen mit teilweise mehreren Tausenden Menschen (und Tieren)[23].

Es lohnt, unsere Unterlagen über die späte republikanische Zeit heranzuziehen und zu vergleichen. Zur Zeit des Pompejus in den sechziger Jahren des letzten Jahrhunderts v. u. Z.

hatte die Staatskasse um die 50 Millionen Denare zur Verfügung[24], umgerechnet 200 Millionen Sesterzen. Eben haben wir gehört, daß Augustus alleine zu einer Sanierungsmaßnahme der Staatskasse 150 Millionen beigesteuert hat, die Militärkasse wurde mit 170 Millionen Sesterzen aufgefüllt. Zuweisungen an Veteranen ließ er sich alleine in Italien 600 Millionen kosten. Alles in allem Staatsausgaben, die ein dutzendmal so hoch sind wie früher. Augustus betont, daß all das vor allem aus seiner - wie er es nennt - »Privatschatulle« kam; aber das war selbstverständlich ein Schatz, den er vor allem aufgrund der von ihm geleiteten staatlichen Unternehmungen zusammengerafft hatte, also aus Kriegsbeute - was er an einer Stelle selbst schreibt -, oder aus in seiner Hand befindlichen Betrieben, Bergwerken etc.

Natürlich hatte es, wie oft genug berichtet, auch vorher Spenden von Privatleuten gegeben, und die Armen waren schon lange vor dem Kaisertum gespeist worden. Neu aber war, daß sich hierfür nun der Kaiser *als Staatsspitze* für zuständig erklärte - und wie man sieht, fast permanent spendete -, und nicht mehr Männer, die bloß ein Amt anstrebten. Die Gemeinschaftsaufgaben »Lebensmittelversorgung« und »Sozialhilfe« waren nun überwiegend in die Hand der obersten Staatsleitung übergegangen. Ebenso die Ausgaben für das Militär; das war natürlich in gewisser Weise selbstverständlicher, denn hierfür hatten allemal die Heerführer bezahlt - neu war aber, daß nunmehr der Kaiser stets der oberste Kriegsherr und als solcher für die Entlohnung der Soldaten und für die Pensionskasse verantwortlich war. Eine tatsächliche Trennung von »Privatvermögen« des Kaisers und dem Staatsschatz fand allenfalls nominell statt, war aber praktisch gar nicht möglich.

Dies ging aber nur solange gut, als sich das Kaiser- und Staatsvermögen immer wieder regenerierte. Das Ende kam allmählich: als keine großen Beutezüge mehr unternommen werden konnten, als Augustus spätestens seit dem Jahr 9 u. Z. - nach der Schlacht im Teutoburger Wald - alle Expansionspläne aufgab. Von da an konnte faktisch nur mehr verteilt werden, was innerhalb der Reichsgrenzen produziert wurde oder wuchs. Der Zustrom geraubten Gutes hörte auf.

Da aber die Politik des Augustus nach innen auf dem Postulat der »Pax Romana«, dem inneren Frieden beruhte, konnte er natürlich kaum daran denken, die mit Spenden, Spielen und einer zunehmenden staatlich-kaiserlichen Fürsorge rechnenden Römern nun mit Einsparungen und Maßhalten zu belasten. Er stand vor dem Problem aller Regierungen, die Hoffnungen wecken: er konnte von der politischen Option, auf die er gesetzt hatte, nicht mehr herunter. Geldprägen ohne alle Rücksicht auf Gegenwerte war daher die einzige Möglichkeit, den Konsens der Bevölkerung zu sichern. Wenn man bedenkt, daß ein freier Arbeiter pro Tag etwa 1 Denar verdiente[25] und dies daher auch in etwa das Existenzminimum war, so bedeuteten die von Augustus angeführten Spenden, daß die damit Bedachten wohl jeweils für einige Wochen (bis zu zwei Monaten) davon leben konnten, sofern sie nicht zusätzlich noch Arbeit hatten und dabei verdienten. Da war an eine Kürzung kaum zu denken. Aber auch an Prachtbauten konnte man wenig sparen, sollte doch damit der neue Glanz seit Beginn des Kaisertums repräsentiert werden und jedem vor Augen geführt werden, welch »goldenes Zeitalter« (»aetas aurea«, der gängige Begriff für die Epoche des Augustus) nun angebrochen war. Und schon gar nicht konnte man angesichts der bösen Erfahrungen mit aufmüpfigen Grenzvölkern darangehen, etwa den Militärbereich zu beschneiden. Es blieb tatsächlich nur die Inflation und ansonsten die Übernahme aller möglichen früheren Privataufgaben in staatlicher Regie, wenn man die neue Gesellschaftsform und vor allem die kaiserliche Zentralgewalt aufrechterhalten wollte.

Zugleich aber konnte es nicht mehr wie bisher weitergehen, denn die Teuerung machte bald auch die Spenden teurer, zwang – bei nachlassenden Raubeinnahmen – entweder zu erhöhten Steuern (was kaum auf breiter und sanierender Basis durchsetzbar war) und oder zu vermehrter Geldproduktion. Wer von den Kaisern später noch inflationistisch regierte, mußte sogar zu radikaler Münzverschlechterung greifen: während schon zur Zeit des Augustus die Sesterz nicht mehr in Silber, sondern in Kupfer geschlagen wurde, verschlechterte Nero um 60 u. Z. den als Leitwährung geltenden Silberdenar auf 90 % des vorherigen Gehaltes, Trajan (reg. 98-117) um die Jahrhundertwende auf 85 %, Marc Aurel (reg. 161-180) ein dreiviertel Jahrhundert später auf 75 % und unter Septimius Severus (reg. 193-211) war man Ende des 3. Jahrhunderts bei 50 % angelangt[26]. Caracalla (reg. 211-217) fiel in der ersten Hälfte des 3. Jahrhunderts dann noch eine weitere Möglichkeit ein: er fälschte sein eigenes Geld, um die Soldaten bezahlen zu können[27].

So weit war man natürlich bei Augustus noch nicht, eine Änderung der Wirtschaftspolitik war allerdings dringend notwendig: aber eine Zäsur in der Geldpolitik war unter seiner Regierung nicht möglich. Erst sein Nachfolger Tiberius entschied sich für eine Umkehr (und verdankt wohl dieser Tatsache einen erheblichen Teil der negativen Bemerkungen nahezu aller römischen Historiker über seine Regierung): er versuchte, die Staatsausgaben zu beschränken, den Geldnachschub zu stoppen und insgesamt sparsamer zu wirtschaften. Bald hatte er einen Schatz von zweidreiviertel Milliarden Sesterzen gehortet – u. a. mit Hilfe zahlreicher Verurteilungen und damit Vermögenskonfiskationen wegen Gesetzesverstößen. Die infolge Geldknappheit steigenden Zinsen senkte er per Dekret, die noch immer vorhandene Teuerung (vor allem bei Lebensmitteln) bekämpfte er durch einen Preisstopp und – um den Händlern nicht allzu wehzutun – durch Subventionen[28]. Die Konsequenzen aus diesem frühen Steuerungsversuch über die Geldmenge (ein erster Monetarismus) brachte, wie übrigens auch alle späteren Versuche, eine Wirtschaftskatastrophe ungeahnten Ausmaßes hervor. Tacitus, der eine Generation nach Tiberius lebte, schilderte dies so:

»Hieraus entstand eine Geldknappheit, da allen Schuldnern zu gleicher Zeit die Darlehen gekündigt wurden und infolge der so zahlreichen Verurteilungen und Güterversteigerungen das geprägte Silber beim Kronschatz oder beim Staatsschatz stillag. Der Senat hatte zwar verordnet, daß jeder zwei Drittel seines Kapitals zum Ankauf von Gütern in Italien anlegen und die Schuldner den gleichen Teil ihrer Schuld zurückzahlen sollten. Aber die Gläubiger kündigten doch das ganze Kapital, und die Schuldner mußten zahlen, um ihren Kredit nicht zu schwächen. Anfangs versuchte man es mit Verhandlungen und Bitten; dann gab es zahllose Prozesse vor dem Praetor; aber gerade das gesuchte Aushilfsmittel, nämlich Verkauf und Kauf, schlug ins Gegenteil um, weil die Kapitalisten das gesamte

Geld zum Kauf von Ländereien eingezogen hatten. Da die Menge der Verkaufsangebote Wohlfeilheit zur Folge hatte, mußte jeder, je verschuldeter er war, desto ungünstiger verkaufen, und viele verloren ihren ganzen Besitz. Die Zerrüttung des Vermögens untergrub aber wieder Stellung und Ruf, bis der Kaiser Abhilfe schaffte. Er verteilte 100 Millionen Sesterzen an die öffentlichen Wechselbanken und ließ zinslose Darlehen für drei Jahre ausgeben, wenn der Schuldner dafür dem Volksvermögen Grundstücke von doppeltem Wert verpfändete.«[29]

Dies alles geschah aber erst, nachdem es nicht nur in Rom, sondern im gesamten Reichsgebiet zu Bankkrächen und Firmenzusammenbrüchen gekommen war, als die Zinsen trotz der Verbote rapide anstiegen (und sich ein grauer oder schwarzer Kapitalmarkt bildete) - ein gigantischer Fehlschlag der restriktiven Geldpolitik. Trotzdem versuchten auch spätere Kaiser immer wieder, diesen Weg zu beschreiten - wobei sich freilich die Römer eines neuen Herrschers, der derlei versuchte, schnell entledigten. Als etwa der nach Neros Tod zum Kaiser ausgerufene General Galba (reg. 68-69) sich weigerte, seine Amtszeit mit großen Geschenken - vor allem an die daran schon gewöhnten Truppen - zu eröffnen und lieber den aufgrund Neros Politik bankrotten Staatshaushalt sanieren wollte, war er schnell als Geizhals verschrien; schon im Jahr nach seiner Proklamation wurde er abgesetzt und 69 u. Z. ermordet.

Es zeigte sich also schon in der allerersten Kaiserzeit - unter Augustus und Tiberius -, daß mit der Errichtung einer kontinuitätsversprechenden Zentralgewalt die römischen Probleme nicht geringer wurden. Wahrscheinlich hatte kaum jemand vorausgesehen, daß das Ende der Expansionspolitik schon so nahe war; jedenfalls waren die Staatsfunktionäre nicht darauf vorbereitet, die Römer nun ohne große Beute zufriedenzustellen. Die Erkenntnis, daß man, wenn Kriegszüge nichts mehr einbrachten oder aus sonstigen Gründen nicht unternommen werden konnten, nur noch das verteilen konnte, was innerhalb der Staatsgrenzen produziert wurde, setzte sich nur sehr langsam durch. Wie sich zeigte, erkannten es Teile der Oberschichten früher als alle anderen - auch als die Kaiser selbst - und zogen die Konsequenzen daraus. Beim Staat war nicht mehr viel zu holen. Sie sahen sich nach Alternativen für ihre Lebensgestaltung um.

DRITTES KAPITEL

Der Beginn der Abkehr.
Die »staatstragenden« Oberschichten ziehen sich zurück

> Zurückgezogen habe ich mich nicht
> nur von den Menschen, sondern auch
> von den Geschäften.
>
> *Seneca, Ad Lucilium*

Die Regierungszeit des ersten »Kaisers«[1] Octavian-Augustus wird in der Geschichtsschreibung ziemlich einhellig mit 27 v. u. Z. bis 14 u. Z. – seinem Tod – angegeben. Das Datum 27 bietet sich deshalb an, weil hier einerseits die Bürgerkriege beendet waren (31 v. u. Z. hatte Octavian den Rivalen Antonius bei Actium endgültig besiegt) und Octavian im Januar 27 vom Senat außerordentliche Vollmachten für die Regierung der wichtigsten Provinzen (und damit der Nachschubbasis des Reiches) erhielt; außerdem bekam er den Beinamen »der Erhabene« (Augustus), und den führten fortan alle Kaiser als ihren Haupttitel.

Die Festlegung eines solchen Datums verführt aber allzu leicht zu der Annahme, damit sei – von einem Tag auf den anderen – das »Kaisertum« installiert worden, so wie etwa eine neue Verfassung in Kraft tritt. Tatsächlich aber blieb nominell die Republik mit all ihren Organen in Kraft – gerade das war die Meisterleistung des Octavian.

Der Tod seines Onkels und Adoptivvaters Caesar bei dessen Drang nach der Alleinherrschaft war dem siegreichen Neffen in guter Erinnerung. Und nichts sprach dafür, daß die Senatoren nicht wieder zum Messer greifen würden, falls noch einmal einer unverhüllt nach der totalen Macht greifen würde. »Princeps«[2], Erster unter Gleichen, wolle er bescheiden sein, ließ Octavian verlauten, ja – noch bescheidener –: als er nach seinem Sieg bei Actium heimkehrte, legte er, wie sich das für einen Republikaner gehört, alle Ämter nieder, da er sie erfolgreich gehandhabt hatte und der Anlaß für ihre Übernahme nunmehr wegfiel; sogar sein machtvolles Heer wolle er entlassen, erklärte er. Der Senat war nicht nur beeindruckt: ihn beunruhigte das Ganze – wenn sich der erfolgreiche Bürgerkriegssieger tatsächlich ins Private zurückziehen wollte, bräche am Ende die Anarchie sofort wieder aus. Also beschwor man Octavian richtiggehend, er solle weiter dem Staat erhalten bleiben und nach seinem Sieg gegen die römischen Gegner nun auch noch in den Provinzen »Ordnung« schaffen.

Octavian, anders als Ceasar, war sich im klaren darüber, daß man keineswegs alle vorhandenen Ämter auf sich vereinigen muß, um im Staat der Römer das Sagen zu haben. Es gab einige, die besonders wichtig waren, andere, die man nur manchmal innehaben mußte, wieder andere konnte man bei Bedarf übernehmen. Zu den wichtigen gehörte nun gerade das, welches den Senatoren selbst ziemlich gleichgültig war, denn das hatten die Mittelschichten für sich durchgekämpft – der Tribunat. Dieses plebejische Amt hatte zwei entscheidende Vorteile: man konnte damit jedes vom Senat eingebrachte Gesetz durch das Vetorecht blockieren; und umgekehrt hatten von der Plebejer-Volksversammlung unter dem Vorsitz des Tribunen beschlossene Gesetze Wirkung für das gesamte Volk einschließlich der Senatoren[3]. Dieses Amt ließ Augustus daher auch ab 23 v. u. Z. nicht mehr aus. Consul war er dagegen nur ab und an, wenn wichtige Aufgaben etwa in der Kriegsführung oder der Nahrungsmittelversorgung anstanden.

Aber es gab noch ein Amt, das besonders einflußreich war: das des Zensors. Dieser hatte (neben der Überwachung der römischen Sitten) auch die Kompetenz, von Zeit zu Zeit die Listen der Senatoren durchzugehen und einige daraus zu entfernen, andere Anwärter aufzunehmen. Augustus besetzte das Zensorenamt nur dreimal – aber jedesmal siebte er dabei die Senatoren so gründlich, daß sich am Ende nur noch wenige nicht-kaisertreue im höchsten Gremium des Staates wiederfanden. Einflußreich erschien schließlich noch ein weiteres Amt: das der Priester, die die Religion hüteten und notfalls weiterentwickelten und die somit zur Ideologiebildung besonders beitrugen. Als der amtierende Pontifex maximus starb, wurde Augustus 12 v. u. Z. sein Nachfolger und blieb es[4]; auch alle späteren Kaiser hielten es so bis auf Theodosius im endenden 4. Jahrhundert (der als erster dieses heidnische Amt aufgrund seines Christentums nicht mehr übernahm; noch der Konvertit Constantin der Große hatte das Pontifex-Amt selbstverständlich mit ausgeübt, auch als er schon Christ war).

Insgesamt also okkupierte Octavian die römische Macht sehr behutsam, ließ seine Weggefährten und Vertrauten (»amici«, Freunde genannt) langsam in die wichtigsten Ämter einsickern und gab ansonsten dem Senat immer wieder den Glauben, die vereinigte Machtfülle sei jederzeit wieder teilbar, die Republik also nicht in Gefahr. Das ständige Rochieren zwischen den Ämtern ließ in der Regel auch eine konkrete Kritik nur schwer Fuß fassen.

Dennoch gab es bereits gegen diesen ersten Kaiser massive Opposition, und nichts dokumentiert das deutlicher als die Tatsache, daß schon Augustus einen eigenen Geheimdienst aufbaute, der unzuverlässige Menschen denunzierte und das Volk aushorchte: die Anfänge einer dann immer mächtiger werdenden Geheimpolizei.

Nun hatten sich natürlich Senatoren, Ritter und andere einflußreiche Römer eine starke Zentralgewalt nicht so vorgestellt, daß da ein allmächtiger Herrscher regierte, der sie in jeder Hinsicht reglementierte und der kaum mehr kontrollierbar war. Daher wurde, nach Tacitus, spätestens bei der Diskussion um die Leichenfeierlichkeiten für Augustus deutlich, wie stark die Aversion weiter Kreise gegen die konkrete Staatsführung des ersten Princeps gewesen war:

»Andere hielten dem (Lob, W. R.) entgegen: die Pietät gegen den Vater (Caesar, seinen Adoptivvater, W. R.) und die Verhältnisse der Republik habe er nur zum Vorwand genommen, in Wirklichkeit habe er aus Herrschsucht die Veteranen durch Schenkungen aufgewiegelt, ein Heer sei von dem noch als Privatmann lebenden Jüngling bestochen, seine Begünstigung der pompejanischen Partei erheuchelt worden. Darauf habe er, sobald er sich durch Senatsbeschluß die Rutenbündel (Amtsinsignien, W. R.) und die Stellung eines Propraetors angeeignet hatte, nach dem Tod des Hirtius und Pansa – mag nun der Feind beide, mag den Pansa das in seine Wunde geträufelte Gift, mögen den Hirtius die eigenen Soldaten oder Octavianus als Anstifter ihrer Meuterei aus dem Weg geräumt haben

- die Truppen beider mit Beschlag belegt. Gegen den Willen des Senats habe er das Consulat erpreßt und die Waffen, die er gegen Antonius erhalten, gegen den Staat gewendet. Die Proskriptionen der Bürger, die Äckerverteilungen seien nicht einmal von den Männern gutgeheißen worden, die sie selbst vorgenommen hatten . . .«[5]

Noch unter dem Augustus-Nachfolger Tiberius waren die Animositäten gegen den früheren Kaiser so stark, daß Tiberius einen gewissen Apidius Merula von der Senatorenliste streichen ließ, weil dieser nicht auf die von Augustus erlassenen Gesetze hatte schwören wollen.[6]

Die Tatsache, daß all dies von dem etwa hundert Jahre nach Augustus schreibenden Tacitus berichtet wird, zeigt, wie verwurzelt diese antikaiserliche Tradition schon damals war. Und es handelte sich keineswegs nur um eine verbale Opposition; der kaiserliche Minister Seneca (4 v.-65 u. Z.) berichtet über die Militanz der Augustus-Gegner:

»Während er die Alpenländer befriedete und die Feinde niederwarf, die mitten im Frieden in sein Reich eingedrungen waren, während er über Rhein, Euphrat und Donau hinaus die Grenzen ausdehnte, wurden in der Stadt selbst die Dolche des Murena, Caepio, Lepidus, Egnatius und anderer gegen ihn geschärft.«[7]

Solche Verschwörungen zogen sich über die gesamte Regierungszeit des Augustus hin. Es gab wohl doch recht viele, denen die republikanische Unsicherheit lieber war als die Friedhofsruhe unter einer zentral konzentrierten Staatsmacht, die da immer deutlicher auf die Römer zukam. Zu organisiertem Handeln kamen sie aber nicht.

Augustus selbst, als Motor und gleichzeitig Aushängeschild des Ganzen, war nun sicher ein Meister im öffentlichen Ausbalancieren der Machtstellen, der offenbar genau wußte, wo der Bogen zu springen drohte. Es gelang ihm, den Senat zu entmachten und ihn zugleich in dem Glauben zu wiegen, daß er nun so viel Macht habe wie schon lange nicht mehr: offenbar machte die Purpurtoga und die kaiserliche Höflichkeit die Senatoren recht blind für die wirklichen Verhältnisse. Das mag auch der Grund dafür sein, warum zu Lebzeiten des Augustus die Senatsopposition im Ganzen dann doch recht bescheiden, zumindest aber - für das Kaiserhaus - wirkungslos blieb. Tacitus führt das freilich auch auf andere Ursachen zurück:

»Gerade die tapfersten Männer waren auf den Schlachtfeldern oder durch Ächtung gefallen. Der übrige Adel wurde, je bereitwilliger er zur Knechtschaft war, durch Reichtum und Ehrenstellung ausgezeichnet und zog, durch den Umsturz hochgekommen, die gegenwärtige Sicherheit den früheren Gefahren vor. Auch die Provinzen lehnten diesen Stand der Dinge nicht ab, weil ihnen die Herrschaft des Senats und des Volkes durch den Machtkampf der Großen und die Habsucht der Beamten verleidet war. Die Hilfe der Gesetze, die durch Gewalt, durch Einfluß, zuletzt durch Bestechung in Verwirrung gebracht wurden, war unwirksam geworden.«[8]

Bei all seinem taktischen Geschick hatte aber auch Augustus eine Schwachstelle, die der Opposition im Laufe der Zeit erheblichen Auftrieb gab und der Abwendung weiter Kreise von der sonst doch überwiegend als segensreich empfundenen neuen Macht Vorschub leistete: er war ein Moralist; und er war in allen nicht ausgesprochen außenpolitischen und administrativen Dingen unbeweglich konservativ.

Nun war das Bewahren uralter Traditionen in Rom nichts Neues; »mos maiorum«, der Brauch und die Sitte der Vorväter, das war eine Wendung, die alle namhaften Redner und Politiker fortwährend im Mund führten: der alte Cato, der den Sittenverfall beklagte und gegen die Griechenfreunde um die Familie Scipio wetterte, benutzte es ebenso wie etwa Cicero, der gerade diesem Philhellenismus der Scipionen anhing. Auch Veränderungen wurden in Rom häufig mit dem Brauch der Väter begründet - nicht umsonst war Rom zum Ballungsgebiet an Rhetoren geworden.

Mochte solches bei den Römern allgemein als eine Marotte der Oberen gelten, und bei den auf ihre Autorität pochenden Familienvätern als erzieherisches Zuchtmittel angesehen sein, so überspannte Augustus die Duldsamkeit der Römer erheblich, als er die Sittenreinheit nun vor allem an besonders empfindlicher Stelle zu festigen suchte:

Es war ihm nicht entgangen, daß die Römer durch die Verstädterung so mancher sinnlichen Lust zu erliegen drohten, die sie vorher nicht gekannt hatten, die ihnen aber gleichwohl so gefiel, daß sie bald nur noch dieser zu frönen begannen. Das wirkte sich, so Augustus, fatal aus: die jungen Mädchen, früh schon im Theater und auf der Straße an sexuelle Anreize gewohnt, dachten nicht mehr wie die züchtige Vor-Römerin daran, ihren Lebenssinn im Kinderkriegen zu suchen; der Zug zur Familie mit allenfalls zwei Kindern war deutlich. Verstärkt wurde der Kinder-Rückgang durch egoistische Männer, die absichtlich nicht in den Ehestand eintraten, weil sich dann mit zunehmendem Alter immer mehr Erbschleicher um sie versammelten.

Der Geburten-Streik brachte, nach Ansicht nicht nur des Augustus, gleich noch ein zweites Problem mit sich: die Römer wurden nicht nur immer weniger - ihr relativer Anteil an der Bevölkerung sank infolge der vom Kaiser deutlich erkannten »Überfremdung« rapide. Dies rührte daher, daß sich in Rom Hunderttausende von »Fremdarbeitern« aufhielten - die zwar meist nicht freiwillig gekommen, nun aber da waren. In der Regel handelte es sich um freigelassene Sklaven, also Verschleppte, oder deren Kinder. Wenn einer von ihnen alt und arbeitsunfähig wurde und der Herr so gütig war, ihn nicht einfach umkommen zu lassen, so ließ er ihn meistens frei - dann fiel er nämlich nicht mehr ihm, sondern der Öffentlichkeit zur Last, als Bettler, als Fürsorgeempfänger. Er war nun ein »libertus«, ein Freigelassener - und seine Kinder galten dann schon als Freie. Sie konnten sich in eine Tribus, eine römische Stammrolle, einschreiben lassen und waren damit sogar in der Volksversammlung stimmberechtigt - für viele Römer ein entsetzlicher Gedanke.

Die kaiserliche Regierung schritt ein: obwohl Augustus selbst in seinen frühen Jahren Sklaven zu Zehntausenden freigelassen hatte, um sie als »liberti« in seine Armee einzureihen, beschränkte man nun die Zahl der Freilassungen drastisch durch Höchstquoten für den einzelnen Freilasser, auch wurde das Einschreiben nur noch in eine einzige tribus zugelassen, so daß bei der damaligen Blockabstimmung keine Gefahr mehr fürs Ganze ausging.

Dem laxen Sexualverhalten war schon schwerer beizukommen. Kindesaussetzung und -tötung, Abtreibung etc. standen natürlich unter Strafe, aber es half auch da keine Verschärfung; vielleicht, so vermutete die Regierung, ließe sich mit Belohnung etwas ausrichten. Und so wurden Familien, die drei Kinder oder mehr hatten, mit besonderen Privilegien ausgestattet, bekamen Steuernachlässe und mitunter auch Spenden. Den unverheirateten Greisen suchte

Römisches Privatleben: Hochzeitsfeier, Rom, San Lorenzo

Augustus die Lust am Alleinsein dadurch zu nehmen, daß er ihnen erhebliche Teile ihnen selbst zufallender Erbschaften wegsteuerte; umgekehrt ließ er sich von ihrem Nachlaß allerhand in die Staatskasse zahlen.

Vor allem aber sollten die jungen Mädchen wieder Zucht und Sitte bekommen. Augustus erließ ein »Gesetz über die Sittlichkeit und die Bekämpfung des Ehebruchs« im Jahre 18 v. u. Z. und noch so manche andere detaillierte Verfügung; junge Menschen durften fortan nur noch in Begleitung Erwachsener in Theateraufführungen gehen und wurden in der Öffentlichkeit allerlei Einschränkungen unterworfen.

Dann aber legte er sich an einer für die Römer besonders empfindlichen Stelle mit einem althergebrachten Recht an: er suchte dem verbreiteten Sinnestreiben durch harte staatliche Bestrafung des Ehebruchs (natürlich an der Frau) entgegenzuwirken; und hier kam er mit der väterlichen Hausgewalt, einem Grundgesetz römischen Selbstverständnisses, in Konflikt. Wer seine Tochter mit ihrem Liebhaber bei der »Schändung« ertappte, durfte seit alters her beide umbringen, auch den Liebhaber der eigenen Frau, wenn er die beiden im eigenen Haus antraf; das blieb auch so. Aber: wenn der Ehemann oder Vater kein Interesse zeigte, aus dem Seitensprung eine Affäre zu machen, ging das nun nicht mehr. Der Mann mußte innerhalb von 60 Tagen das ungetreue Weib anzeigen (die daraufhin verurteilt wurde, ihre Mitgift verlor und verbannt wurde); tat er es nicht, mußte der Vater der Frau einschreiten und denunzieren; und wollte auch der nicht, konnte jeder Beliebige, der von der

Angelegenheit erfahren hatte, die Familie bei den Behörden anzeigen – und dann war die Konfiskation und möglicherweise Verbannung auch der denunziationsunwilligen Männer fällig.

So hatten sich die römischen Familienpatriarchen die Zentralgewalt natürlich nicht vorgestellt. Der »pater familias« wünschte seine familiäre Hausmacht in beiden Richtungen nutzen zu können – als Strafender wie als Verzeihender. Außerdem hatten die Ehemänner nur geringe Lust, die sexuelle Blamage auch noch stadtbekannt zu machen.

Die Reform blieb also ohne großen Widerhall, die Kleinfamilie setzte sich weiter durch. Aber: vielen Römern wurde dadurch immer klarer, daß die zentrale Staatsgewalt sich auch in Dinge einmischte, die ihr keiner aufgetragen hatte.

Dies alles kam zu der allgemeinen Verunsicherung hinzu, die die anderen Maßnahmen der kaiserlichen Gesetzgebung und Administration schon hervorgerufen hatte: die Umbesetzung der Senatorenstellen etwa hatte bei den Entlassenen Wut und Enttäuschung, bei den Verbliebenen Furcht vor der

Römisches Privatleben: Der Zug zur Zweikinder-Familie drückt sich auch in den Reliefs aus. Das Familienoberhaupt, der pater familias, ist jedoch unangefochten und beherrscht als größte Figur das Bild. Köln, Römisch-Germanisches Nationalmuseum

nächsten Zensur, bei den möglichen Aufsteigern Konkur-
renzdruck erzeugt; die Freilassungsverbote banden Herren
an ihre Sklaven und drohten manchen zu ruinieren, die
Versuche zur »Rassenreinhaltung« hatten dann auch noch
eine Gruppe von Menschen verschreckt, die traditionell
besonders obrigkeitshörig sind - die Aufsteiger.

Die ersten, bei denen Konsequenzen deutlich spürbar
wurden, waren die Oberschichten. Sie bekamen - da sich die
neue Verwaltung ja von oben nach unten durchsetzte -
zuallererst den neue Wind zu spüren. Die Alternativen
hießen: entweder sich anzupassen und sich dem Kaiser zu
unterwerfen - Koalitionen mit Gleichgesinnten brachten
kaum mehr etwas ein -; oder in die Opposition zu gehen, und
das hieß: in den Untergrund - für beide Richtungen haben
wir schon Beispiele gehört -: oder aber aus den Augen des
Kaisers zu verschwinden und ein unauffälliges Dasein zu
führen.

Damit zogen sich aber weite Teile gerade aus dem Bereich
zurück, der bisher Domäne der Oberschichten gewesen war:
aus den Staatsgeschäften, aus der Politik. Sofern sie noch
Staatliches erledigten, war es mit jeder Eigeninitiative vorbei, alle lauschten zunächst ängstlich darauf, was der Kaiser
wollte. Der immer streitlustige L. C. Piso (gest. 20 u. Z.) -
von dem wir noch hören werden - attackierte diese Zustände
einmal, als Tiberius an einer Abstimmung teilnahm. Piso
persiflierte seine Kollegen im Senat und fragte den Kaiser:

»Als wievielter wirst du deine Stimme abgeben, Caesar? Wenn als
erster, dann weiß ich, welcher Meinung ich mich anzuschließen
habe; wenn als letzter, so fürchte ich, könnte ich, wenn auch
ungewollt, von deiner Meinung abweichen!«[9]

Der Mann nahm schließlich kein gutes Ende: er wurde
einige Jahre später angeklagt und brachte sich, um dem
Urteil zuvorzukommen, selbst um.[10]

Da schien es doch schon in der Zeit des Augustus vielen
Leuten eher geraten, ein unpolitisches Leben zu führen, bei
dem man der kaiserlichen Politik und Administration weniger ins Gehege kommen konnte. Der junge Ovid, 43 v. u. Z.
geboren, also ein etwas jüngerer Zeitgenosse des Augustus,
schlug zum Entsetzen seiner Familie die aussichtsreiche
Karriere eines Politikers und Rhetors aus und wurde lieber

Dichter; dabei bekannte er auch noch, daß er keine soldatischen Heldentaten besingen könne, sondern nur die Liebe - die unsichere Existenz eines Schriftstellers schien ihm allemal lohnender als die vom Kaiser und seinem Clan abhängige und täglich bedrohte politische Karriere.

Daß man aber auch damit nicht ganz in Frieden leben konnte, und daß Gefahr für jeden bestand, der seinen Kopf hervorstreckte, erfuhr Ovid dann doch auch am eigenen Leib: als Augustus gerade wieder einmal gegen die sexuelle Verkommenheit zu Felde zog, verbannte er den inzwischen einundfünfzigjährigen Ovid und ließ seine gesamten Bücher aus den öffentlichen Bibliotheken entfernen (möglicherweise hatte der Kaiser auch den Verdacht, daß seine dem Sinnestreiben ganz und gar nicht abgeneigte Familie, insbesondere seine Lieblingsenkelin Julia, durch Ovids laszive Verse zu Ungutem verleitet worden war - vielleicht im Beisein des Dichters selbst).

Die Tendenz, sich entweder dem Kaiser zu ergeben und ein unpolitisches Leben am Hofe zu führen, oder sich von Rom und vom Hof, also den Schaltstellen der Politik fernzuhalten, oder schließlich verdeckt gegen das Regime zu kämpfen, verstärkte sich unter den Nachfolgern des Augustus rapide. Dazu trug Verschiedenes bei.

Tiberius (reg. 14–37), der neue Kaiser, war eigentlich nur dritte Wahl: Augustus hatte vorher die von ihm direkt abstammenden Enkel aus der zweiten Ehe seiner Erbtochter Julia als Nachfolger ausersehen - aus seinen Ehen waren keine Söhne hervorgegangen -; erst als die beiden Enkel früh starben, kam Tiberius wieder ins Spiel: er stammte aus der ersten Ehe von Augustus' dritter Frau, Livia Drusilla, kam also nicht direkt aus der Linie des Herrschers.

Tiberius hatte unter solchen Umständen zunächst wohl wenig Interesse an Regierungsämtern, jedenfalls hatte er sich bereits früh nach Rhodos zurückgezogen und kam erst im Jahr 4 u. Z. widerwillig zu seiner Adoption nach Rom zurück. Als er dann 14 u. Z. das Erbe übernehmen sollte, zauderte er recht lange - was von den Historikern der Kaiserzeit als Koketterie abgetan wurde. Wenn man aber bedenkt, daß Tiberius schon nach einem guten Jahrzehnt die Gelegenheit ergriff, sich nach Capri absetzte und fortan nicht mehr in Rom gesehen ward, kann es wohl möglich sein, daß er wirklich keine rechte Lust am Herrschen hatte.

Ohnehin kommt Tiberius in der Geschichtsschreibung nicht sonderlich gut weg[11]. Dabei wird gern vergessen, daß Tiberius ganz im Schatten des Gründers des Kaisertums, Augustus, stand - und daß Wirtschaft und Gesellschaft schon unter diesem aus den Fugen geraten waren.

Die erste große Hypothek, die Tiberius auf sich nehmen mußte, war schon die Erbfolge. Augustus war noch Erwählter des Senats gewesen - was immer dessen Beweggründe waren -; Tiberius hatte eigentlich nur vorzuweisen, daß ihn sein Adoptivvater designiert hatte. Zwar bestätigte ihn der Senat, denn er war in den vierzig Jahren Prinzipatszeit schon an die willige Ausführung kaiserlicher »Wünsche« gewohnt, und trug ihm die Kaiserwürde an. Aber insgesamt mußte dabei gerade allen nicht so kaiserbegeisterten Potentaten und Politikern klar werden, daß mit dem Akzeptieren dieses Kandidaten eine Dynastie begründet wurde. Das alleine schon war Motiv genug zu einer tiefen Abneigung vieler gegen Tiberius.

Die zweite Hypothek: Augustus war als spendenfreudiger Herrscher in Erinnerung, der das Geld mit vollen Händen ausgegeben hatte, der eine gewisse Volksverbundenheit zeigen konnte, eben weil er dieses Volk bei Laune zu halten vermochte - mit Spielen und mit Brot. Das war auch nicht weiter schwierig, denn bis ins erste Jahrzehnt u. Z. gab es ja noch Beutezüge. Als Augustus endgültig das Ende der Expansion verkündigte, hatte er nur noch gut fünf Jahre zu leben - eine zu kurze Zeit, als daß das Volk den Wechsel in der Politik noch auf ihn bezogen hätte.

Die Regierung des Tiberius setzte die Politik der bloßen Grenzsicherung ohne weitere Ausdehnung des Reiches fort - mit der Folge, daß man kein zusätzliches Vermögen mehr hinzubekam. Mithin: wenn gesellschaftliche Bedürfnisse aufeinanderprallten - etwa zur Zeit von Hungersnöten, die gerade in diesen Jahren öfters auftraten -, so konnte die Lage nur durch Umverteilung des Reichtums gebessert werden (und wer aufsteigen wollte, mußte andere verdrängen). Umverteilung aber stößt zu allen Zeiten auf große Widerstände bei denen, die dabei verlieren. So auch in der Epoche des Tiberius. Die schon geschilderte Politik des knappen Geldes sanierte zwar den Staatshaushalt und machte den Staat aufs erste wieder reich; aber stattdessen verarmten zahlreiche »vornehme« Familien, die das der Regierung natürlich übelnahmen. Gleichzeitig aber kam eine andere Spirale in Gang: hatte noch Augustus zahlreiche begüterte Römer für gesellschaftliche Belange wie die Nahrungsmittelversorgung der Stadt heranziehen können, und hatte man es für selbstverständlich erachtet, daß sich die Vermögenden spendabel zeigten, so wurden die spendenfähigen Familien nun zusehends weniger - und wohl auch geiziger, da allgemeine Unsicherheit um sich griff und man lieber Geld hortete, um es im Zweifelsfall zur Verfügung zu haben, wenn wieder neue Abgaben eingefordert wurden.

Nun reichten allerdings auch die schon seit Augustus vermehrten Einnahmen für den Staatshaushalt längst nicht mehr; trotz der erhöhten Erbschaftssteuer, trotz der neueingeführten Steuern auf Auktionsverkäufe, auf Sklavenveräußerungen und -freilassungen, trotz der Gemeindesteuern und der Steuern für Wasser, trotz der Einnahmen aus staatlichen Betrieben (Bergwerke etc.) und der Verpachtung von Staatsrechten (etwa Fischereirechte, Grundstückspachtungen) und trotz der Tribute aus den Provinzen, trotz der staatlichen Sparsamkeit waren die Staatsausgaben nicht voll zu decken. Die römischen Regierungen erfanden daher ein neues Mittel zur Schröpfung reicher Bürger - die Majestätsprozesse, die man jedem jederzeit anhängen konnte, und die die Konfiskation von Teilen oder des Gesamteigentums des Verurteilten zur Folge hatten; ein Teil davon floß dem Denunzianten zu, ein anderer in die Staatskasse oder die des Kaisers. Tacitus und Cassius Dio berichten immer wieder von solchen Prozessen, die manchem schon wegen unvorsichtig ausgeplauderten Träumen oder wegen aufmüpfiger Ammen-Streiche zum Verhängnis wurden.[12]

Eine weitere Veränderung, die bald sehr deutliche Folgen haben sollte, kam hinzu: während es bisher als eine Grundregel galt, daß bewaffnete Soldaten die Stadt Rom nicht betreten durften (bzw. nur als Staffage zu Triumphzügen in beschränkter Anzahl und in Galauniform, also nicht als Kämpfer), so rückte unter Tiberius die kaiserliche Leibgarde

Garnison und Etappenstation: Ruinen der Legionärsstadt an der Via Flacca zwischen Terracina und Gaeta. Im Hintergrund die »Grotta di Tiberio«, die für den Kaiser reserviert war

nun nicht nur in die Stadt ein, sondern bezog Quartier ganz nahe dem Palast. Damit sollte dem (durch eine Reihe von Anschlägen) bereits sichtbar gefährdeten Kaiser Schutz gegeben werden; tatsächlich aber bekam auf diese Weise das Militär bzw. die Leibgarde und speziell ihr Präfekt bald einen maßgeblichen Einfluß auf den Kaiser - Tiberius überließ in den letzten Jahren seines Lebens zahlreiche Amtshandlungen seinem Praetorianerpräfekten Seianus, der sich zeitweise sogar mit der kaiserlichen Familie anlegte; im Jahr 31 wurde er dann selbst hingerichtet, weil er seine Macht überschätzt hatte - ein Fehler, der späteren Generalen der Leibwache nicht mehr unterlaufen sollte. Ein gutes Jahrzehnt danach waren die Praetorianer schon so mächtig, daß sie nach der Ermordung des Nachfolgers von Tiberius, Caligula (reg. 37-41), den ängstlich versteckten und als schwachsinnig geltenden Drusus-Sohn Claudius als vermeintlich leichten Spielball ihrer Interessen zum Kaiser proklamierten - der Senat konnte nur noch zustimmen.

All diese Entwicklungen nahmen unter der Regierungszeit des 2. Kaisers deutlichere Gestalt an. Und die Leute, die von vergangenen Zeiten träumten - in Rom inzwischen die

Mehrheit –, sahen in Tiberius daher auch je nach Interessenlage einen schwachen, brutalen, ungerechten, scheinheiligen oder geizigen Herrscher.

So wuchs auch die Opposition gegen die Regierung, ja gegen das ganze System merklich an, und die Prozesse gegen die Regimegegner wurden derart häufig, daß selbst an Festtagen, an denen sonst die Rechtssprechung ruhte, Prozesse gefordert wurden.[13] Jetzt ging es aber nicht mehr nur gegen wirklich aufständische Gegner, sondern auch gegen die intellektuelle Opposition. Manch einer, der sich anzupassen versucht hatte und dann doch in einen zutreffenden oder ungerechtfertigten Verdacht geraten war, getraute sich erst, wenn er keinen Ausweg mehr sah und seinen Selbstmord vorbereitete, dem Kaiser die Meinung zu sagen – im Testament, wie z. B. ein gewisser Fulcinius Trio (gest. 35 u. Z.), der dem Tiberius darin Altersschwachsinn vorwarf.[14] Andere bewiesen noch zu Lebzeiten Mut und legten gar in Büchern nieder, was sie vom System hielten – wie der Cremutius Cordus (gest. 25 u. Z.), der in seinem Geschichtswerk ausgerechnet die beiden Caesarmörder – und Caesar war der Adoptivvater des Adoptivvaters von Tiberius! – Brutus und Cassius lobte und diesen sogar als »letzten Römer« bezeichnete.[15] Er wurde angeklagt, verteidigte sich mit einer von Tacitus überlieferten bewegten Rede gegen die Borniertheit der gegenwärtigen Regierung und beging danach (durch Hungerstreik) Selbstmord. Tacitus schildert die Folgen in einem bezeichnenden Kommentar:

»Die Senatoren stellten den Antrag, seine Bücher sollten verbrannt werden, doch sind sie erhalten geblieben, zunächst heimlich, dann durch Veröffentlichung. Umso mehr muß man über die Torheit derer spotten, die da glauben, sie könnten durch ihren augenblicklichen Machtspruch auch das Gedächtnis späterer Zeiten zerstören. Im Gegenteil, man bestrafe die Geisteshelden, ihr Ansehen wird damit nur größer! Auch ausländische Könige oder alle, die mit der gleichen Grausamkeit wüteten, haben nie etwas anderes erreicht, als daß sie selbst Schmach, jene aber Ruhm ernteten.«[16]

Eine wirklich organisierte militante Opposition kam allerdings nicht zustande. Aber es zeigte sich, daß aufrechte Leute schlicht und einfach ihren Rückzug aus den Staatsgeschäften und der aktiven Politik erklärten. So etwa L. Piso, der sich durch Unerschrockenheit auch vor dem Kaiser

auszeichnete und sogar eine Intimfreundin der Kaisermutter
vor Gericht zitierte, und, als diese nicht erschien, auch gegen
den Willen der Augusta eine Geldforderung durchsetzte.
Diesen Piso band offenbar schon im 2. Jahrzehnt u. Z. nichts
mehr an diesen Staat, und so berichtet Tacitus:

»L. Piso sprach bei den Beratungen tadelnde Worte gegen das
Parteitreiben auf dem Forum, die Bestechlichkeit der Richter und die
Unverschämtheit der mit Prozessen drohenden Redner. Er beteu-
erte, er wolle weggehen und die Stadt verlassen, um auf irgendeinem
verborgenen und abgelegenen Landsitz zu leben . . .«[17]

Kaiser Tiberius war davon so erschrocken, daß er sich
nicht nur bemühte, Piso zu beruhigen, sondern auch dessen
Verwandte beredete, den überaus geschätzten Mann in Rom
zu halten.[18] Beides wirft ein bezeichnendes Schlaglicht: der
Vorgang, daß ein verdienter Senator sich vom Staat abwen-
det, wäre in der Republik undenkbar gewesen; und ebenso
unglaublich mochte den Zeitgenossen erscheinen, daß der
Kaiser einen unter ihm stehenden Manne nicht Befehle
erteilte, sondern ihn anflehen mußte, weiter den Staat
mitzutragen.

Nachfolger des Tiberius wurde der Sohn des Germanicus,
Caligula (reg. 37-41) - erstmals hatte die Prätorianergarde
ihre Hand im Spiel. Die Prätorianer riefen Caligula zum
Kaiser aus, fragten aber höflicherweise noch den Senat
formell um Zustimmung. Wie weit es mit der Ernennung
des angeblich »Besten« zum Kaiser - darin hatte ja das
Adoptionsprinzip seinen Sinn, auch wenn nur innerhalb der
Verwandtschaft adoptiert wurde - gekommen war, bezeugte
den Zeitgenossen die Tatsache, daß dieser Caligula vor
seinem Amtsantritt lediglich ein einziges Staatsamt bekleidet
hatte, nämlich die Quaestur 31 u. Z., und dies ohne besondere Heldentaten.

Nach nicht einmal fünf Jahren waren die Römer ihres
neuen Kaisers überdrüssig; er wurde umgebracht. Verhaßt
hatte er sich wohl vor allem dadurch gemacht, daß er den
Senatoren und auch dem Volk vorführte, wie mächtig ein
Mächtiger sein kann. Er fand, daß die Vergöttlichung der
Kaiser nach ihrem Tod für den Kaiser zu spät komme und
ließ sich schon zu Lebzeiten als Gott feiern, beanspruchte
einen Tempel für sich und wollte den konservativen Römern

gar fremde Kulte aufzwingen, wie etwa die ägyptische Isis-Verehrung. Mit seiner Schwester Drusilla führte er eine »Geschwister-Ehe« (schließlich sollten Götter möglichst in der Familie heiraten). Außenpolitisch zeichnete er sich dadurch aus, daß er möglichst alles beim alten ließ, einige Ernennungen und Hinrichtungen von Königen in Randstaaten einmal ausgenommen. Die Anschläge gegen ihn begannen schon bald, und hier zeigten die Militärs, daß sie nicht nur Kaiser »machen«, sondern auch wieder abschaffen konnten – zwei Praetorianertribunen brachten ihn schließlich um.

Dennoch stellte auch diese kurze Zeit des Kaisers Caligula eine wesentliche Erfahrung für die Römer dar. Hier wurde nach dem balancierenden Stil des Augustus und des administrativen des Tiberius eine absolute Herrschaftsform erprobt, die erst sehr viel später – im ausgehenden 3. Jahrhundert und danach – ganz zum Tragen kam. Dann nämlich, als sich nun die Kaiser – heidnisch wie Diocletian (reg. 284–305) oder christlich wie Constantin (reg. 306–337) – über ihre Mitmenschen zu gottähnlicher Stellung zu erheben begannen. Septimius Severus (reg. 193–211) war der erste, der sich nicht mehr »Princeps«, Erster, sondern »Dominus«, Herr, nennen ließ.

Aber die Vielfalt der Regierungsstile ging noch weiter, und der nunmehr von den Prätorianern gekürte Claudius fügte eine weitere Form hinzu. Dumm, wie von seinen »Machern« angenommen, war er nicht, sein Hang zu eher republikanischen Formen der Herrschaft war glaubwürdig. Er brachte ein neues Element in den Staat: eine frühe Form der Kabinettsregierung. Gestützt auf das Militär – dem er nach seiner Ernennung große Geschenke zudachte – wagte er sich an eine grundlegende Justiz- und Verwaltungsform; ein Unternehmen, das schon Caesar einmal geplant hatte.

Dazu versuchte die Regierung des Claudius zuerst einmal, den immer noch – oder schon wieder – dilettantischen Beamtenapparat zu reorganisieren und effektiver zu machen. Das kaiserliche Kabinett holte Fachleute in die Behörden, besetzte drei seiner vier Ministerien mit spezialisierten und – teilweise schon unter Caligula – bewährten Freigelassenen: das Innenministerium, »ab epistulis«, hatte Narcissus (gest. 54) inne, das Finanzressort, »a rationibus«, Pallas (gest. 62), und Vorsteher der Kaiserkanzlei »a libellis«, war Callistus (gest. nach 48). Diese versahen ihre Ämter professionell, rieten dem Kaiser zu manch wichtiger und wirksamer Verordnung – etwa zu einem Wucherverbot gegen die steigenden Zinsen –, aber all das verhinderte nicht, daß sich in den Behörden doch wieder die alte Korruptheit durchsetzte; die Minister intrigierten so massiv, daß sie sogar in die Kaiserfamilie einzugreifen vermochten: Messalina, die sinnenfrohe dritte Frau des Claudius, hatte in aller Öffentlichkeit während ihrer Ehe mit Claudius ihren Liebhaber geheiratet – worüber der Kaiser wohl hinwegzusehen trachtete; aber da fiel die Kaiserin nun den Denunziationen der auf diesem Gebiet gut zusammenarbeitenden Ministerrunde zum Opfer.

In der Regierungszeit des Claudius nahm auch – erstmals seit Augustus – die Außenpolitik wieder expansive Züge an. Rom unterwarf Teile Englands und sicherte die Grenze zu den Germanen erfolgreich ab. Aber trotz dieser doch nur im Interesse der Oberschicht liegenden Ansätze, trotz der wieder möglich gewesenen neuen Beutezüge kehrte das Reich nicht zu alten Verhältnissen zurück. Claudius selbst konnte sich trotz aller Erfolge seines Lebens niemals sicher sein – auch deswegen kam es wohl unter seiner Regierung zu zahlreichen Denunziationen und Hinrichtungen. In der republikanisch orientierten Berichterstattung des Tacitus überwiegen diese Taten gegenüber positiven Ergebnissen. Dennoch läßt sich nicht leugnen, daß in der Ära von Claudius Toleranz und Liberalität trotz der Verfolgungen vermeintlicher oder tatsächlicher Aufrührer in viel stärkerem Maße als bei jedem anderen römischen Kaiser zum Tragen kamen. Die Vergottung des Kaisers und der Kniefall vor dem Herrscher wurden ebenso abgeschafft wie regelmäßige Folter bei Gerichtsverfahren; das Land wurde auf dem höchsten damals möglichen Niveau modernisiert, etwa durch zusätzliche Flußkanäle, Bauten neuer Docks und Hafenanlagen, Wiederaufforstung kahlgeschlagener Bezirke, Trockenlegung von Sümpfen etc.

Das überwiegend negative Bild bei den römischen Historikern ist wohl gleichzeitig auch durch die Tatsache geprägt, daß man die meisten seiner Handlungen dem Einfluß seiner Frauen (er hatte insgesamt vier, die letzte brachte ihn um) zuschrieb - und das war (und ist) in den Augen der Römer eine besondere Schande.

Kein Zweifel: Imperialismus reizte die Römer nicht mehr so wie früher. Sie liebten zusehends die Ruhe und gaben sich ihrem Luxus, soweit vorhanden, hin.

Die Umwälzungen zeigten sich dann auch an einer Stelle, an denen die traditionsgewohnten Römer überaus empfindlich waren: erstmals drangen Personen in die Oberschichten, d. h. in die Reihen der römischen Senatoren und in den Ritterstand vor, die man nicht als »Römer« bezeichnen konnte - und zwar in größerer Anzahl: es waren die sogenannten »Provinzialen«, Leute aus der Provinz; schon gut ein Jahrhundert später werden sie unter Marc Aurel sogar die Mehrheit im Senat bilden. Der Anlaß für diese Neuerung war die von Zeit zu Zeit notwendig gewordene Ergänzung des Senats - der durch Todesfälle, manchmal auch Konfiskationen, Ausstoßung oder Hinrichtung im Laufe der Zeit dezimiert wurde und dann aufgefüllt werden mußte. Ab und zu wurden die Senatoren auch schlicht vom Zensor ausgesondert. Ursprünglich nahm dieser dabei eine Bewertung des Vermögens des Senators - bzw. des in Aussicht genommenden Kandidaten - vor, denn es gab genaue Grenzen, unterhalb derer niemand in dieses höchste Ehrenamt einrücken durfte: in republikanischer Zeit mußten Ritter wie Senatoren jeweils 400 000 Sesterzen vorweisen können; Augustus erhöhte - im vorletzten Jahrzehnt v. u. Z. - den Mindestbesitz für Senatoren auf 1 Million Sesterzen. Seit der Prinzipatszeit übernahmen die Kaiser mitunter selbst das Zensorenamt und bewerteten dabei nicht nur das Vermögen, sondern auch die politische Gesinnung der Herren. Unter Claudius, der persönlich die Listen durchsah und die teilweise durch seine Regierung selbst schon eliminierten Würdenträger ersetzen wollte, kam es nun zu einer Zerreißprobe: Vertreter der gallischen Oberschicht beantragten ihre Zulassung zu römischen Ämtern - ein ungeheuerlicher, provokativer Vorgang für die Römer. Tacitus schreibt dazu:

»Unter dem Konsulat des Aulus Vitellius und L. Vipstanus wurde über die Ergänzung des Senats verhandelt. Dabei strebte der Adel der sogenannten Gallia Comata, die schon längst mit uns verbündet war, nach dem Recht, zu den hohen Staatsämtern in Rom zugelassen zu werden, worüber allgemein geredet wurde. Auch vor dem Kaiser wurde für und wider den Antrag gestritten. Die einen versicherten, Italien sei doch noch nicht so heruntergekommen, daß es nicht imstande wäre, den Senat seiner Hauptstadt zu ergänzen. Vor Zeiten hätten die Eingeborenen trotz der Blutsverwandtschaft anderer Völker dazu genügt. Und dieser alten Verfassung hätten wir uns nicht zu schämen. Sogar noch jetzt würden die rühmlichen Taten erwähnt, die die römischen Landeskinder in den guten alten Zeiten für Roms Größe und Ruhm vollbracht hätten. Oder sei es etwa nicht genug, daß sich die Veneter und Insubrer in die Kurie eingedrängt hätten? Müßten auch noch Ausländer in Scharen kommen und uns gewissermaßen zu Gefangenen machen? Welche Ehren würden den Resten des Adels noch bleiben, oder welcher unbegüterte Mann aus Latium werde noch Senator werden? Alles würden jene reichen Gallier in Beschlag nehmen, deren Großväter und Urgroßväter als Führer feindlicher Stämme unsere Heere mit bewaffneter Hand niedergemacht, den göttlichen Julius Caesar in Alesia belagert hätten. Dies seien Vorgänge der jüngsten Vergangenheit. Wie stehe es erst, wenn wir uns jener erinnerten, die unter dem Kapitol und der römischen Stadtburg von den Händen eben dieser (Gallier) vernichtet worden seien. Möchten sie immerhin dem Namen nach Bürger heißen, aber die Abzeichen der Senatoren, die Ehrenzeichen der hohen Staatsbeamten dürfen sie nicht gemein machen!«[19]

Aber es war nichts mehr zu ändern: der Kaiser ließ sich nicht beirren und vergab das Recht auf Zugang zu den Posten der Staatsbeamten an die Gallier. Und zwar mit Begründungen, die den Römern sicher nicht paßten, die aber ein großes Maß an historischer Einsicht einerseits und an staatlicher Not andererseits deutlich machten:

»Der Princeps . . . sprach sich sofort gegen diese Reden aus, berief den Senat und begann so: Meine Vorfahren, deren Ältester, Claudius, ein gebürtiger Sabiner, das römische Bürgerrecht erhielt und zugleich unter die Patrizierfamilien aufgenommen wurde, mahnte mich, als Staatsoberhaupt nach den gleichen Grundsätzen zu verfahren und alles nach Rom zu verpflanzen, was sich irgendwo hervorgetan hat. Auch weiß ich genau, daß die Julier aus Alba, die Coruncanier aus Camerium, die Porcier aus Tusculum, daß ferner, um nicht erst in der alten Geschichte nachzuforschen, Familien aus Etrurien, Lucanien, überhaupt aus ganz Italien in den Senat berufen wurden . . . Jetzt, da die Gallier durch Sitte, Kunst und Verwandtschaftsbande mit uns verbunden sind, sollen sie doch lieber ihr Gold und ihr Schätze zu uns bringen, als daß sie alles für sich allein behalten . . .«[20]

Die Zwangslage zeigt sich klar: längst fehlte es in Rom an politischen Köpfen; die notwendige Auffrischung mußte daher von außen kommen. Die Gefahr der »Überfremdung«

war damit zwar gegeben, und tatsächlich zeigte sich schon im 2. Jahrhundert, als mit Trajan (reg. 98–117) und nach ihm Hadrian (reg. 117–138) erstmals Spanier auf den Kaiserthron kamen, und vollends im 3. Jahrhundert, wo es kaum mehr stadtrömische Kaiseranwärter gab, daß mit der Übernahme des Kaiseramtes durch Nichtrömer dann Rom auch nicht mehr selbstverständlich Reichs-Zentrum blieb; im 4. Jahrhundert war die »ewige Stadt« endgültig entthront.

Zu Claudius' Zeiten wog diese Gefahr aber wohl noch gering gegenüber der Notwendigkeit, führende Männer aus der Provinz nach Rom zu holen: auf der einen Seite kamen damit die Provinz-Mächtigen nicht auf den Gedanken der Loslösung oder der Etablierung eigener Nebenregimes, andererseits entzog man den Provinzen gleichzeitig die führenden Köpfe – und schließlich, der wichtigste Aspekt, floß wieder Geld in die Staatskasse, denn schon mit dem Bürgerrecht, und mehr noch mit der tatsächlichen Übernahme von Staatsaufgaben waren kräftige Steuern, Abgaben oder sonstige finanzielle Verpflichtungen verbunden. Caracalla (reg. 212–217), zu Beginn des 3. Jahrhunderts, wird dann dieses System vollenden, indem er allen Freien sämtlicher Provinzen das römische Bürgerrecht verleiht und damit entsprechende neue Einnahmequellen durch Abgaben und Steuern erschließt.

Ebenfalls keinen guten Ruf bei den Historikern genießt seit eh und je der Nachfolger (und möglicherweise Mörder) des Claudius, Nero (reg. 54–68). Auch er prägte einen eigenen Stil, den man wohl fast plebiszitär oder populistisch nennen könnte – gemischt mit einer Sucht nach Verwirklichung griechisch-hellenischer Kultur-Ideale, die er seinen Vertrauten ebenso wie dem einfachen Bürger nahezubringen versuchte. Seine Stütze war neben den – ihm während der Zeit seines Reichtums ergebenen – Praetorianern vor allem das Volk, das er permanent mit Spenden und Spielen bedachte, vor dem er bei Gelegenheit auch weinte, um Anliegen zu begründen oder durchzusetzen.[21] Außenpolitische Pläne hatte er offenbar überhaupt nicht; was – im Sinne der Reichserhaltung – getan werden mußte, ließ er erledigen. Die einzige größere Reise als Kaiser, die er antrat, war eine Art Konzerttournee nach Griechenland, wo er über 1800

Die ganze Dynastie der Julier-Claudier auf einen Blick:
oben Augustus nebst Frau,
darunter Tiberius und Nero,
links noch als Knabe (mit den
Stiefeln)   Caligula,   rechts
Claudius. Le Grand Camée de
la Saint-Chapelle, 1. Jahrhundert u. Z., Paris, Bibliothèque
Nationale

Siege in Gesangswettbewerben einheimste und zum Entsetzen seiner Kassenwarte den meisten Griechenstädten aus
Dankbarkeit dafür Steuerfreiheit gewährte – und das bei
schon fast leeren Schatzkammern in Rom.

Dennoch läßt sich Neros Regierungszeit nicht als eine
gänzlich von einem Verrückten verunstaltete Epoche bezeichnen. Auch bissige Historiker sind sich einig, daß die
ersten fünf Jahre von Neros Regierung – insgesamt war er
knapp 15 Jahre an der Macht – Anlaß zu größter Hoffnung
gegeben hatten. Erzogen durch den – von der Verbannung
durch Claudius (41) – im Jahr 49 auf Betreiben der Mutter
Neros zurückgeholten stoischen Philosophen Seneca (4 v. –
65 u. Z.), dann von diesem und Burrus (als Finanzminister,
gest. um 62) beraten, suchte er zunächst Verständigung mit
dem Senat, trachtete nach einer fairen Rechtsprechung,
versuchte das Gefälle zwischen Stadt und Land duch Gründung von Kolonien abzubauen, setzte Kommissionen und
Ämter zur Überwachung eines korrekten Steuereinzugs ein;
auch nach außen hin suchte er größere Liberalisierung zu
zeigen, z. B. indem er bei den Spielen die ansonsten in
martialischer Aufmachung dabeistehenden Soldaten abzog
und verkündete, das Volk solle in Freiheit die Lustbarkeiten
genießen; andererseits sollten die Soldaten nicht dauernd
durch Brutalität angestachelt werden.[22]

Selbst der – natürlich gegen Nero eingestellte – Tacitus muß zugeben, daß die Absichten des Nero keineswegs nur Proklamation waren, sondern daß vieles verwirklicht wurde, jedenfalls zu Anfang:

»Es fehlte nicht an Vertrauen, und vieles wurde tatsächlich nach den Entscheidungen des Senats geordnet: niemand durfte sich durch Bezahlung oder Geschenke zur Führung von Prozessen erkaufen lassen, die designierten Quaestoren sollten nicht verpflichtet sein, Fechterspiele zu geben . . .« (Was tatsächlich viele integre oder minder reiche Leute von der Übernahme des Amtes abgehalten hatte, W. R.)[23]

Und Sueton berichtet in seiner Nero–Biographie:

»Um seine Gesinnung noch deutlicher zu zeigen, erklärte er öffentlich, daß er nach den politischen Grundsätzen des Augustus regieren wolle, und ließ keine Gelegenheit aus, seine Freigiebigkeit, seine Milde, ja selbst sein leutseliges Wesen ins rechte Licht zu rücken. Die drückendsten Steuern schaffte er entweder ganz ab oder ermäßigte sie. Wer Übertretungen des Papischen Gesetzes (das schon erwähnte Ehe- und Keuschheitsgesetz, W. R.) anzeige, sollte nur noch den vierten Teil der ihm zustehenden Prämie erhalten. An das Volk verteilte er pro Kopf 400 Sesterzen und setzte allen Senatoren von altem Adel, die mittelos geworden waren, eine Jahresrente aus. Diese belief sich bei einigen auf 500 000 Sesterzen. Ebenso erhielten die Praetorianer die monatliche Getreideration umsonst. Und als man ihn aufforderte, dem Herkommen gemäß seinen Namen unter ein Todesurteil zu setzen, rief er aus: Oh hätte ich doch nie schreiben gelernt! Leute aus allen Ständen grüßte er aus dem Gedächtnis mit Namen. Als ihm der Senat einmal seinen Dank abstatten wollte, antwortete er: Erst, wenn ich es verdient habe! Wenn er auf dem Marsfeld am Exerzieren teilnahm, durfte auch das Volk zuschauen; er hielt öfters rhetorische Übungen in der Öffentlichkeit, er rezitierte Gedichte, und zwar nicht nur zu Hause, sondern auch im Theater . . .«[24]

Auch wenn andere Historiker diese Einzelheiten nase-rümpfend als eine Art Anbiederung zur Kenntnis nahmen – es läßt sich durchaus annehmen, daß all das ernst gemeint war: Nero war in jeder Hinsicht ein Fanatiker, der alles, was er anging, offenbar mit größter Begeisterung tat – auch die Einübung in das Kaiseramt, das er im Sinne des Seneca auszufüllen gedachte. Wann und vor allem wodurch genau das Pendel zurückschlug, darüber wird seit eh und je spekuliert. Tacitus führt einen relativ frühen Einfluß der Kaiserin-Mutter an, die Nero aus taktischen Gründen stets auf das Heranwachsen des Britannicus hinwies, der dem seligen Claudius wohl eher als Nachfolger getaugt habe. Nero mag wohl in Panik geraten sein: er ließ diesen vermeintlichen Konkurrenten beseitigen (später auch seine Mutter), und mit dem ihm eigenen Fanatismus mag er diesen Weg nun auch weiter beschritten haben. Zu fragen ist allerdings, warum ihn seine Umgebung dann nicht unverzüglich aus der Welt zu schaffen versuchte: erste Anschläge auf ihn werden erst viel später gemeldet, massive Verschwörungen bei Tacitus z. B. erst um 64[25]. Wahrscheinlich hatten die ersten fünf Jahre zunächst die mittlerweile weitgehend staatsabstinenten Oberschichten wieder hoffen lassen.

Früher als die militant-verschwörerische formte sich allerdings die intellektuelle Gegenbewegung – nachdem die Intelligenzia zunächst nochmals ein »Goldenes Zeitalter« erträumt hatte[26], wandte sie sich, wie zu allen Zeiten, schnell ab, als alles nicht so bald wie erhofft eintrat – ebenderselbe Lucan, der das »Große Zeitalter« der römischen Kultur heraufdämmern sah, polemisierte später derart massiv gegen den Kaiser, daß der sicherlich nerofreundlicher Neigung unverdächtige Tacitus dies nur auf bare Eifersucht wegen der Nichtanerkennung seiner – des Lucan – Gedichte zurückführen konnte.[27] Schon einige Jahre vorher hatte ein anderer Teil deutlicher intellektueller Opposition weitreichende Folgen: ein gewisser Antistius, ein Praetor, neigte zu literarischen Nebentätigkeiten, und dabei entschlüpfte ihm einmal in Gegenwart nicht nur echter Freunde ein Schmähgedicht auf den Kaiser. Er wurde von einem Günstling des einflußreichen Praetorianerpräfekten Tibellinus angezeigt und wegen Majestätsbeleidigung vorgeladen – dies war das erste Mal, daß man dieses unter Claudius abgeschaffte Gesetz wieder aus der Schublade holte. Und wenn auch diesmal – trotz einer Intervention des beleidigten Kaisers – die Angelegenheit ohne Verurteilung ausging, so kamen doch künftig gerade diese Prozesse wieder in Mode; der Kaiser erkannte bei sich leerenden Staatskassen auch bald den Wert solcher Verurteilungen: sie dienten immer mehr zum Vorwand für Konfiskationen größten Ausmaßes. Als 62 Burrus starb, ging auch der Einfluß Senecas auf die Regierung zurück, und dieser reagierte, wie eben damals der größte Teil der Oberschicht und der Intellektuellen, er zog sich auf seine Landgüter zurück und erklärte: »Ich arbeite nur noch für die Nachwelt.«[28] Trotzdem wurde er nach einiger Zeit doch noch gezwungen, sich umzubringen (er gehörte schließlich zu den reichsten Männern des Landes).

Neros Regierung zeigte ganz besonders deutlich, wie sehr die Römer – auch die Regierenden – sich mittlerweile schon von allen Gedanken an die Expansion des Reiches abgewandt hatten. Es gibt nicht einen Beleg dafür, daß man Nero von Seiten des Volkes oder des traditionsbewußten Senats Vorwürfe wegen außenpolitischer Untätigkeit gemacht hätte. Probleme gab es nur – diese allerdings immer sehr schnell –, wenn die Leute am eigenen Leib Not verspürten, oder wenn sie irgendwann die ganz offenbaren Dummheiten des Kaisers sahen – innerhalb ihres unmittelbaren Horizontes. Sueton meldet eine Verschärfung der innenpolitischen Spannungen z. B. aus folgendem Grund: in Spanien war ein Aufstand ausgebrochen, den der Kaiser – nach längerem Zögern, weil er nicht gern reiste – nun doch niederschlagen mußte. Dazu entwickelte er einen betörenden Plan: ganz alleine und ohne Waffen wollte er vor die Rebellen hintreten und ihnen etwas vorweinen – und sie nach der dann zweifellos erfolgenden Waffenniederlegung mit seinen Gesängen erheitern. Der Unmut des Volkes und vor allem der erfahrenen Feldherrn und Soldaten steigerte sich, als er noch weitere Beispiele seiner grandiosen Kriegskunst folgen ließ; Sueton erzählt dies und berichtet danach von einem ganz entscheidenden Vorgang:

»Bei den Vorbereitungen für den Feldzug kümmerte er sich vor allem darum, Fahrzeuge auszuwählen, auf denen er seine Theaterutensilien befördern könnte. Seinen Mätressen, die er mitnehmen wollte, ließ er einen Männerhaarschnitt machen und sie mit Streitäxten und Schildern wie Amazonen ausrüsten. Dann entbot er die Bürger nach Bezirken zum Fahneneid. Da sich aber keine dienstfähigen Leute meldeten, forderte er die Sklavenbesitzer auf, eine bestimmte Anzahl Sklaven zu stellen. Er nahm aus jedem Haus nur jeweils die besten und gestattete auch bei Verwaltern und Sekretären keine Ausnahme. Zugleich mußten alle Stände einen Teil ihres Vermögens abgeben, obendrein hatten die Mieter, die in Privat- oder Miethäusern wohnten, den Betrag einer Jahresmiete an die Staatskasse zu zahlen. Dabei ging er mit solch unbarmherziger Genauigkeit und Strenge vor, daß er nur scharf geprägte Sesterzen und Münzen von feinstem Silber und reinstem Gold annahm. Damit aber brachte er die Leute so weit, daß viele ganz offen jede Zahlung verweigerten und einstimmig forderten, er solle sich lieber von den Denunzianten die Prämien zurückzahlen lassen, die sie von ihm bekommen hätten. Die feindselige Stimmung gegen ihn wuchs noch, da er um seines eigenen Vorteils willen die Notlage der Getreideversorgung verschlimmerte. Es geschah nämlich folgendes: während die Bevölkerung gerade Hunger litt, meldete man das Eintreffen eines Schiffes aus Alexandria – und dieses brachte feinen Sand für die Ringkämpfer am kaiserlichen Hof.«[29]

Wichtig an diesen Stellen ist vor allem, daß sich hier ganz klar und zu dieser Zeit bereits ohne Bedenken fast das gesamte Volk gerade bei einer Aktion imperialistischer Art dem Staat verweigerte – immerhin ging es um den Abfall einer der reichsten Provinzen des Reiches. – Den geplanten Theater-Feldzug konnte Nero dann übrigens nicht mehr durchführen, weil er nun doch von seinen Freunden nach und nach verlassen und Ende 68 zum Selbstmord getrieben wurde.

Nero hinterließ keinen Erben, und somit war nun die große Stunde des Senats gekommen. Endlich einmal konnte er einen Mann seiner Wahl auf den Thron setzen; vor allem aber gab es die Möglichkeit, die ja nun schon fast hundert Jahre währende Macht des julisch-claudischen Hauses zu brechen.

Die Senatoren entschieden und bewiesen ziemlich wenig Phantasie, eher schon einfühlsame Intriganz: ihnen fiel nur der General Galba ein, eben jener, der da in Spanien gemeutert hatte und gegen dessen Truppen Nero seinen Singsang einzusetzen gedacht hatte. Dieser Galba war zwar so vornehm, daß er seine Familie direkt vom Gott Jupiter ableitete (was aber andere auch taten), jedoch schon ein siebzigjähriger Greis; allerdings hatte er eine Eigenschaft, die in Römeraugen unverzeihlich war: er war ein Geizhals.

Sicherlich hätte Sparsamkeit dem Staat gerade nach Neros bankrotter Wirtschaft gutgetan, aber die Römer sahen das anders: insbesondere die Truppen und speziell die Praetorianergarde – deren Chef Galba in Vorschlag gebracht hatte – sahen sich um das sogenannte Donativ, die aus Anlaß der Kaisererhebung übliche Schenkung, geprellt. Der Senat hatte sicher damit spekuliert, daß Galba, da schon recht alt, nicht sehr lange regieren würde; und das war beabsichtigt, man wollte ja bald wieder wählen dürfen. Tatsächlich ging es dann noch sehr viel schneller als geplant: Galba hatte, einmal anders als die bisher bei Amtsantritt großmütigen und entgegenkommenden Kaiser, einen eher harten Kurs eingeschlagen, gleich zu Anfang alle tatsächlichen und potentiellen Gegner umbringen lassen oder jedenfalls versucht, sie brutal auszuschalten. Wahrscheinlich wollte er danach eine ruhigere Gangart einschalten. Aber inzwischen hatte sich einer der römischen Senatoren selbst ins Gespräch gebracht - ein gewisser Otho, derzeit völlig pleite und hochverschuldet, dem vor allem seine Gläubiger die Thronbesteigung wünschten, um ihr Geld zurückzubekommen. Auch die Praetorianer unterstützten den Vorschlag, weil sie große Versprechungen erhielten. Den eben in Rom ankommenden Galba hieben sie auf dem Forum den Kopf ab, als er ihn unvorsichtig aus der Sänfte steckte, und der Senat erkannte eiligst Otho an. Aber auch der kam kaum zum Regieren, denn schon vor seiner Ernennung in Rom hatte sich der germanische Statthalter Aulus Vitellius von seinen Truppen zum Kaiser proklamieren lassen und dabei die starken Verbände aus Britannien, Gallien und Spanien hinter sich gebracht. In Oberitalien - beim heutigen Cremona - besiegte er Otho, hatte aber auch keine rechte Freude am Amt, denn noch im selben Jahr 69 trat ein neuer Anwärter auf - diesmal im Osten des Reiches. Vespasian wurde von seinen Truppen erhoben, verbündete Truppen erreichten Vitellius noch in der Gegend von Cremona und machten dessen Verbände nun nieder; der neue Kandidat wurde schließlich im Dezember 69 in Rom vom Senat anerkannt (Otho hatte sich umgebracht, Vitellius fiel trotz seines offiziellen Verzichts in Straßenkämpfen in Rom).

Vespasian wurde damit alleiniger Herrscher - und blieb es immerhin zehn Jahre lang und vermochte dabei sogar für einige Zeit - bis 96 u. Z. - eine neue Dynastie zu gründen, die allgemein als die erste flavische Dynastie bezeichnet wird. Voraussetzungen schienen also gegeben, nach den Wirren der vorangegangenen Jahrzehnte wieder Ruhe und Vertrauen der entscheidenden Römerschichten in die Regierung herzustellen.

VIERTES KAPITEL

Die Bewegung breitet sich aus.
Römer verlieren die Lust an der Weltmacht

> Ihre eigene Macht ist verhaßt der rö-
> mischen Jugend: Was sie gebaut, hält
> kaum sie aufrecht . . .
> *Petronius, Cena Trimalchionis*

Der Rückzug verdienter und angesehener Politiker von den Staatsgeschäften setzte schon zu Beginn der Kaiserzeit ein; die eben geschilderten Ereignisse gegen Ende der Nero-Herrschaft gaben dieser Entwicklung aber noch weiteren Auftrieb: nicht nur einige Angehörige der Oberschicht, auch nicht nur einige Intellektuelle, sondern breite Massen verweigerten dem Kaiser ihre Gefolgschaft, und dies noch dazu bei einem Feldzug gegen eine abfallende Provinz, also gegen Aufruhr innerhalb der Reichsgrenzen.

In dieser Situation kamen die Flavier an die Macht, nachdem im sogenannten »Vierkaiserjahr« 68/69 die drei ersten Kandidaten ermordet worden waren. Vespasian dokumentierte nun schon durch seine Person, daß er etwas anderes darstellte als die julisch-claudischen Herrscher: er stammte aus einfachen Verhältnissen - sein Vater war Zollbeamter -, hatte deshalb ein anderes Verhältnis zur Arbeit als die patrizischen Kaiser, sah Sparsamkeit nicht als Geiz an und war auch der Meinung, daß die Kaiser eher dem Staat als der Staat den Kaisern zu dienen habe. Von zu Hause her das Rechnen gewöhnt, stellte er darum eine Art Haushaltsplan auf, ermittelte, daß die bankrotten Staatsfinanzen mit insgesamt etwa 40 Milliarden Sesterzen zu sanieren seien und machte sich daran, diese zu beschaffen. Erste Mittel waren, natürlich, neue Steuern, die Rücknahme von Steuerbefreiungen (z. B. gegen Griechenland, das sich mit den genannten 1800 Gesangssiegen für Nero dieses Privileg erkauft hatte), die Erhöhung der Tribute und Abgaben auf alles und jedes, was im Reich passierte. Berühmt sein Satz »Geld stinkt nicht«[1], als er die Bedürfnisanstalten auch noch besteuerte. Als die neuen Steuern noch nicht ausreichend waren, verkaufte er ohne Hemmung kaiserliche Paläste und Besitzungen; die korrupten Beamten bat er am Ende auch noch zur Kasse, indem er unvermutet Revisionen anordnete und die Gewinne beim Ämterkauf oder bei Steuerhinterziehungen der Staatskasse zuschlug.

Selbstverständlich war er nun bei den römischen Luxus-Familien längst schon als geiziger Bauernsohn verschrien, aber die späte Zeit Neros, von der reinen Verschwendung geprägt, haftete im allgemeinen wohl noch einige Jahre im Bewußtsein, und die Öffentlichkeit hieß solche Sparpolitik im großen und ganzen für gut. Innerhalb von acht Jahren war der Staatshaushalt denn auch ausgeglichen; und dies, obwohl unter Vespasian noch neue Aufgaben hinzukamen, die bisher privat erledigt worden waren - so z. B. erstmals ein öffentlich-staatliches Schulwesen[2], in dem vom Fiskus bezahlte Lehrer wirkten. Die Notwendigkeiten der immer umfangreicher werdenden Verwaltung zwangen dazu, die Ausbildung des Nachwuchses zu planen, und die Vespasian-Regierung tat dies mit Eifer.

Gleichzeitig setzte Vespasian ein Zeichen, das vor allem von modernen Historikern eher negativ beurteilt wird, das aber besonders im Hinblick auf die Frage künftiger Entwick-

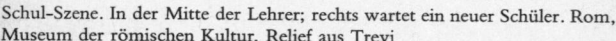

Schul-Szene. In der Mitte der Lehrer; rechts wartet ein neuer Schüler. Rom, Museum der römischen Kultur, Relief aus Trevi

Ansätze zur Technisierung: Erntemaschine. Sie wird rechts von einem Esel geschoben, links wird sie vom Arbeiter überwacht. Diese Maschine kam in Gallien zum Einsatz. Mainz, Römisch-Germanisches Museum, Relief aus Buzenol in Belgien

lungen im Römerreich ganz entscheidend war: Wirtschaft und Ökonomie hatten in dieser Zeit einen Punkt erreicht, an dem eine rein quantitative Vergrößerung zweifellos kaum mehr möglich war; nur intensive – und das heißt qualitativ veränderte – Nutzungen konnten zu einer Maximierung beitragen. Rom war nie arm an erfindungsreichen Leuten bzw. hatte auswärtige Innovatoren auch auf technischem Gebiet angezogen. In einigen Provinzen wurde auch bereits mit der Technisierung der Landwirtschaft – etwa mit Hilfe von Erntemaschinen – experimentiert. Vespasian wurde nun eine neue arbeitskraftsparende Maschine vorgeführt – ein Hebelkran oder eine Lasttragevorrichtung –, und der Kaiser entschied (nach Sueton), daß die Maschine nicht eingesezt werden dürfe: »Gestatte mir, daß ich meine Leute ernähre«[3] – die Erhaltung von Arbeitsplätzen war ihm wichtiger, als die maschinelle Rationalisierung. Wenn auch die Mutmaßung etwa Durants und anderer[4] übertrieben sein mag, daß dadurch eine gar zu erwartende »industrielle Revolution« in Rom ausgeblieben sei, so zeigt sich doch, daß hier eine wichtige Entscheidung gegen den technischen Fortschritt um jeden Preis ausfiel.

Mit der Politik der Finanzmittelbeschaffung ging die römische Kaiserregierung dieser Zeit nun auch wieder zur außenpolitischen Expansionspolitik über, schob die Grenzen am Rhein nach Osten und in Britannien nach Norden vor und vermittelte so wohl auch insgesamt den Eindruck, daß die alten Zeiten doch nicht ganz vorbei waren.

Eine Politik, die auch nach Vespasians Tod weiterhin betrieben wurde; sein Sohn Domitian (reg. 81-96) – der von

Vespasian eingesetzte ältere Bruder Titus (reg. 79–81) starb schon bald und blieb den Zeitgenossen daher als liebenswerter Mensch in Erinnerung[5] – rückte die Grenzen noch weiter nach Ostgermanien vor, die Donau wurde nun Brennpunkt, und auch als Niederlagen und Pattsituationen zu Friedensschlüssen (und in Britannien gar zur Einstellung weiterer Expansion) nötigten, wurden selbst diese als Erfolge gefeiert.

Domitian wagte sich sogar an eine Agrarreform, suchte den heimischen Bauernstand durch eine – nunmehr natürlich staatlich reglementierte – Anbaupolitik zu stärken (z. B. indem er den Weinbau für das italische Stammland exklusiv gestattete); die Verwaltung gestaltete er so aus, daß sie in der gesamten Kaiserzeit als Vorbild angesehen wurde; für den Kult und die römischen Repräsentativbauten setzte er sich darüber hinaus besonders ein; der Soldaten-Sold wurde erhöht (von 300 auf 400 Denare jährlich), die mittellosen Angehörigen des römischen Reiches erhielten 225 Denare.

Alles in allem schien doch in dieser Zeit vieles von dem wiederzukehren, was traditionsbezogene Römer ersehnt haben mußten – von den Beutezügen bis zur Restaurierung der »alten Sitten«, deren bäurischen Charakter schon Vespa-

Römische Bautechnik: Mit Hilfe eines riesigen Krans, der über mehrere Seile Lasten hebt und der durch ein von Sklaven betriebenes Schwungrad bewegt wird, nimmt ein großes tempelartiges Grabmal Gestalt an. Rom, Vatikanische Museen

sian gefördert hatte und deren religiöse Komponente Domitian besonders hervorhob.

Doch trotz alledem gelang es nicht, die entscheidenden Schichten für den Wiedereintritt in die politische Mitarbeit zu gewinnen. Obwohl sich die Regierungsmacht vor allem auf das Heer und das Volk stützte, entfernten sich die Bereiche »Staat« und »Volk« immer mehr voneinander. All die Spenden und Besoldungserhöhungen konnten nicht darüber hinwegtäuschen, daß sich der »Staat« zunehmend als Verwaltung und Instanz der rein formalen Regelung der gesellschaftlichen Organisation verselbständigt hatte – und daß er bereits zu einem ganz erheblichen Teil nur dem kaiserlichen Machterhalt diente. Die aktive Unterstützung des Volkes, die einst in der Republik und noch in der ersten Kaiserzeit, zumindest beim jungen Octavian, »Rom« getragen hatte, war auf immer verloren, die angesehenen Klassen verhielten sich politisch abstinent, die Ideologen bekämpften den Staat mehr oder weniger verdeckt, das Volk begann sich indifferent zu verhalten.

Was immer Regierung und Kaiser taten, stets trat eine beachtenswerte und nicht mehr zu übersehende Opposition auf; diese mochte zwar noch zum überwiegenden Teil durch Zwang und Dezimierung beherrschbar bleiben: ausrottbar war sie nicht mehr. Und die Gegnerschaft richtete sich nicht mehr – wie unter den Kaisern des julisch-claudischen Hauses bis hin zu Nero – nur gegen die Person des einen oder anderen Kaisers, sondern gegen jede Art ihrer Machtausübung. Mochte z. B. Vespasian in allen wesentlichen Fragen den Senat heranziehen, mochte Domitian im Gegensatz dazu den Senat überhaupt nicht befragen; mochte Domitian dem Volk viele Geschenke machen, den Soldaten den Sold erhöhen, mochte dagegen sein Vater durch Sparsamkeit auffallen – alles wurde der Kritik unterzogen.

Weite Kreise der Römer hatten ihren Staat satt – wie Petronius (gest. 66) schon Mitte des 1. Jarhunderts so eindrucksvoll in den Zeilen formulierte, die diesem Kapitel als Motto voranstehen.

Deutlichster Ausdruck für die Kritik am Staat war der ständige Kampf faktisch aller seit Vespasian herrschenden Kaiser gegen die ideologische Opposition im Lande. Außer

Titus – der wohl wegen seiner nur zwei Jahre dauernden Amtszeit und dem in dieser Zeit beherrschenden Thema der Naturkatastrophen (Pompeji und Herculaneum wurden vom Vesuv verschüttet, eine schreckliche Pestepidemie suchte das Reich heim) nicht zu ausgedehnten Auseinandersetzungen kam – setzten sich alle Kaiser mehr oder weniger brutal und mehr oder weniger ausgiebig (und erfolglos) mit ihren Gegnern auseinander. Das konnte ganze Minderheitsgruppen betreffen, wie bereits unter Domitian die Christen[6], oder, unter Vespasian, Philosophenschulen wie die des Helvidius Priscus (der hingerichtet wurde), und es konnte einzelne Aufmüpfige das Leben kosten, wie unter Domitian den vorlauten Legaten L. Antonius Saturninus. Kynische Bettelorden wurden unter Vespasian des Landes verwiesen; die Kyniker predigten Bedürfnislosigkeit und Freiheit von Privateigentum als sinnerfüllendes Lebensprinzip – und erschienen daher dem römischen Staatsgedanken abträglich, der seit Ciceros Zeiten ausdrücklich als »Schutz des privaten Eigentums« definiert wurde. Schlecht erging es auch den Astrologen sowohl unter Vespasian wie unter Domitian: sie wurden des Landes oder aus Rom verwiesen, neigten sie doch mitunter dazu, das nahe Ende des Kaiserhauses vorherzusagen. Am verbreitetsten aber war die Opposition der Stoa, die zwar Lebensbescheidenheit predigte, aber das persönliche Leistungsprinzip zu alleroberst setzte und somit dem dynastischen Erbschaftsdenken der Flavier entgegenstand. Eine Reihe ihrer Führer wurden verbannt oder umgebracht.

Wie breit die Skala der »intellektuellen« Verbrechen war, vor denen die Staatsgewalt sich fürchtete, belegen einige Stellen bei Cassius Dio, der ein Jahrhundert nach Domitian lebte und noch genügend zeitgenössische Quellen zur Verfügung hatte; dabei zeigte sich auch besonders deutlich, daß in vielen Verfahren nicht nur der Opposition, sondern auch der Amtsmüdigkeit und der – selbst in Senatskreisen verbreiteten – Unlust zu weiterer Kriegsherrschaft begegnet werden sollte:

»Den Rusticus Arulenus ließ er töten, weil er Philosophie betrieb, und den Thrasea (einen Stoiker, der schon unter Nero sein Leben verlor, W. R.) einen heiligen Mann nannte, desgleichen den Herennius Senescio, weil er sich nach der Quaestur nicht weiter um ein Amt bemühte, und weil er das Leben des Helvidius Pricus beschrieben. Auch viele andere verloren ihrer philosophischen Studien wegen das Leben, andere wurden aus Rom vertrieben.« »Ein alter Senator, Lucianus Proclus, der meist auf dem Lande lebte, wurde von Domitianus genötigt, sich am Feldzug zu beteiligen, um nicht den Schein zu geben, als wollte er ihn in der Gefahr verlassen. Als die Siegesbotschaft kam, sprach Proclus: ›Du hast gesiegt, Kaiser, wie ich es erbetet habe; so gib mich denn dem Land zurück.‹ Er verließ ihn zur Stunde und ging wieder auf sein Landgut, ohne sich noch einmal blicken zu lassen . . . Den Sophisten Maternus ließ Domitian töten, weil er einmal zur Übung einen Vortrag gegen die Tyrannen gehalten hatte . . . In demselben Jahre ließ er unter vielen anderen auch den Consul Flavius Clemens hinrichten (und dessen ebenfalls mit Domitian verwandte Frau, W.R.): ihnen wurde Verachtung der Götter vorgeworfen, ein Vergehen, dessentwegen auch viele andere, die dem Judentum zuneigten (wohl auch Christen, W. R.), verurteilt wurden . . .«[7]

Natürlich gab es auch Römer, die den Kaisern dabei allen Beifall zollten, wie etwa die Dichter Statius (ca. 45-96) und Martial (ca. 40-104); und noch heute finden gewisse Historiker die Sache mit den Liquidationen verständlich – »kein Wunder, wenn die Geduld Vespasians schließlich ein Ende hatte«, resümiert 1970 Hermann Bengston, meistzitierter Rom-Historiker der Bundesrepublik, während er von der Liquidierung des Stoikers Helvidius Pricus berichtet: schließlich habe der sich »ausgesprochene Taktlosigkeiten« erlaubt![8]

Die wichtigsten zeitgenössischen Belege über die Lage der Opposition stammen von einem unmittelbar Betroffenen, der die Lage mit aller Schärfe analysierte – Tacitus, wohl um die Mitte des ersten Jahrhunderts geboren, erlebte die Flavier als junger und erwachsener Mann, und in seinem »Agricola« (um 98) schildert er wenige Jahre nach Domitians Tod (er war 96 umgebracht worden) die Lage so:

»Wir lesen, daß dem Arulenus Rusticus, als er Paetus Thrasea, und dem Herennius Senecio, als er Pricus Helvidius lobte, dies als todeswürdiges Verbrechen angelastet wurde, und daß man nicht nur gegen die Verfasser selbst, sondern auch gegen ihre Bücher wütete: den Triumvirn wurde der Auftrag gegeben, diese Denkmäler hervorragender Geister auf dem Forum zu verbrennen. Natürlich – denn mit diesem Feuer wähnte man die Stimme des römischen Volkes, die Freiheit des Senats, die Mitwisserschaft des Menschengeschlechts auszutilgen; man vertrieb obendrein die Lehrer der Weisheit und stieß jedes löbliche Bestreben in die Verbannung, damit nirgends mehr sittliche Würde aufträte. Wir haben fürwahr einen großen Beweis an Geduld gegeben, und wie die alte Zeit gesehen, was das Äußerste an Freiheit ist, so wir, was an Knecht-schaft; man nahm uns ja durch Überwachung sogar den Meinungs-austausch im Reden und Hören.«

Und nun folgt unmittelbar eine besonders aufschlußreiche Stelle, wo Tacitus die langfristigen Konsequenzen nun manifester Staatsverdrossenheit darlegt; es ist eine Schlüssel-stelle für die gesamte Interpretation der römischen Kaiserzeit und der Auseinanderentwicklung von administrativer Re-gierung und den verschiedensten Schichten des Volkes:

»Jetzt endlich kehrt der Mut wieder; aber wenn auch gleich zu Beginn dieses glückseligsten Zeitalters Nerva Caesar ehemals un-vereinbare Dinge - Alleinherrschaft (principatus) und Freiheit - zusammenbrachte, und obgleich Nerva Traianus täglich das Glück unserer Zeit vermehrt und die allgemeine Sicherheit nicht allein nur Hoffnung und Wunsch geblieben ist, sondern sich festes Vertrauen auf Erfüllung jenen Wunsches eingestellt hat, so sind dennoch bei der Natur der menschlichen Schwachheit die Heilmittel langsamer als die Leiden: und wie unsere Leiber langsam wachsen, aber schnell hinweggetilgt sind, so magst du Begabung und Eifer leichter unterdrücken als wieder aufrufen: es schleicht sich nämlich geradezu Lust am Nichtstun ein, und der zuerst verhaßte Müßiggang gefällt am Ende.«[9]

Tacitus versucht hier eine durchaus gelungene psycholo-gische Deutung der Staatsabstinenz vieler seiner Zeitgenos-sen. Sie mag wohl am Ende dann vielleicht zu stark auf die bloße individuelle Willkür einzelner Herrscher zugeschnit-ten sein - die Hoffnung auf bessere Zeiten hat Tacitus immerhin noch. Die Stelle belegt jedoch eindeutig das Bewußtsein, daß dieser vom Kaiser repräsentierte und von seiner Regierung verwirklichte Staatsgedanke kaum mehr Resonanz fand.

Nerva, den Tacitus hier nannte, war nach Domitians Tod und dem damit verbundenen Ende der ersten Flavier-Dyna-stie wieder einmal ein vom Senat erwählter Mann. Bezeich-nend die Gründe für seine Wahl, die das Denken der Senatoren in geradezu rührender Weise enthüllt: er war von vornehmer senatorischer Abstammung, kinderlos - die Gefahr einer Dynastiebildung bestand also nicht - und er war auch schon recht alt (etwa 66 Jahre), also kein Kandidat für eine langjährige Regierung; zudem war er - trotz eindrucks-voller Statur - laut Cassius Dio schon recht kränklich.[10]

Wie üblich, begann auch er mit Liberalisierungen - die

wohl Tacitus' eben zitierte Lobrede rechtfertigen -, schaffte die Majestätsprozesse (und damit die Konfiskationen) ebenso wie die Kastrationen als Strafform ab, führte stattdessen - zur Mehrung des eigentlich römischen Volks - »alimenta« ein, Spenden an Kinderreiche, verteilte Land an mittellose Bauern und befleißigte sich solcher Zurückhaltung in der Einflußnahme auf Beamte, Richter und sonst führende Politiker, daß Cassius Dio ein Zitat des Konsuls Fronto überliefert, das so lautet:

»Schlimm ist es, wenn man einen Kaiser hat, unter dem man nichts tun darf, noch schlimmer aber, einen solchen, unter dem man alles darf.«[11]

Es zeigte sich auch hier wieder, daß es überhaupt nicht mehr möglich war, Konsens über die Notwendigkeit in der Staatsführung herzustellen, nicht einmal unter der Oberschicht - der Fronto wie Nerva gleichermaßen angehörten.

Immerhin aber wähnte sich Nerva, wohl wegen seiner Volksnähe - er hatte sich unter anderem jegliche Vergottung und übermäßige Ehrung verbeten -, ziemlich unangreifbar und war daher völlig überrascht, als die Praetorianergarde putschte: die Militärs sahen sich bei der Umverteilungsaktion des Nerva gegenüber den Bauern nicht hinreichend bedacht. Obwohl der Kaiser seinen Tod anbot, wurde er nicht getötet, auch sein Rücktritt wurde allgemein nicht akzeptiert; der Glanz war jedoch dahin, und Nerva sah sich nach einem Nachfolger um. Er fand ihn in Marcus Ulpius Trajan und adoptierte diesen. Drei Monate später starb Nerva, Trajan wurde Kaiser.

Etwas bemerkenswert Neues spielte sich dabei ab: Trajan war mit Nerva nicht verwandt - das Adoptionsprinzip bekam jetzt erst seinen wirklichen Sinn. Die Zeitgenossen - auch Tacitus - glaubten, daß damit der Weg dafür frei sei, daß wirklich immer der Beste und Geeignetste des Reiches zum Kaiser wird.

Ein weiteres Novum: Trajan stammte nicht aus Rom, nicht einmal aus Italien (Vespasian war zwar auch kein Stadtrömer gewesen, aber im benachbarten sabinischen Reate gebürtig) - er stammte aus Spanien, aus Italica. Die Entwicklung, die unter Claudius begonnen und die Vespasian intensiv fortgesetzt hatte, nämlich angesehene und verdiente Leute aus den Provinzen nach Rom zu ziehen, wurde hier mit der Einsetzung eines von außerhalb des klassischen Stammlandes kommenden Kaisers gleichsam »gekrönt«.

Über Trajan sind sich die Historiker bis heute nahezu völlig einig: er habe - laut Tacitus - »täglich das Glück unserer Zeit vermehrt«;[12] die Geschichte - so Aurelius Victor im 4. Jahrhundert - »dürfte schwerlich einen Regenten auszuweisen haben, welcher Trajans Verdienste im Krieg und Frieden zu überstrahlen vermöchte«;[13] es handle sich bei ihm um einen »guten und unermüdlichen Verwalter des Reiches«, befand Durant[14] in den dreißiger Jahren unseres Jahrhunderts, und der großmachtbegeisterte Bengtson verweist darauf, daß auch schon Montesquieu Trajan sehr geschätzt habe und gibt seinem Historiker-Vorfahren recht: »Trajan ist zweifellos eine der glänzendsten Kaisergestalten des ganzen römischen Prinzipats: er war nicht nur ein furchtloser und umsichtiger Feldherr, sondern auch ein Administrator hoher Qualität« - kurz, er war nicht nur ein großer Feldherr, »der größte, den Rom seit Julius Caesar hervorgebracht hatte«, sondern auch das Vorbild schlechthin für »inneren Ausbau des Reiches«.[15]

Es ist schon beachtlich, mit welcher Selbstverständlichkeit bis heute noch das als große historische Leistung hingestellt werden kann, was wieder nur aufgrund von Ausplünderung und Vernichtung halber Völker möglich war. Denn dies waren Trajans Hauptansätze zur »Wiedergewinnung« römischen Selbstvertrauens: eine kaum mehr zu überbietende außenpolitische Aggressivität und ein auf massive Durchsetzung bürokratischer Administration gestützter »innerer Frieden«. Man brauchte nur eine - keineswegs vollständige - Liste seiner »Erweiterungskriege« anzuführen, um zu sehen, welch imperialistisches Streben hier zum Tragen kam: das Dakerreich (im heutigen Siebenbürgen) wird ohne jeden Grund überfallen und zerschlagen - »ganze Arbeit«, fällt Bengtson als Kommentar dazu ein.[16] Gleichzeitig geht Trajan gegen die Araber vor, in Afrika werden römische Kolonien zur Basis der Expansion gemacht. 114 zieht Rom gegen die Parther - im heutigen Persien -; Armenien wagt es, sich einen eigenen König auszusuchen, den ihnen nicht die

Römer geschickt hatten: es wird blutig zur Raison gebracht. 116 stehen die Römer am persischen Golf; ein jüdischer Aufstand gegen die Römer, die alle Bräuche und Traditionen mißachten und zerstören, wird mit äußerster Grausamkeit niedergeschlagen, und wahrscheinlich wären noch weitere Völker angegriffen worden, wenn Trajan 117 nicht gestorben wäre.

Mit der Beute fiel es Trajan natürlich leicht, den Römern zu Hause große Geschenke zu machen – jeder der in die Hunderttausende gehenden berechtigten Sozialempfänger bekam im Laufe der Zeit 650 Denare, also 2600 Sesterzen; die Steuern wurden nicht nur nicht erhöht, sondern vermindert, die Spiele vervielfacht – nach dem Dakerkrieg wurden 123 Tage dafür angesetzt, 10 000 Gladiatoren traten dabei auf und hatten sich gegenseitig umzubringen oder sich von Tieren zerfleischen zu lassen. All diese Zahlen und Fakten lassen natürlich Rückschlüsse darauf zu, wie unermeßlich die Schätze gewesen sein müssen, die die Römer ihren Nachbarn geraubt hatten. Allein in Dakien brachten Trajans Soldaten nicht weniger als 5 Millionen Pfund Gold und das Doppelte an Silber, dazu eine halbe Million für die Sklaverei bereitzustellende Kriegsgefangene an sich.

Da Trajans Herrschaft insgesamt fast zwanzig Jahre dauerte, hätte nach des Tacitus vorhin zitierter Einschätzung nun die Zuversicht und das Vertrauen in den Staat und seine Führung eigentlich in alter Stärke wieder aufleben können; zudem befleißigte sich Trajan auch eines gemäßigten und respektvollen Umgangs mit dem Senat und den Würdenträgern des Reiches, fragte viel und gern um Rat und gab Sentenzen wie den folgenden von sich: »Lieber geht der Schuldige straflos aus, als daß ein Unschuldiger verurteilt wird.«[17]

Alles in allem also ein zumindest innenpolitisch liberales Regiment? Mag sein – aber dennoch fand keine wirkliche Rückkehr zu den republikanischen Denkweisen und Freiheiten statt. Wohl dienten, arbeiteten und schrieben nun im Dienste Trajans zweifellos wieder mehr angesehene Männer; Wissenschaft und Kunst brachten gewaltige Werke hervor, die die Zeiten überdauern mochten – Tacitus selbst ist nur ein Beispiel unter vielen.[18] Aber was war aus den selbstbewußten römischen Praetoren und Quaestoren, Tribunen, Consuln, Statthaltern geworden! Nichts zeigt deutlicher, wohin das römische Denken inzwischen getrieben war, als die Nachrichten, die wir davon haben, wie die staatlichen Ämter nunmehr versehen wurden. Besonders bezeichnendes Beispiel eines von der Nachwelt gerühmten »Staatsmannes« und Schriftstellers ist der jüngere Plinius (61/62–113), der im Jahr 100 Konsul, 111 oder 112 Statthalter im kleinasiatischen Bithynien war. Er führte regen Briefwechsel mit zahlreichen Honoratioren, vor allem aber auch mit dem Kaiser. Und da zeigte es sich, wie unselbständig der römische Verwaltungsbeamte mittlerweile geworden war. Er fragte den Herrscher wegen jeder Kleinigkeit um Rat, selbst bei Dingen, die in der republikanischen Zeit ein Beamter im dritten Glied ohne Zögern selbst entschieden hätte. Einige Beispiele:

»Ich muß Dich, Herr, um Rat bitten in einer Sache, über die ich mir nicht schlüssig werden kann. Es handelt sich um die Gefängnisse: soll ich sie wie bisher durch die im städtischen Dienst stehenden Unfreien bewachen lassen oder durch Wehrmänner?« (Trajans Antwort: es bleibt beim alten)[19]. »Du, Herr, wolltest erwägen, ob Du es nicht für nötig erachtest, eine Handwerksinnung in der Stärke von mindestens 150 Mann als Feuerwehr einzurichten. Ich werde schon darauf achthaben, daß nur Leute aus dem Handwerksstande Aufnahme finden und daß niemand von der gewährten Erlaubnis zu einem anderen Zwecke Gebrauch macht; auch wird es nicht schwerfallen, diese paar Leute zu überwachen.« (Trajans Antwort: abgelehnt, die Männer möchten sich dann zu einem ›politischen Verein zusammenschließen‹ – ein bezeichnendes Beispiel auch dafür, wie wenig Trajan der Wirkung seiner segensreichen Herrschaft selbst traute.) »Bis zu dieser Stunde, Herr, habe ich noch niemandem einen Reisepaß ausgestellt, außer wenn es sich um Staatsangelegenheiten handelte. Von dieser meiner ständigen Gepflogenheit mußte ich jetzt unter dem Zwang der Notwendigkeit abgehen . . .« (Nutznießerin war des Plinius Frau, die – eines Todesfalles wegen – zu ihrer Tante fahren wollte. Lob vom Kaiser für diese umsichtige Tat.)[20]

Natürlich fragte Plinius auch in wichtigen Dingen um Anweisung, und so haben wir Kunde davon, daß es unter Trajan nicht nur eine recht umfangreiche Opposition gab, sondern daß diese auch massiv unterdrückt wurde – die Christen nämlich. Plinius stellt eine recht ratlose Anfrage:

»Gerichtlichen Verhandlungen gegen die Christen habe ich noch niemals beigewohnt, und so weiß ich nicht, was man dabei in der

Regel bestraft oder untersucht und wie weit man darin geht. Und in nicht geringer Verlegenheit war ich bei folgenden Fragen: soll man gegen die Angeklagten je nach deren Alter verschieden vorgehen? Soll man ganz Jugendliche genauso behandeln wie Reifere? Bringt einem, der jemals Christ war, der Abfall vom Christentum keine Vergünstigung? Ist der Name ›Christ‹ bei sonstiger Unbescholtenheit seines Trägers alleine schon strafbar, oder sind dies nur Übeltaten, die sich an diesen Namen knüpfen? Vorläufig habe ich bei denen, die mir als Christen angezeigt wurden, folgendes Verfahren beobachtet: Ich fragte sie, ob sie Christen seien. Gestanden sie das, so legte ich ihnen diese Frage unter Androhung der Todesstrafe ein zweites und drittes Mal vor. Blieben sie verstockt, ließ ich sie hinrichten. Denn für mich bestand kein Zweifel: was es auch sein mochte, was sie zu gestehen hatten, ihr Starrsinn und unbeugsamer Trotz verdiente unbedingt Strafe . . .«[21]

Wieder ein schönes Zeichen, welche Tugenden nun im Reich hochgehalten wurden - hatten die Republikaner gerade die aufrechte Haltung als besonders römische Eigenschaft gepriesen, das Sichhingeben für eine Sache, so befand der Kaiserverwalter alleine diese Haltung schon für so staatsabträglich, daß er die Betreffenden ohne Umschweife umbringen ließ.

Trajan lobte Plinius dafür, ordnete jedoch an, daß man solche, die sich durch das Gebet zu den römischen Göttern von dem Christengott lossagten, begnadigen solle, und daß man nicht auf Gedeih und Verderb hinter den Christen herspüren solle; auch seien anonyme Anschuldigungen nicht weiterzuverfolgen.[22] Die staatlichen Beamten waren also kaiserlicher als der Kaiser.

Das Kaisertum als Einrichtung und den römischen Staat als Identifikationsträger konnte Trajan dem überwiegenden Teil der Römer dennoch nicht mehr nahebringen. Das bekam auch sein Nachfolger Hadrian (reg. 117-138) schnell zu spüren: obwohl er als Kaiser in Rom voll anerkannt wurde, hatte er schon 118, ein Jahr nach der Thronbesteigung, mit einer stadtrömischen Erhebung unter vier Consuln zu kämpfen.

Hadrian erkannte wohl schon in den ersten Jahren seiner Amtszeit, daß eine Fortsetzung der Aggressionspolitik Trajans nicht möglich war und beschränkte sich schnell auf Grenzsicherung, wie seinerzeit schon Augustus, nur mit wesentlich langfristigeren Mitteln, etwa durch den Bau des

Hadrianwalls in England. Dann aber besann er sich auf ein Mittel zur Sicherung des »inneren Friedens«, das den Römern schon lange fremd geworden war: er konzentrierte sich auf den ideologischen Bereich, hoffte mit einer Wiedererweckung des hellenistischen Gedankens – der ja immerhin einst Grundlage für die stadtrömische »Kultur« gewesen war – die Menschen zu dem hinzuführen, was ökonomischer Wohlstand ebenso wie Notlagen nicht vermocht hatten: zu einer harmonischen, einheitlichen Staats- und Gesellschaftsauffassung und zu einer ganz der städtischen Kulturidee verpflichteten Lebensweise.

Damit konnte er sicher ein wenig überdecken, was nun auf die Römer wieder einmal zukam: das Ende der expansiven und damit beuteträchtigen Außenpolitik. Prächtige Bauten in Rom und Umgebung zeigten den Römern aller Schichten, wie reich der Staat war – der wiederhergestellte Agrippa-Rundtempel (das Pantheon), die Villa Adriana beim heutigen Tivoli, schließlich das Hadrians-Mausoleum (die später sogenannte ,,Engelsburg") sind heute noch eindrucksvoll. Dazu befreite er weite Kreise von Intellektuellen von Steuern und Abgaben – ein sicherlich sehr kluger Zug, um die innere Opposition an sich zu binden, denn unter Philosophen, Rhetoren und Lehrern (Hadrian maß auch den Ärzten solche Bedeutung bei) hatte sich die innere Gegnerschaft nicht nur zum Kaiser, sondern zum Kaiserstaat als solchem formiert.

»Landleben« der Kaiser: Reste der Villa des Hadrian bei Tivoli

Rekonstruktion der »Landvilla« des Hadrian nach Gismondi, Tivoli, Villa Adriana

Vor allem aber suchte Hadrian selbst ein mustergültiger Hellenist zu sein, d. h. das Prinzip der ideologischen Führung sollte vor allem vom Kaiser ausgehen. Nicht nur, daß er die intellektuell wichtigen administrativen Berufe neu ordnete, straffte, die Ämter persönlich inspizierte (und im Laufe der Zeit nicht mehr wie seine Vorgänger mit Freigelassenen, sondern mit den ihm wichtiger erscheinenden Rittern besetzte, sofern diese sich entsprechend ausgebildet hatten): er versuchte selbst in alle geistigen Fächer einzudringen, malte, brachte Skulpturen zustande, musizierte, dichtete, machte Bildungsreisen (oder verband Inspektionen seiner - ebenfalls straff geführten und neu organisierten - Truppen damit); er konnte es sich sogar leisten, einmal volle fünf Jahre von Rom fern zu bleiben, ohne daß darunter die Verwaltung und die Regierungsgeschäfte gelitten hätten.

Sein Hang zur persönlichen Perfektion ließ ihn jedoch immer wieder mit Intellektuellen aneinandergeraten, die sich ihm überlegen fühlten. Cassius Dio berichtet z. B. Episoden, die zeigen, wie empfindlich alle gegeneinander waren:

»Er trieb Bildnerei, malte und wollte jede Kunst des Friedens wie des Krieges, des Fürsten wie des Privatmannes verstehen. Doch hätte diese Eitelkeit niemandem geschadet, wenn nicht sein Neid, der jedes hervorragende Verdienst verfolgte, viele das Amt, manche das Leben gekostet hätten . . . Den Baumeister Appolodorus, der das Forum, das Odeum, das Gymnasium, lauter Werke Trajans in Rom, aufgeführt hatte, verwies er zuerst aus der Stadt, später aber ließ er ihn sogar hinrichten, weil er, wie er vorgab, etwas verbrochen hatte, im Grunde aber, weil er früher einmal, als er mit Trajan über die aufzuführenden Werke sprach, und Hadrian darein reden wollte, zu ihm gesagt hatte: ›Geh du nur fort und male deine Gurken: denn von dem da verstehst du nichts!‹ In der Tat hatte damals Hadrian eine Gurke gemalt, auf die er sich viel zugute tat. Als er an die Regierung kam, gedachte er der Beleidigung und konnte seine kecken Äußerungen nicht verdauen. Er übersandte den Riß des Tempels der Venus und der Roma, um ihm zu zeigen, daß auch ohne ihn ein großartiges Werk ausgeführt werden könne, und ließ ihn fragen, ob er so recht wäre. Appollodoros aber schrieb zurück in Betreff des Tempels, man hätte denselben mehr in die Höhe bauen und unten einen leeren Raum lassen sollen . . . Was aber die Bildsäulen und Göttinnen betreffe, so seien sie im Verhältnis zur Kapelle zu groß: denn wenn die Göttinnen, fuhr er fort, einmal aufstehen und herausgehen wollten, so würden sie es nicht können. Über diese unverhohlene Äußerung war Hadrian erbost und aufgebracht . . . vermochte seinen Zorn und Ärger nicht zu bemeistern und ließ den Baumeister wirklich umbringen.«[23]

Die philosophisch-aufgeklärte Haltung Hadrians wurde unter seinen nächsten Nachfolgern fortgeführt, unter Antoninus »Pius« (reg. 138-161) und Marc Aurel (reg. 161-180), hielt sich also fast ein dreiviertel Jahrhundert. Wichtiger aber wäre für die folgenden Zeitalter gewesen, wenn auch ein anderer Ansatz Hadrians weiterverfolgt worden wäre: die Zurückdämmung des militärischen Einflusses auf die Politik. Hadrian hatte zwei der 30 Legionen ganz aufgelöst,[24] machte klar, daß das Heer ihm bzw. dem Staat zu dienen hatte und nicht umgekehrt. Cassius Dio sagt:

»Die Heere hielt er zu strengen Kriegsübungen an, ließ sie aber im Bewußtsein ihrer Macht nicht unbotmäßig oder übermütig werden.«[25]

Tatsächlich scheint der Einfluß des Militärs für einige Zeit zurückgegangen zu sein, jedenfalls hören wir bei Hadrians Nachfolger Antoninus Pius kaum etwas davon und auch bei Marc Aurel kommt eine Stelle vor, wo er sogar Belohnungen für die Soldaten verweigerte, mit der Begründung:

»Je mehr die Soldaten Geld über den gewöhnlichen Sold erhalten, desto mehr muß den Eltern und Verwandten derselben abgezapft werden. Die Macht der Kaiser liegt nicht in den Soldaten, sondern in der Hand der Götter.«[26]

Dennoch macht dann doch gerade Marc Aurel größere Geschenke an die Militärs, und sein Sohn Commodus wurde von den Kriegern (sie erhofften noch mehr Sold) begeistert gefeiert – allerdings, als Belohnungen ausblieben, auch umgebracht. Von da an bestimmte das Militär die Politik wieder ganz wesentlich mit.

Die Regierungszeit des Antoninus Pius reichte von 138 bis 161, und war damit länger als die aller seiner Vorgänger, mit Ausnahme des Augustus. Dennoch wird er von den Geschichtsschreibern kaum beachtet, und dies nicht nur, weil das wichtigste Werk, das des Cassius Dio, hier verloren ist. Es gab in den Augen der Historiker eben kaum etwas zu berichten (»geschichtslos« nannte ihn Durant[27]): der Kaiser beschränkte sich auf die Pflege dessen, was er von Hadrian geerbt hatte, berief viele Provinzialen in den Senat, hofierte diesen, ernannte vor allem Ritter zu Administratoren; später befand er, daß der ohnehin über den Staatsschatz verfügende Kaiser eigentlich kein Privatvermögen benötige, schoß seines daher weitgehend dem Fiskus zu und konnte auf diese Weise die Schulden der italischen Bevölkerung merklich lindern; er holte führende Wissenschaftler in sein Haus, sprach möglichst oft selbst Recht und fiel insgesamt durch Eigenschaften auf, die die Römer sonst selbst an sich kaum kannten und auch bei ihren Kaisern nur selten beobachtet hatten: er neigte zu intensivem Durchdenken von Sachen und zur Perfektion in organisatorischen Dingen. Eines der wenigen erhaltenen Bruchstücke des Cassius Dio vermerkt naserümpfend:

»Übrigens soll Antoninus ein arger Grübler gewesen und bei den geringfügigsten und unbedeutendsten Dingen mit der größten Genauigkeit zu Werke gegangen sein, weshalb ihn Spötter auch einen ›Kümmelspalter‹ nannten.«[28]

Seinen Hang zu Pünktlichkeit und Zuverlässigkeit – ebenfalls nicht gerade römische Kardinaltugenden – hebt Marc Aurel, sein Adoptivsohn und Nachfolger, hervor: er sei sogar jeden Tag immer zur selben Stunde auf die Toilette gegangen.[29]

Dieser sicher friedliebendste unter den Kaisern Roms war selbst schon deutlich von der Aversion gegen den imperialen Charakter des römischen Reiches geprägt. Lange Besichtigungs-, Triumph- und auch Bildungsreisen wie sein Adoptivvater Hadrian ersparte er sich: er hatte kein Interesse daran. Marc Aurel berichtet über ihn in einem Brief an seinen

Lehrer Fronto verschiedene Male, daß der Kaiser höchstpersönlich bei der Traubenernte auf seinem Landsitz geholfen, sich danach vor allem mit den Bauern und Arbeitern unterhalten und gar mit diesen gegessen habe.[30] Antoninus zog, wie schon Hadrian in seinen späten Jahren, das Leben auf dem Land längst dem geschäftigen Treiben in der Stadt vor. Regierungsgeschäfte bedeuteten für ihn eine Last - »Dummes Weib«, sagte er zu seiner Frau, die sich bei seiner Thronbesteigung Prachtentfaltung erhoffte, »jetzt haben wir doch auch noch das verloren, was wir vorher hatten«[31].

Die Verwaltung des Antoninus funktionierte vor allem deshalb so gut, weil er sie weitgehend dezentralisierte, d. h. weil er viel stärker als bisher die Städte und Städtchen des Reiches für die administrativen Aufgaben heranzog: mit der Dienstverpflichtung der »Decurionen«, der Bürgermeister und Stadträte, für alle möglichen Gemeinschaftsaufgaben wurden zahlreiche zentrale Einzelanordnungen überflüssig. Gleichzeitig aber leitete er dabei eine Entwicklung ein, die noch große Folgen haben sollte.

Marc Aurel (reg. 161-180), von ihm adoptiert - und zwar noch auf Anordnung des Hadrian -, war von ähnlicher Überzeugung, legte aber die Hauptgewichte seiner Vorlieben an andere Stellen. Er hatte nicht den Vorteil einer relativ langen Friedenszeit wie Antoninus; während seiner Regierung gab es die ersten sehr ernsthaften Provinzaufstände seit langer Zeit, ganze Völker versuchten abzufallen und Marc Aurel mußte eine erhebliche Zeit seines Lebens selbst im Feldlager verbringen. Briten und Germanen respektierten Wälle und Limes nicht mehr; die Parther erhoben sich, und als sie besiegt waren, schleppten die römischen Soldaten die Pest ins Reich ein; als die Germanen noch weiter vordrangen und die Alpen überstiegen, ließ Marc Aurel zum Entsetzen der Senatoren Sklaven, Gladiatoren, Unfreie und wen er sonst noch ausheben konnte, ins Heer aufnehmen, um die Verluste durch die Pest auszugleichen, versteigerte Gewänder und Juwelen des Kaiserhauses zur Kriegsfinanzierung - und schlug tatsächlich die Eindringlinge. Aber das verschaffte nur für kurze Zeit Sicherheit. In den siebziger Jahren des 2. Jahrhunderts mußte Marc Aurel dann noch einen selbstproklamierten Gegenkaiser namens Cassius bekämpfen.

Dennoch: der Widerwille gegen diese Tätigkeiten, selbst wenn sie erfolgreich waren, spricht aus allen von ihm hinterlassenen Zeugnissen, und die »Wege zu sich selbst« (oder »Selbstbetrachtungen«) zeigen oft Unsicherheit seiner Stellung und seinem Lebenswerk gegenüber: er sinnierte über Ruhm und Erfolg, über die Relativität der sittlichen Zulässigkeit einzelner Handlungen, er grübelte vor allem darüber, wie man dem Tod begegnen könne - die Stoa mit ihrer Forderung nach Gleichmut (»*aeqanimitas*« - übrigens auch das letzte Wort, das die Legende von seinem Adoptiv-vater Antoninus überlieferte)[32] prägte seine Haltung. Daß das Reich kaum mehr zu halten war, sah er wohl, und einer seiner resignativen Sätze lautete:

»Hoffe nicht auf Platos Staat, sondern sei es zufrieden, wenn das Kleinste vorwärtsgehen wird.«[33]

Mit einer Mischung aus Neid und Ärger setzte er sich mit denen auseinander, die sich inmitten dieser Zeit absetzten; es ist unsicher, ob hier versteckte Kritik an seinem landbegei-sterten Vorkaiser miteinfloß: Marc Aurel verspürte jeden-falls diesen Wunsch nach Abkehr von allem auch bei sich, gestattet ihn sich aber selbst nur im Innern:

»Sie suchen sich Plätze, um sich zurückzuziehen: Ländlichkeit, Strand, Gebirge. Auch du pflegst derartiges zu ersehnen. All dies aber ist recht unphilosophisch, kannst du dich doch, zu welcher Stunde auch immer, in dich zurückziehen.«[34]

Die Art, wie der Nachfolger des Marc Aurel, sein leibli-cher Sohn Commodus (reg. 180-192), an die Macht kam, bedeutete ein Novum. Der Sprößling wurde noch von Marc Aurel als Nachfolger empfohlen, und zwar, da der Kaiser im Feldlager - in der Nähe des heutigen Wien, mitten während des Feldzuges gegen die Markomannen, der 178 begonnen hatte - starb, nicht dem fernen Senat, sondern den anwesen-den Truppen. Legal hätte nun noch die Einwilligung des Senats eingeholt werden müssen; darauf aber ließen sich die Truppen gar nicht erst ein. Commodus schien ihnen militär-freundlich, da er sich als recht aggressiver Kämpfer gezeigt hatte; außerdem neigte er von Anfang an zur Freigebigkeit, im Gegensatz zu seinen vier letzten Vorgängern.

Aber Commodus tat sogleich etwas, das keiner vorhergesehen hatte: er brach unmittelbar nach seiner Proklamation den Krieg ab, stellte geringe Bedingungen (Anerkennung der Donaugrenze, Rückgabe der Gefangenen und Stellung von 13 000 Kämpfern für römische Belange) und reiste nach Rom zurück. Die zeitgenössischen Historiker vermuten, daß er dies aus Sehnsucht nach dem Stadtleben tat.[35] Tatsächlich aber war ihm wohl – möglicherweise auch noch dem sterbenden Marc Aurel – sicherlich inzwischen klargeworden, daß Kriege wie der hier geführte für Rom nicht mehr finanzierbar waren.

Heer und Senat waren natürlich aufgebracht; es wird aber ausdrücklich von der Zufriedenheit der nichtregierenden Schichten berichtet: denen übergab Commodus einen erheblichen Teil der bisherigen Beute (jeder Berechtigte bekam 725 Denare, also 2900 Sesterzen) – und nicht den Kriegern und der Militärmaschinerie.

Trotz seiner Kriegsunlust hatte der neue Kaiser nichts gegen Kampf und Töten – er hatte es ja im Krieg gelernt –; er sah es aber als sportliche Betätigung an, focht auch gerne in der Arena und machte manchen Gladiator nieder (meist allerdings, weil er ihm nur stumpfe Waffen ließ). Aufmüpfige Senatoren ließ er ebenso umbringen wie solche, die er einfach fürchtete, er führte überhaupt ein brutales Regiment und ließ seine Minister und Ämterchefs – vor allem den Praetorianerpräfekten Tigidius Perennis – schalten und walten. Einige notwendige Feldzüge ließ er ebenfalls durch andere erledigen.[36]

Das Volk feierte den einziehenden Kaiser frenetisch als den Mann, der den Krieg beendet hatte. Eher als die entsetzten Ober- und Mittelschichten hatten offenbar die unteren Klassen begriffen, daß auch außenpolitische Feldzüge dem Reich keinen Auftrieb mehr bringen konnten.

Damit hatte sich die Aufgabenstellung für die herrschenden Kreise völlig gewandelt: hatten sie in der späten Republik nach einer starken Zentralgewalt gerufen, um das gewaltige Reich zu regieren, so suchten sie jetzt nach Gewaltformen, um die Zentralmacht überhaupt aufrechtzuerhalten.

Das Mittel, das den interessierten Kreisen – und natürlich denen, die selbst Kaiser werden wollten oder es dann auch waren – einfiel, hieß: die Militärdiktatur.

FÜNFTES KAPITEL

Verschwendung und Arbeitszwang.
Militär und Verwaltung saugen das Land aus

> Der Italiener Bulla, der eine Bande von
> sechshundert Räubern gesammelt
> hatte ..., wurde ergriffen, und der
> Obrist der Leibwachen fragte ihn nun:
> ›Warum treibst du das Räuberhand-
> werk?‹ Bulla fragte zurück: ›Warum
> bist du Leibwachenobrist?‹
>
> *Cassius Dio, Römische Geschichte*

Bei den neueren Historikern wird die im vorigen Kapitel behandelte Periode der sogenannten »Adoptivkaiser« - von Nerva bis zu Marc Aurel - überwiegend in zwei Abschnitte eingeteilt: bis zu Hadrian ging es mit dem Reich aufwärts, bei den Antoninen, also Antoninus Pius und Marc Aurel, beginne der Verfall des Reiches, womit die einst von Gibbon vertretene Ansicht modifiziert wird, daß die Jahre von Nerva bis Marc Aurel insgesamt die »glücklichste Epoche« des Kaiserreichs (ja gar des ganzen Menschengeschlechts) dargestellt hätten.[1]

Bengtson, der von Friedlichkeit sowieso nicht so viel hält, referiert — und er sei stellvertretend zitiert - die Entwicklung nun so:

»Entscheidend ist jedoch, daß unter Antoninus Pius die aufstei-
gende Linie der politischen Entwicklung des Imperiums zum
Stillstand kommt. In der Antoninenzeit liegen die Keime des
künftigen Niedergangs, und zwar vor allem infolge der schwächlichen Außenpolitik, die nichts als eine ununterbrochene Kette
schwerer Versäumnisse gewesen ist. Hadrians Nachfolger, Antoninus, war nicht die Persönlichkeit, die das Reich nötig gehabt hätte.«[2]

Welches diese »Versäumnisse« waren, erklärt der Forscher allerdings nicht näher; vermutlich hätten die Römer noch weitere Kriege führen sollen. - Tatsächlich sollte aus dem vorliegenden Quellenmaterial wirklich klar sein, daß die Probleme des ausgehenden 2. Jahrhunderts und der folgenden Zeit weder auf das »Versagen« eines einzelnen Monarchen oder einer Führungsclique, noch auf mangelnde Kreativität der Römer beim Ausbau ihres Systems lagen. Vielmehr hatte das Imperium sich längst insoweit überlebt, als es in zwei große Schichten zerfiel - und dies ist ein Prozeß, der schon unter den ersten Kaisern einsetzte -: einerseits eine Regierung bzw. diverse Herrscher mit einer Administration, andererseits die große Masse des Volkes (und damit sind alle nicht in der Regierung mitwirkenden oder direkt davon profitierenden Schichten gemeint), das mit den Interessen der Herrschenden schon seit dem ersten Jahrhundert der Kaiserzeit immer weniger gemeinsam hatte. Das Kaisertum war einst von sehr breiten Schichten mitgetragen worden: Außer den bürgerkriegsmüden Senatoren hatten in der spätrepublikanischen Zeit auch die händlerischen und kaufmännischen Ritter Sicherheit gesucht, ein zusammenhängendes Kommerzgebiet gefordert, das ihnen die Wege für den Austausch bot und sicherte; auch die Handwerker und Bauern hatten die starke Zentralmacht begrüßt, denn sie garantierte ihnen Ruhe zur Regenerierung nach den aufwendigen Kriegen. Diese Interessenidentität war aber schon bald im Schwinden: das Kaisertum - als Staatsform - begann schon unter Augustus mit Selbsterhaltungsmaßnahmen, mit der Einführung der starken Kaisergarden, einer herrscherbezogenen Bürokratie und einer Geheimpolizei, und Tiberius holte die Praetorianer zur Machtdemonstration und zum persönlichen Schutz in das bisher streng soldatenfreie römische Zentrum. Die Expansionspolitik brachte zwar gelegentlich noch immer wieder neue Beute - bis weit ins zweite Jahrhundert -, aber dadurch bluteten gleichzeitig die waffenfähigen Bauern- und Handwerkerstände aus. Die Senatoren verloren ebenso wie die Ritter durch die nun eintretende Umverteilungsnot die gemeinsamen Interessen mit der Staatsmacht; oft führte auch die - durchaus begründete - Verfolgungsangst der Herrschenden zu Präventivmaßnahmen, die wieder neue massive Unsicherheiten in allen Schichten schufen.

Das alles sind Vorgänge, die schon im Keim des Kaisertums begründet liegen; und nicht erst Versäumnisse oder Dummheiten einzelner Personen auf dem Thron haben diese Entwicklung provoziert, die allmählich alle Gemeinsamkeiten der Klassen, vor allem aber die wenigstens partielle Interessensidentität von Staatsführung und Staatsbürgern auflöste.

Am Ende des 2. Jahrhunderts war offenbar geworden, was sich längst angekündigt hatte, und was auch durch geschickte Winkelzüge allenfalls zu verzögern, nicht aber mehr zu verhindern gewesen war: das System stand vor dem Bankrott - finanziell wie politisch.

Edward Gibbon setzt mit dem - natürlich gewaltsamen - Tod des Commodus den Beginn des »Verfalls« im Römischen Reich an. Tatsächlich ist dieses Datum nur ein Moment einer langen Entwicklung: die nun folgende Reihe von mehr als 80 - davon 22 vom Senat anerkannten - sogenannten »Soldatenkaisern«, also Militärdiktatoren, innerhalb eines Jahrhunderts war nur möglich, weil das System ansonsten überhaupt keine Möglichkeit mehr besaß, sich aufrechtzuerhalten.

Bezeichnenderweise tut sich auch die marxistische Geschichtsschreibung, vor allem in der UdSSR, hier schwer, die Ursachen und Ansätze zu entwirren; in Kosminskis »Geschichte des Mittelalters« beginnt die Militärdiktatur eigentlich erst mit Diocletian - also ein volles Jahrhundert nach Commodus:

»Vom Ende des 3. Jahrhunderts an, besonders seit der Regierungszeit Diocletians (284–305) nahm der römische Sklavenhalterstaat den Charakter einer unverhüllten Militärdiktatur an. Der Kaiser erhielt unbeschränkte Macht und unterschied sich kaum mehr von einem orientalischen Despoten. Dem Orient, besonders dem Iran, wurde das prunkvolle Hofzeremoniell entlehnt. Der Hof blendete durch seinen Luxus. Der Kaiser kleidete sich in üppige Purpurgewänder und setzte eine Krone auf. Es wurde üblich, sich vor dem Kaiser bis zur Erde zu verneigen und den Saum seines Gewandes zu küssen. Die Rolle des Senats als Staatsorgan geriet endgültig in Verfall. Alle Macht konzentrierte sich in den Händen des Kaisers und von ihm ernannten Beamten; die höchsten von ihnen bildeten seinen Rat (consistorium principis). Die Monarchie nahm einen deutlich ausgeprägten bürokratischen Charakter an.«[3]

Alle Belege, die Kosminski für den hiernach um 270 einsetzenden »Zeitraum des Verfalls« anführt, finden sich aber auch stellenweise schon in den Epochen vor 190, einmal mehr ausgeprägt, einmal weniger. Prunkvolles Zeremoniell hatten sich auch schon Caligula und Nero geleistet; Claudius mußte den vorher üblichen Kniefall ausdrücklich abschaffen, der Senat war schon beim späteren Nero oder bei Domitian in eine sekundäre oder gar bedeutungslose Stellung geraten – und bürokratisch war die Herrschaft auch schon seit Hadrian und besonders seit Antoninus Pius geworden.

Nachdem Commodus – von einem seiner Sklaven – 192 ermordet wurde und kein Nachfolger designiert war, hätte natürlich der Senat wieder – wie seinerzeit bei Galba und bei Nerva – die Gelegenheit ergreifen und einen neuen Kaiser wählen müssen. Tatsächlich aber traten stattdessen die Militärs sofort in Erscheinung; nicht einmal das von einigen Historikern (wie Herodian) berichtete zweitägige herrschaftslose Interregnum ist historisch verbürgt. Der Praetorianerpräfekt Aemilius Laetus rief den aus bürgerlichen Verhältnissen stammenden Stadtpräfekten P. Helvius Pertinax zum Kaiser aus. Der neue Kaiser suchte indes weniger die gute Zusammenarbeit mit dem Militär als mit dem Senat, wollte sich beim Volk durch Steuerfreiheiten, Stundung von Tributzahlungen, Verteilung von Ackerland beliebt machen und konnte am Ende das den Praetorianern versprochene Antrittsgeschenk (jeder von ihnen sollte die stattliche Summe von 12 000 Sesterzen erhalten) nicht bezahlen. Erfolg: nach drei Monaten setzten ihn die Praetorianer ab; er kam um.

Der nächste Kandidat war M. Didius Julianus, auch ein Liebling der Praetorianer, allerdings selbst Senator: Er hatte den Praetorianern gar 25 000 Sesterzen pro Kopf für seine Wahl ausgesetzt.

Wie sehr der Gedanke einer Militärdiktatur schon Platz gegriffen hatte, zeigt die Tatsache, daß nun die Praetorianer – als Kaisermacher – Konkurrenz bekamen: die nichtstädtischen Truppen in den Provinzen fanden es keineswegs gut, daß immer nur die Leibgardisten Herrscher nach ihrem Geschmack einsetzten; die anderen Legionen wollten auch einmal zum Zuge kommen. Zuerst erhoben die syrischen Garnisonen ihren Legaten, C. Pescennius Niger, zum Kaiser, und da auch dieser bloß als Handlanger seiner Mannschaft galt, wollten die an Rhein und Donau stationierten Heeresteile nicht nachstehen und riefen ihrerseits den oberpannonischen Legaten L. Septimius Severus zum Kaiser aus. Der konnte sich dann am Ende tatsächlich auf die stärkeren Kontingente stützen, vertrieb die anderen Kandidaten und wurde für erstaunliche 18 Jahre Herrscher. Allerdings hatte er noch bis 194 mit den anderen Konkurrenten – vor allem mit Pescennius Niger – zu kämpfen, wurde auch während seiner Regierungszeit immer wieder mit abfallenden Generälen oder sich selbst zum Herrscher ausrufenden Konkurrenten – meist ehemaligen Mitstreitern – konfrontiert (z. B. mit Clodius Albinus, den er durch das Angebot der Mitregentschaft ruhiggestellt zu haben hoffte, der aber nicht zufrieden war; 196 wurde seine Erhebung blutig niedergeschlagen).

Septimius Severus und seine Führungsclique verstanden es, mit der Macht umzugehen: Sie hatten erkannt, daß man diktatorisch nur regieren kann, wenn man möglichst alles, was sich im Lande bewegt, gleichschaltet, und das taten sie dann auch mit aller Entschiedenheit. Da wurden z. B. die bisherigen Unterschiede zwischen Rom (bzw. Italien) und den Provinzen eingeebnet – Privilegien des Stammlandes verschwanden, die anderen Gebiete wurden bis auf wenige Relikte (die dann der Sohn des Septimius, Caracalla, auch noch beseitigte) gleichberechtigt. Die Städte des Reichs, bisher de facto nur von Rom abhängige Verwaltungsträger, wurden zum Teil nach gleichem Muster wie Rom selbst ausgestattet, erhielten Stadträte und Hoheitsrechte – alles natürlich bei prinzipieller Unterordnung unter den Herrscher. Vor allem aber: Septimius Severus erkannte, daß die Rivilitäten zwischen Praetorianern einerseits und Legionen andererseits einer straffen Staatsführung im Wege standen; bei den Kaiserproklamationen nach Commodus hatte sich das ja allerdeutlichst gezeigt. Also schaltete man auch hier gleich: die Praetorianer, deren Mann Septimius bekanntlich nicht gewesen war, mußten antreten, wurden in Ungnade (»cum ignominia«) entlassen, und stattdessen baute sich Septimius Severus eine neue Kaisergarde auf, die aus allen Heeresteilen zusammengesucht war. Damit wurde einerseits eine Einheit von Praetorianern und Heer hergestellt; ande-

rerseits forderte diese Maßnahme zugleich auch ein scharfes
Konkurrenzdenken unter den Soldaten, für deren »beste« ein
Dienst im luxuriösen Rom winkte.

Septimius Severus hatte zu Beginn seiner Regierungszeit
sehr wohl erkannt, daß er es nicht zugleich mit allen
widerstreitenden Kräften aufnehmen konnte, und so verhandelt er zunächst vor allem lange und ausgiebig mit dem
Senat. Erst als er fester im Sattel zu sitzen glaubte, vielleicht
auch wegen der doch permanenten Opposition der um ihren
letzten Einfluß fürchtenden Adeligen, wandte sich Septimius
vom Senat ab und regierte autokratischer. Statt »princeps«
wie die bisherigen Kaiser nannte er sich nun »dominus«,
Herr (daher die Bezeichnung »Dominat« für die folgenden
Epochen).

Die Korruption prägte auch das neue System. Eine von
Cassius Dio berichtete Episode in der Regierungszeit des
Septimius beleuchtet das besonders kraß - selbst wenn
einiges davon erfunden oder übertrieben sein mag, zeigt
doch die Tatsache, daß man sich so etwas erzählte, und daß
ernsthafte Historiker wie Cassius dies weitergaben, welche
Meinung allgemein über das System herrschte: Es handelte
sich um eine der zahlreichen Banden, die Italien unsicher
machten. Ein besonders umsichtiger Bandenführer namens
Bulla führte Behörden und Soldaten ein ums andere Mal an
der Nase herum:

»Um diese Zeit sammelte ein Italiener Bulla eine Bande von
sechshundert Räubern um sich und plünderte im Angesichte des
Kaisers und der zahlreichen Truppen zwei Jahre lang ganz Italien.
Eine zahlreiche Mannschaft war gegen ihn aufgeboten, und Severus
ließ ihm aufs Angelegentlichste nachspüren. Aber man sah ihn, ohne
ihn zu sehen, fand ihn und fand ihn nicht, und griff ihn nicht, wenn
man schon seiner habhaft wurde. So groß war seine Freigebigkeit
und seine Schlauheit. Er wußte immer, wer von Rom abging, oder
in Brundisium ans Land stieg, wieviele ihrer waren und wieviel Geld
sie bei sich hatten. Wenn er ihnen einen Teil ihrer Barschaft
abgenommen hatte, ließ er sie sogleich wieder frei, nur die Künstler
behielt er eine Zeitlang bei sich, bediente sich ihrer Dienste und
entließ sie dann mit Geschenken. Als einmal zwei Glieder seiner
Bande eingefangen wurden und den Tieren vorgeworfen werden
sollten, ging er zu dem Gefängniswärter, stellte sich, als wäre er der
Statthalter der Landschaft und solcher Leute bedürftig. Auf diese
Weise gelang es ihm, sie zu befreien. Zu dem Centurio, der die
Räuberbande ausheben sollte, begab er sich, zog gewaltig über sich

selber los und versprach ihm, wenn er ihm folgen wollte, ihm den Räuber in die Hände zu liefern. So führte er ihn in ein Waldtal, als ob es zu Felix (Bulla, W. R.) ginge, und griff ihn sich mit leichter Mühe. Sodann warf er sich in die Tracht eines Oberbefehlshabers, rief den Centurio vor sich, ließ ihm das Haar abscheren und sprach zu ihm: ›Sag deinem Herrn, sie sollten ihren Dienern zu leben geben, daß sie nicht Räuber werden müßten.‹ Er hatte wirklich viele kaiserliche Diener um sich, die entweder nur kümmerlichen, oder gar keinen Lohn gehabt hatten. Auf diese Nachrichten geriet Severus in Wut, der in Britannien doch andere Siege erfocht, in Italien aber in eigener Person mit einem Räuber nicht fertig werden sollte, und schickte endlich einen Kriegstribun von den Leibwachen mit vielen Reitern, unter den härtesten Drohungen ab, wenn er denselben nicht lebendig zur Stelle schaffte ...«[4]

Die Aktion war am Ende erfolgreich, und es kam zu jener Episode, die als Motto über diesem Kapitel steht: auf die Frage »Warum treibst du das Räuberhandwerk«, antwortete Bulla: »Warum bist du Leibwachenobrist?«

Es war längst gleichgültig geworden, wo einer stand: Räuber - oder Despoten - waren sie alle; und die Analyse des Bulla ist kaum zu übertreffen: das System produzierte nur noch Ausbeuter, und wer da nicht mitmachen wollte, ging eben unter.

Septimius Severus hatte natürlich längst erkannt, daß er in der Bevölkerung keinerlei Rückhalt haben konnte; das Militär war seine einzige Stütze. Aber es war ihm wohl ebenso klar, daß auch das Militär nur so lange zu ihm stand, wie er diese Einrichtung unter strenger Kontrolle halten konnte, und da Putschversuche der Soldaten vor allem dann zustande kamen, wenn diese keine »Arbeit« hatten, unternahm er zahlreiche Feldzüge. Ganz angst und bang, berichtet Cassius, wurde ihm, als die Heere einmal fünf Jahre hintereinander Frieden halten mußten; er ordnete deshalb am Ende gar einen Krieg an, der offenbar vor allem der Beschäftigung der Soldaten (und vielleicht auch der Zügelung seiner Söhne) dienen sollte:

». . . Severus sah, daß seine Söhne ausschweifend und die Heere aus Untätigkeit zuchtlos wurden, und daher unternahm er einen Feldzug nach Britannien, obwohl er wußte, daß er nicht zurückkehren würde.«[5]

Er kehrte tatsächlich nicht zurück, und sein von ihm designierter Nachfolger Antoninus - seines keltischen Feldherrnmantels wegen als »Caracalla« in die Geschichte eingegangen – nebst Bruder Geta empfing vom sterbenden Kaiser einen wichtigen Rat:

»Vertraget euch miteinander, beschert die Soldaten und fragt weiter nach niemand!«[6]

An den zweiten und dritten Teil der Mahnung hielt sich Caracalla, an den ersten nicht: er ließ, sobald die Gelegenheit günstig war, seinen Bruder Geta umbringen (Cassius Dio schildert die schaurige Geschichte in allen Einzelheiten). Wie genau Caracalla dabei wußte, worauf es bei Machtkämpfen ankam, zeigt dann die Fortsetzung dieser Passage bei Cassius Dio:

»Obgleich es schon Abend war, suchte Antoninus (Caracalla, W. R.) sich doch erst der Soldaten zu versichern. Auf dem ganzen Weg rief er, daß man ihn umbringen wolle, und daß er in größter Gefahr sich befinde. Und als er in das Lager trat, sprach er: ›Freuet euch mit mir, Soldaten, jetzt kann ich euer Wohltäter werden.‹ Ehe sie noch alles hören konnten, stopfte er ihnen den Mund mit so vielen und großen Versprechungen, daß sie keinen Gedanken der Pflicht aufkommen lassen oder aussprechen konnten. ›Ich bin nur einer der eurigen‹, sprach er, ›und wünsche nur für euch zu leben, um euch recht viel schenken zu können, euer sind alle meine Schätze.‹ ›Am liebsten,‹ fuhr er fort, ›möchte ich mit euch leben, oder wenigstens mit euch sterben.‹«[7]

Die Soldaten hörten solches gerne, und die Identifikation des Kaisers mit dem militärischen Leben wuchs sich allmählich zu einem regelrechten Alexander-Wahn aus, dem Caracalla vor allem mit unermüdlichen Feldzügen nach Osten nachzueifern gedachte. Vor allem eine eigene makedonische Phalanx mit 16 000 Soldaten sollte dazu dienen.

Natürlich kam, was vorauszusehen war: das Geld ging aus. Cassius Dio, selbst hoher Staatsbeamter, zweimal Consul (unter dem späteren Kaiser Severus Alexander), Zeitgenosse des Caracalla, zählt entsetzt die Ausplünderungszüge im eigenen Land – und der eigenen Schicht des Cassius – auf:

»Das Schlimmste aber war, daß er nicht nur gerne große Summen an die Soldaten verschwendete, sondern auch in allen Dingen kein Maß haben wollte, und zu diesem Zweck nicht nur alle anderen Römer plünderte, sondern auch hauptsächlich die Senatoren auszusaugen suchte. Denn außer den goldenen Kronen, welche er für seine Siege, die er immer über die Feinde erfochten haben wollte, verlangte – ich meine hier nicht die wirklichen Kronen, die eine Kleinigkeit gewesen wären, sondern die großen Summen Geldes (das sog. »Krongeld«, W. R.), welche die Städte unter diesem Titel den Kaisern zu geben pflegten –; außer den Lieferungen, die wir für ihn teils umsonst, teils sogar mit eigenen Kosten betreiben mußten, und die er an alle Soldaten verschenkte oder auch öffentlich wieder losschlug; außer den Geschenken, die er von den reichen Privatleuten und den Soldaten erbettelte; außer den Zöllen und den neuen Auflagen, außer dem Zehnten, den er statt des Zwanzigsten auf alle Freilassungen von Sklaven, auf Erbschaften und Schenkungen legte, indem er die Erbfolge ohne Testament und die in solchen Fällen stattfindende Befreiung der nächsten Verwandten der Sterbenden von allen Abzügen aufhob, außer dem Bürgerrechte, das er allen Untertanen des Römischen Reiches, wie es schien zur Ehre, in der Tat aber in der Absicht verlieh, um auch dadurch seine Einkünfte zu vermehren, weil die Nichtbürger viele dieser Abgaben nicht zu entrichten hatten; außer all diesem mußten wir ihm, so oft er von Rom verreiste, mitten auf Stationen, die er machte, und wenn sie noch so kurz waren, Gebäude aller Art und kostspielige Absteigquartiere, in denen er nie wohnte und die er auch nicht zu Gesichte bekam, aufführen lassen. Ebenso mußten wir an den Orten, wo er überwinterte, oder zu überwintern hoffte, überall Amphitheater und Rennbahnen ohne seine Unterstützung herrichten lassen, die dann jedesmal wieder abgebrochen wurden. Es geschah also bloß, um uns aufzureiben.«[8]

Als auch das nicht mehr genügte, griff Caracalla erst zum Mittel der Münzverschlechterung, dann zu reiner Fälschung seiner eigenen Währung: die in Rom ausgegebenen Münzen waren übersilbertes Blei, die Goldmünzen übergoldetes Erz, wie Cassius Dio berichtet.[9] Der kaiserliche Staat war wieder einmal bankrott.

Das sahen auch die Militärs, die mit dem wertlosen Geld nicht mehr so recht etwas anfangen konnten. Sie brachten den Kaiser sechs Jahre nach seiner Machtergreifung um. Dabei half der Praetorianerpräfekt Macrinus, der nun Kaiser (reg. 217–218) wurde; wahrscheinlich wäre er – der sich aus dem händlerischen und administrativen Ritterstand zum praefectus praetoriae, zum höchsten Staatsamt nächst dem Kaiser, hochgedient hatte – wenigstens zu einer gewissen Sanierung in der Lage gewesen. Aber Angehörige der mit Commodus gestürzten Kaiserhäuser hatten doch noch immer genügend Einfluß, ihre eigenen Leute durchzusetzen, und so kam unter großem Blutvergießen Elagabal – der eigentlich Aurelius Antoninus Pius hieß – auf den Thron (reg. 218–222). Und was niemand für möglich gehalten hatte, geschah: er trieb die verschwenderischen Ausgaben noch weiter in die Höhe – und führte die prunkvollen orientalischen Sitten und Herrschergebräuche ein (bei seinem Einzug in Rom erschien er zum Entsetzen der konservativen und männlichkeitsbewußten Römer geschminkt und mit Juwelen überladen), importierte fremde Gottheiten und kümmerte sich ansonsten überhaupt nicht um die Staatsgeschäfte, die hinfort seine Großmutter Julia Maesa (gest. 225) leitete. Das Zwischenspiel dauerte vier Jahre, dann hatten die Militärs genug und erschlugen 222 Elagabal sowie seine Mutter Julia Soemias.

Die Großmutter des gemeuchelten Kaisers hatte freilich überlebt; und sie schaffte nun mit Hilfe der Truppen einen weiteren Severer an die Macht – um selber die Zügel in der Hand zu behalten; Severus Alexander (reg. 222–235) war für ein halbes Jahrhundert dann der letzte Kaiser, der sich für mehr als ein Jahrzehnt im Amt halten konnte. Natürlich wurde auch er am Ende vom Militär umgebracht – weil er mit den Alemannen lieber verhandeln als kriegführen wollte, was ihm sein kampflustiger Feldherr Maximinus Thrax verübelte. Severus Alexander hatte wohl erkannt, daß nach einem dutzend anderer Heerzüge, einer Handvoll Militärrevolten und gar noch dem Versuch, Verwaltung und Justiz durch hervorragende Leute wie den jahrhundertelang wegweisenden Ulpianus (der am Ende auch vom Militär umgebracht wurde) reoganisieren zu lassen, kaum mehr ein reguläres Gefecht geschweige denn ein Krieg zu finanzieren war, und daß die Beute wohl auch nicht so vielversprechend war, wie man hoffte. Severus Alexander wurde in Bretzenheim bei Mainz von seinen Truppen erschlagen, General Maximinus wurde Kaiser (reg. 235–238).

Der neue Mann wiederum führte den Germanenkrieg zu Ende, aber die Kosten konnte er trotz der reichen Beute nicht aufbringen – die Steuern und Abgaben innerhalb des Reiches mußten nun verdoppelt werden, und da der thrakische Bauernsohn als »Barbar« oder mindestens »Halbbarbar« und als Emporkömmling aus dem Militär auch mit dem Senat keine sonderlich erfreulichen Beziehungen pflegte, setzte man ihm von dort einen Gegenkaiser nach dem anderen entgegen (Gordian I., Gordian II., Balbinus, Puppienus); es gelang ihm, die ersten dieser Gegenkaiser zu besiegen – doch später wurde auch er von seinen eigenen Soldaten erschlagen.

An dieser Stelle werden wir uns versagen, die Reihe der proklamierten, bestätigten, abgesetzten, ermordeten, selbsternannten oder selbstentmachteten Kaiser aufzuzählen, die in schneller Folge auftraten und die längst auch schon nicht mehr dem Ziel dienten, das am Anfang der Periode reiner Militärdiktaturen gestanden hatte: der Aufrechterhaltung des Kaisertums zugunsten einer noch einigen Ober- und Aufsteigerschicht. Nunmehr dienten die jeweils proklamierten Kaiser nicht mehr all denen, die vom Kaisertum und seinen Einrichtungen als solchen profitieren wollten oder konnten, sondern nur noch einzelnen Fraktionen. Nicht einmal das Heer war einheitlich, verschiedene Truppenteile »machten« verschiedene Kaiser, selbst Koalitionen waren nicht mehr möglich. Die Kaiser repräsentierten jetzt nicht einmal mehr bestimmte gesellschaftliche Schichten, sondern allenfalls Teile derselben, nicht Stände, sondern Gruppen.

Das römische Reich geriet nun völlig in die Defensive, die Ränder bröckelten ab – die Furcht, Rom könnte von ausländischen Mächten überrollt werden, war so groß, daß einer der Soldatenkaiser – der erste, der sich »von Gottes Gnaden« nannte – Aurelian (reg. 270–275) – sich gezwungen sieht, erstmals seit fast vier Jahrhunderten wieder eine Mauer

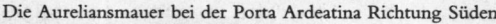

Die Aureliansmauer bei der Porta Ardeatina Richtung Süden

um die Stadt Rom zu bauen (die zum größten Teil heute noch steht: die »Aurelianische Mauer«). Denn 251 war ein römischer Kaiser – Decius (reg. 249–251) – samt Mitregenten an der unteren Donau in gotische Kriegsgefangenschaft geraten; das war nicht nur eine bisher ungekannte Schande, sondern hatte die Verteidigungsgrenze zerstört, die nordöstliche Flanke des Reichs geöffnet. In einigen Reichsgebieten – wie in Gallien und in Ägypten – existierten darüber hinaus gar schon Sonderreiche, die unabhängig von Rom waren. Die Frage aller Historiker lautet: konnten die Randvölker Rom bestürmen, weil die Militärregierungen so schwach – d. h. durch Kämpfe untereinander und durch schlechte Amtsführung unfähig – waren; oder waren sie so zerrüttet, weil die Nachbarn irgendwie allmählich stärker geworden waren und Schlag auf Schlag setzten? In der Regel neigen Historiker, denen Roms Macht, Glanz und Größe besonders am Herzen liegt, zur ersteren Interpretation[10]; und diejenigen, die das Reich als recht einseitige Veranstaltung auf dem Rücken fremder Völker ansehen, zur zweiten[11].

Tatsächlich aber scheint die Frage als solche schon recht unsinnig. Sie suggeriert, daß es Möglichkeiten gegeben habe, das Römische Reich bei besserer Führung und Verwaltung oder beim Ausbleiben des einen oder anderen von außen her bedrängenden Faktors länger aufrechtzuerhalten.

Nach alledem, was wir bisher angeführt haben, ist die Entwicklung im Kaiserreich jedoch ausgesprochen folgerichtig verlaufen; es kam nicht zu einem Zer- oder Verfall, nicht zu einem von außen gesteuerten oder gar durchgeführten »Mord« am Römerreich. Die kaiserliche Zentralgewalt blieb bestehen, verdünnte ihre Funktion aber auf immer weniger Schichten, wurde im 3. Jahrhundert sogar nur noch Angelegenheit einander bekämpfender Gruppen, damit ihrer Einmaligkeit – d. h. Zentralität – beraubt und hatte deshalb auch im Grunde keinerlei konkrete Aufgabe gegenüber der Gesellschaft mehr. »Zersetzung«, »Aushöhlung«, »Einfall von Feinden« – all das setzt einen mehr oder weniger absichtsvollen Angriff auf das Reich bzw. seine Institutionen voraus. In Wirklichkeit hatte das Kaisertum schon von seinem Beginn an Schritt für Schritt seine Funktionen verloren.

Das Kaisertum war schlicht eine Fehlkonstruktion – und zwar von Anfang an. Schon in seiner allerersten Zeit war eine der wichtigsten Funktionen verschwunden oder so stark reduziert worden, daß die Tragfähigkeit der neuen Regierungsform von daher nicht gewährleistet wurde – die weitere Expansion, die bis zu Augustus eigentlich für alle Römer noch als Selbstverständlichkeit erschienen war. Dann fiel – schon bei Tiberius – die als Voraussetzung des Principats angenommene Balance zwischen Kaiser und Senat weg, gleichzeitig und verstärkt dann – unter Caligula und später Nero – die angestrebte Rechtssicherheit, allmählich auch die durch eine kontinuierliche Staatsspitze erhoffte ideologische Gemeinsamkeit der herrschenden Schichten.

Der römische Reichsgedanke lebte – wie auch nach ihm jede solche Idee – von der Illusion, daß man Herrschaft über fremde Völker und Ausbeutung derselben wie auch »Befriedung« nach innen einfach durch eine bestimmte Staatsform garantieren könne. In Wirklichkeit zeigt gerade das römische Beispiel, daß hier von Anfang an der Weg zu einem immer komplizierteren, den Staatsangehörigen immer undurchschaubareren, verwirrenderen, bald auch von der Staatsspitze nicht mehr beherrschbaren Staatsapparat vorgezeichnet war, der notwendigerweise schon sehr bald zunächst flankierend und dann immer zentraler sich selbst schützen mußte, um weiterzuexistieren. Der Weg zur Militärdiktatur war im Reichsgedanken vorgezeichnet.

Wie wenig umkehrbar diese Entwicklung war, zeigte sich dann noch einmal gegen Ende des 3. Jahrhunderts, als nach der Zeit der fast monatlichen Kaiserproklamationen und Erhebungsversuche (»Usurpationen«) mit der Regierung des Diocletian 284 wieder eine lange Epoche scheinbarer Kontinuität und Konsolidierung begann, in der die einzelnen Kaiser relativ lange regieren konnten: Diocletian (reg. 284–305) 20 Jahre (er dankte freiwillig ab und züchtete fortan so erfolgreich Kohl, daß er einem Rückruf seines Amtskollegen unter Hinweis auf seine gärtnerischen Errungenschaften nicht folgte), Constantin der Große (306–337) alles in allem – als Mitregent und alleine – über 30 Jahre, Constantius II. (reg. 337–361) 24 Jahre; nur Galerius (305–311), schon unter Constantin Regent, brachte es lediglich auf 6 Jahre.

Aber trotz dieser scheinbaren Stabilisierung war vom ursprünglichen Kaisertum wie von der Romzentrierung und auch vom römischen Selbstverständnis nichts übriggeblieben. Übriggeblieben war stattdessen eine Regierung, die sich nur durch das Militär und eine viel zu gewaltige Administration[12] an der Macht halten konnte.

Dies zeigte sich in allen Bereichen. Kaiser Diocletian erkannte während seiner Regierung, daß einige der Hauptübel die ständig steigenden Preise, die Geldentwertung und die Spekulation mit allen möglichen Gütern waren. Im entsprechenden Edikt schreibt er:

»Wer entbehrt dermaßen jeglichen menschlichen Gefühls . . ., daß er nicht bemerkte, wie auf den Märkten unserer Städte unmäßige Preise herrschen . . . Es gibt Leute, deren Ziel es ist, den allgemeinen Wohlstand einzuschränken, um wucherische und verderbliche Gewinne einzustreichen . . . Habgier wütet in der ganzen Welt . . . Wohin auch unsere Armeen im Interesse der gemeinsamen Sicherheit gehen müssen, kommen Profitgierige, die nicht nur das Vier- und Achtfache der gewöhnlichen Preise verlangen, sondern Wucherpreise fordern, die sich gar nicht mehr beschreiben lassen. Manchmal muß der Soldat seinen ganzen Sold und seine ganze Prämie für einen einzigen Einkauf anwenden, so daß die Erträge der ganzen Welt für den Unterhalt der Armeen nur elenden Beutegeiern zufallen.«[13]

Den Lösungsweg, den er beschritt, hatte schon einmal ein Kaiser vor ihm erprobt - Tiberius -, und mit mäßigem Erfolg: Diocletian verordnete einen Preisstop und ließ die Höchstpreise für alle Güter auf Steintafeln - deren mehrere noch in Bruchstücken erhalten sind - bekanntgeben. So kostete z. B. ein Pfund Schweinefleisch 12, Ziege und Rind 8, guten Specks 16, eine Ente 40 Denare, ein halber Liter Öl zwischen 8 und 40, Wein je nach Qualität zwischen 8 und 40 Denare, ein paar Schuhe zwischen 5 und 12 Denare. Der Arbeitsentgelt lag zu dieser Zeit bei etwa 25 Denaren pro Tag für einen einfachen Landarbeiter, bei 50 Denaren für einen Spezialisten wie etwa einen gelernten Handwerker.

Die Wirkung dieses Preisedikts von 301 mutet modern an: plötzlich waren nahezu alle Waren aus den Auslagen verschwunden; die Händler versteckten ihre Schätze für bessere Zeiten, ein schwarzer Markt bildete sich, eine entsprechende Verknappung aller Güter setzte ein. Das Preisedikt mußte zum Teil außer Kraft gesetzt werden.

Die Verdrossenheit über die gegenwärtigen Zustände zeigte sich auch an anderer grundlegend wichtiger Stelle: im Arbeitsleben. Wenn im republikanischen oder frühkaiserliche Rom Arbeitsstellen frei wurden, wenn man Ackerland verteilte, war die Zahl der Bewerber stets außerordentlich groß. Nun, seit dem 3. und 4. Jahrhundert mußten die Kaiser die Menschen für ihre Berufe zwangsverpflichten. Zuerst wurde die feste Bindung der Bauern an den Boden eingeführt – der Colonat schon seit dem 1. Jahrhundert hatte den Grundstein gelegt –; dann wurden Handwerker und Arbeiter an ihren Beruf gefesselt, gleichzeitig wurde ein Überwachungssystem etabliert, das Zuwiderhandlungen verhindern sollte. Doch das genügte offensichtlich nicht: die Gesetzgebung – so der im 4./5. Jahrhundert entstandene Codex Theodosianus wie der noch spätere Codex Justinianus aus dem 6. Jahrhundert – sah ständig neue Strafen für unerlaubtes Sichentfernen vom Arbeitsplatz vor. Die – unter Severus Alexander wieder zugelassenen – Handwerksverbände, collegia genannt, überwachten genauestens die Einhaltung der Vorschriften. Der Codex Theodosianus referiert und bestätigt Erlasse aus dem 4. Jahrhundert:

»Wenn Angehörige irgendeines collegium der Stadt Rom in andere Gebiete abgewandert sind, sollen sie durch die Administration der dortigen Provinzstatthalter zur Rückkehr gezwungen werden, um die Dienstpflichten weiter zu erfüllen, die ihnen nach altem Brauch auferlegt sind.«[14] »Der Colonus (halbfreier Bauer auf einem Pachtgrundstück, W. R.) kann nicht aus freien Stücken gehen, wohin er will. Er ist an den Gutsbesitzer gebunden, der auch die Gewalt . . . hat, ihn zurückzuholen.«[15] »Wir befehlen, daß unmündige Söhne von Bäckern bis zu ihrem 20. Lebensjahr von der Pflicht zum Brotbacken befreit sind. Es müssen jedoch andere Bäcker als Ersatz zu Lasten des gesamten collegium eingestellt werden. Nach der Vollendung ihres 20. Lebensjahres sind die Bäckerkinder gezwungen, die Dienstpflichten ihrer Väter zu übernehmen. Trotzdem sollen die an ihrer Stelle eingetretenen Ersatzleute weiterhin Bäcker bleiben.«[16]

Natürlich diente diese Bindung vor allem dazu, die unmittelbare Nahrungsmittelversorgung zu sichern – wie sich herausstellte, kam dies aber nahezu ausschließlich oder doch mit deutlichem Vorrang nur dem Militär zugute. Die Soldaten hatten sich, als die Plünderung auswärtiger Gebiete nicht mehr möglich war, auf die heimischen Schätze besonnen und saugten nun das gesamte Reichsgebiet aus – unterstützt von der ebenfalls immer parasitärer werdenden Bürokratie.

Aber selbst die Verwaltung ließ sich am Ende nicht mehr aufrechterhalten: es fehlte allseits an Engagement. Dazu trug natürlich der Umstand bei, daß das im 1. und 2. Jahrhundert praktizierte System einer Besoldung der Beamten aus der Staatskasse längst nicht mehr funktionierte. Antoninus Pius hatte – wie erwähnt – zwar den von Rom entfernten anderen Städten des Reichs eine weitreichende Selbstverwaltung gegeben, Räte und Bürgermeister – sogenannte Decurionen – eingesetzt und gefördert: aber die konnten nun nicht mehr besoldet werden. Die römischen Machthaber, im Glauben, daß solches auch wie in früheren Zeiten als Ehrendienst aufgefaßt würde und eine begehrte Aufgabe sei, suchten nach entsprechenden Kandidaten. Sie fanden kaum welche, und so wurde nun auch die Verpflichtung zum Gemeinderat, zum Verwaltungsbeamten, zum Bürgermeister auf dem Zwangswege durchgeführt. Wer auch nur entfernt den Anschein machte, so viel Geld oder sonstigen Besitz zu haben, daß man ihn zur Ader lassen konnte, wurde dienstverpflichtet und mit bestimmten Aufgaben – etwa Getreideversorgung, Sicherheitskräfterekrutierung, Steuereintreibung – versehen.

Und was da nicht alles an »freiwilligen« Diensten (»munera«) übernommen werden mußte! Die kaiserliche Gesetzessammlung des Justinian (Codex Justianianus oder auch Corpus iuris civile) referiert z. B. den aus der Mitte des 4. Jahrhunderts stammenden kaiserlichen Juristen Hermogenes:

»Unter den bürgerlichen Diensten gehen einige das Vermögen, andere die Personen an. Vermögensdienste sind: die Leistung von Fuhren, auch von Schiffahrt, der Decemprimat (Vorstand im Senat u. ä., W. R.); denn diese veranstalten auf ihre Gefahr die Feier der Festspiele. Persönliche bürgerliche Dienste sind: die Vertretung der Stadt, nämlich, daß man Bürgermeister werde, die Sendung zur Aufgabe von Schatzungen (census, Steuerveranlagung, W. R.) oder zur Aufzeichnung des Vermögens; ... die Sorge um die Getreidezufuhr und dergleichen, für die Gemeindegrundstücke, für Einkauf von Getreide, für Wasserleitungen, für die öffentlichen Rennpferde, Schauspiele, Pflasterung der öffentlichen Straßen, Haltung von Kornmagazinen, Heizung der Bäder, Verteilung des Getreides ..., auch die Vormundschaft, die Pflegeschaft über einen Minderjährigen, einen Wahnsinnigen, einen Verschwender, einen Taubstummen, eine Leibesfrucht, ferner die Sorge für Reichung von Speise, Trank, Obdach und dergleichen; so auch wer auf Unterbrechung der Ersitzungen gegen die Stadt und darauf, daß die Schuldner des Gemeinwesens nicht entledigt werden, zu sehen hat.«[17]

Dies ist nur ein kleiner Ausschnitt aus den Verfügungen. Damit möglichst alle Besitzenden aus einer Gemeinde oder Stadt zur Ader gelassen würden und ihren Beitrag leisteten, hatte schon die Regierung des Severus Alexander, vertreten durch den nachhaltig wirkenden Juristen Ulpianus in der 1. Hälfte des 3. Jahrhunderts bestimmt:

»Der Statthalter der Provinz hat darauf zu sehen, daß die Dienste und Ehrenämter in den Städten gleichmäßig nach der Reihe, zufolge des Alters und des Ranges, oder der Abstufung der Verrichtungen und Ämter, die herkömmlich festgesetzt sind, zugeteilt werden . . .«[18]

Kein Wunder, daß hier viele das Weite suchten. Aber es traf nicht nur die Privatpersonen; auch den Militärs wurde Zwangsverpflichtung zuteil. Nahezu automatisch mußten die Söhne von Soldaten (auch Offizieren) ebendasselbe Handwerk ausüben. Der Codex Theodosianus aus dem frühen 5. Jahrhundert konnte bereits für alle für den Staat diensttuenden Gruppen einschlägige Gesetze nachweisen. Das klang dann etwa so:

»Söhne von Verwaltungsbeamten jeder Art – ob ihre Väter noch Dienst tun oder nicht – müssen die Tätigkeit ihrer Väter übernehmen.« »Es gibt für den Militärdienst taugliche Söhne von Veteranen, die aus Indolenz sich weigern, in den für sie zwingenden Militärdienst einzutreten; andere sind so feige, daß sie sich ihrer Verpflichtung durch Selbstverstümmelung zu entziehen versuchen. Sollten sie für den Militärdienst nicht mehr tauglich sein, weil sie ihre Finger abgeschlagen haben, so befehlen wir, daß sie ohne jegliches Zögern zur Übernahme von Decurionenpflichten (d. h. eines Gemeinderatsmitgliedes) herangezogen werden.«[19]

Nicht einmal das Militär zog mehr die Menschen des Römischen Reiches an. All das wirkte natürlich auf die Reichsspitze zurück. Die ausschließende Ausrichtung auf einen in der Hauptstadt regierenden, in der Regel fernen Herrscher erwies sich immer mehr als Hindernis, und schon Diocletian machte den ersten Versuch einer Dezentralisierung: er ernannte einen Mitkaiser – Maximian – und für sich wie auch den Kollegen je einen Nachfolger, der ebenfalls schon Regierungsaufgaben übernehmen sollte; das System hieß Viererherrschaft, Tetrarchie. Eine weitere wichtige Neuerung: die Befehlzentren wurden ebenfalls verlagert: der östliche Teil wurde vom kleinasiatischen Nikomedea aus regiert (von Diocletian selbst, der sich sowieso mehr zum Osten hingezogen fühlte und das orientalische Hofzeremoniell konsequent durchführte), der westliche – durch Maximian – von Mediolanum (heute Mailand) oder Aquileja aus: Rom hatte selbst für den Westen die Hauptrolle verloren.

Die Dezentralisierung wurde weitergetrieben: die Provinzen, ehedem nach den ursprünglichen organischen Ländergebieten und Völkerschaften organisiert, wurden nun in überschaubare kleinere Verwaltungseinheiten zerstückelt (es gab bis zu 100 davon). Das Militär wurde wiederum aufgeteilt: in ortsansässige und auf Dauer stationierte Grenztruppen einerseits, die kaiserliche Leibgarde andererseits und schließlich eine Art mobile Eingreifreserve, die jederzeit überall hingeschickt werden konnte.

Das System der Tetrarchie – mit zwei Kaisern und zwei Kaiser-Nachfolgern bzw. noch zu Lebzeiten des Diocletian, von vier Kaisern mit geographisch abgegrenzten Bereichen – funktionierte zunächst nicht lange über seine erste Einführung hinaus. Schon Constantin der Große (reg. 306–337) riß die Macht wieder ganz an sich. Aber am Ende stand doch eine noch konsequentere Teilung: die endgültige Trennung von Ostrom (mit dem Zentrum Constantinopel, wohin schon Constantin der Große die meisten Regierungsämter verlegt hatte) und Westrom, das sich um Italien gruppierte und die verbleibenden germanischen Teile (mit dem Hauptort Trier), Gallien sowie Spanien umfaßte – sofern dort überhaupt Rom etwas zu sagen hatte und nicht Germanen ihre ersten Staatsgründungen auf reichsrömischen Boden versuchten (etwa die Westgoten im beginnenden 5. Jahrhundert). 395 waren dann auch die nominelle Einheit des Reichsganzen und damit die Idee des Kaisertums als umfassend einigendes Verfassungssystem endgültig zerstört. Spätere Wiederbelebungsversuche, etwa unter Justinian (reg. 527–565), blieben letztlich Episoden.

SECHSTES KAPITEL

Die Suche nach Alternativen:
Ideologischer Wandel

Wir sind der Welt zur Last geworden.
Tertullian, De anima

Wie groß die geistige Entfernung zwischen dem Rom der beginnenden und dem (Rest-)Rom der ausgehenden Kaiserzeit geworden war, zeigt besonders deutlich die scharfe Auseinandersetzung des Aurelius Augustinus (354–430) mit der Staatstheorie des Cicero, die gut viereinhalb Jahrhunderte vorher das Selbstverständnis der Römer artikuliert und für lange Zeit bestimmt hatte. Cicero hatte in seinem Hauptwerk »De re publica« (Vom Staat) geschrieben:

> »Der Staat ist Sache des Volkes (est igitur res publica res populi), das ›Volk‹ aber nicht jede Versammlung von Menschen, auf welche Weise auch immer zusammengeschart, sondern die Versammlung einer Menschenmenge, die durch Übereinstimmung der Rechtsvorstellung und die Gemeinsamkeit des Nutzens (iuris consensu et utilitatis communione) vereinigt ist.«[1]

Cicero konnte noch davon ausgehen, daß – obwohl der größere Teil der Bewohner »römisch« gewordenen Bodens an den bürgerlichen Rechten nicht teilhatte – der berufene Konsens jedenfalls noch für breite, zusammenhängende Schichten oder Klassen vorhanden war.

Augustinus selbst war in seiner Bewunderung für Rom zwar noch ungebrochen; Ciceros These aber gilt für ihn nicht mehr. Denn der Staat hatte sich längst von den Grundlagen der Cicero'schen Definition entfernt: faktisch gab es keine wirklich übereinstimmenden Rechtsvorstellungen oder Nutzengemeinsamkeiten mehr, jeder kämpfte gegen jeden, man hatte zwar Gesetze, aber Gerechtigkeit gab es nicht –

eben diese aber wäre es, die, nach Augustinus, die Gemeinsamkeiten schaffen müßte. Augustinus konnte im 5. Jahrhundert den unter ganz anderen Voraussetzungen schreibenden späten Republikaner nicht einmal mehr aus den historischen Bedingungen heraus verstehen:

»Hier ist nun der Ort, in möglichster Kürze und Klarheit darzulegen, daß es nach den Begriffsbestimmungen, die Cicero in seinen Büchern über den Staat verwendet, einen römischen Staat niemals gegeben hat. Denn er definiert den Staat kurz als Sache des Volkes. Ist diese Definition aber richtig, dann gab es niemals einen römischen Staat. Denn von einer Sache des Volkes, die ja der Staat nach der Begriffsbestimmung sein soll, kann da keine Rede sein. Volk nennt Cicero nämlich eine Gemeinschaft vieler Menschen, die durch Rechtsgleichheit und Interessengemeinschaft verbunden sind. Was er aber unter Rechtsgleichheit versteht, führt er im Verlauf seiner Untersuchung weiter aus, indem er zeigt, daß ohne Gerechtigkeit kein Staat geleitet werden kann. Denn wo keine wahre Gerechtigkeit ist, gibt es auch kein Recht. Denn was rechtmäßig ist, das ist auch gerecht, und was ungerecht, kann nicht rechtmäßig sein . . . Nun ist Gerechtigkeit die Tugend, die jedem das Seine gibt. Was ist das aber für eine Gerechtigkeit unter den Menschen, welche die Menschen dem wahren Gott entzieht und unreinen Dämonen unterstellt? Heißt das, jedem das Seine zu geben? Ungerecht ist doch, wer ein Grundstück dem rechtmäßigen Käufer wegnimmt und es einem anderen übergibt, der kein Recht darauf hat; aber wer sich selbst der Herrschaft Gottes, der ihn geschaffen, entzieht und bösen Geistern dient, der sollte gerecht sein?«[2]

Cicero hatte sein »wahres Gesetz« »auf die rechte Vernunft, die mit der Natur übereinstimmt«[3] gegründet und damit aus der Existenz des römischen Staates auch dessen Charakter als Staat abzuleiten vermocht. Augustinus kann dem aber nicht mehr folgen: nur wenn der Staat auf einem höheren - nicht mehr »natürlichen«, sondern übernatürlichen - Prinzip aufgebaut ist, kann Gerechtigkeit als Gemeinschaftsgrundlage überzeitlich und überindividuell funktionieren.

Es ist falsch, wenn man darin nur die fromme Überzeugung eines Christen sieht. Vielmehr hatte Augustinus an den Anfang seiner Analyse eine empirische Untersuchung des Römischen Reiches gestellt, und war zu der Überzeugung gekommen, daß hier von einer - von Cicero behaupteten — Interessensübereinstimmung auch nur einigermaßen breiter Schichten längst nicht mehr die Rede sein konnte. Augustinus:

»Ich möchte ein wenig untersuchen, ob es vernünftig und klug ist,

Die Wandlung des Helden-Ideals. Oben: siegreiche Legionäre bringen ihrem Kaiser die Köpfe abgeschlagener Feinde (Rom, Trajanssäule, Anf. d. 2. Jh. u. Z.). Mitte: Auch der Recke hat etwas erlegt: einen Hasen (spätes 2. Jahrhundert, Rom, Kapitolinische Museen). Unten: im 3. Jahrhundert u. Z. sind diejenigen zu Helden geworden, die sich lieber töten lassen, als sich einer imperialen Idee unterzuordnen - Christen auf dem Scheiterhaufen. (Rom, Vatikanische Museen)

sich der Weite und Größe des Reiches zu rühmen, da man doch nicht nachweisen kann, daß die Menschen glücklich sind, die stets in Kriegsnöten dahinleben und in Bürger- oder Feindesblut, auf jeden Fall in Menschenblut waten, die in düsterer Furcht und blutgieriger Leidenschaft ihr Leben führen und sich Freuden verschaffen, die glänzend und brüchig sind wie Glas, um die man sich schrecklich ängstigen muß, sie könnten plötzlich zersplittern. Um dies leichter zu entscheiden, wollen wir alles leere, windige Gerede beiseite und die Schärfe unseres Blicks nicht durch die wohltönenden Worte ›Völker, Königreiche, Provinzen‹ trüben lassen . . . Was anders sind die Reiche, wenn ihnen Gerechtigkeit fehlt, als große Räuberbanden? Sind doch auch Räuberbanden nichts anderes als kleine Reiche. Auch da ist eine Schar von Menschen, die unter Befehl eines Anführers stehen, sich durch Verabredung zu einer Gemeinschaft zusammenschließen und nach fester Übereinkunft die Beute teilen . . . «[4]

Die Kritik des Augustinus am antiken Staatsgedanken und vor allem an der imperialistischen Reichsideologie wurde durch den Vandaleneinfall mit der Plünderung Roms 410 ausgelöst. Rom hatte sich als faktisch wehrlos erwiesen, der Gedanke an die »Roma aeterna«, das ewige Rom, schien zunichte. Aber man greift wiederum zu kurz, wenn man den augustinischen »Gottesstaat« nur als Rettungsversuch ansieht, der nun statt des diesseitigen ein jenseitiges Reich setzt und damit das christliche über das römische. Tatsächlich war die Ablösung des Reichsgedankens als solchem vom konkreten Römischen Reich nichts anderes als die letzte und durchdachteste Konsequenz der allgemeinen Abwendung vom römischen Staatsgedanken. Mit der Abstrahierung vom konkreten diesseitigen Reich wollte Augustinus die Gefahr vermeiden, daß noch einmal ein als ewig angesehenes, weil übermächtig erscheinendes irdisches Staats- und Gemeinschaftsgebilde durch seine schließliche Hinfälligkeit einen totalen Zusammenbruch aller Werte mit sich bringe.

Der ideologische Rückzug vieler Römer aus ihrer traditionellen Staats- und Reichsauffassung wurde in den vergangenen Kapiteln schon des öfteren gestreift: er erfolgte in mehreren Etappen, und erst allmählich bildeten sich konkrete Gegenvorstellungen heraus. Schon in der frühen Kaiserzeit hatte sich Unlust an Staatsämtern breitgemacht - etwa, wie berichtet, bei Ovid -; im 1. Jahrhundert u. Z. verstärkten sich die Tendenzen zur Abwendung von der bis dahin seit fast 200 Jahren als »kulturträchtig« verehrten städtisch-politischen

Lebensweise insgesamt, dokumentiert durch die Flucht aus dem Umfeld des Kaiserhofes ebenso wie durch die Unlust zur Ämterübernahme. An ihre Stelle traten mehrere als alternativ angesehene Formen der Lebensgestaltung.

Da war einmal die Rückwendung – hin zu der Zeit, wo Rom noch eine kleine, mehr oder weniger unbedeutende Stadt war. Columella, der im 1. Jahrhundert u. Z. unter ausdrücklichem Bezug auf den – „antikulturellen" – alten Cato ein Buch über die Landwirtschaft, »De re rustica«, schrieb, las seinen städtischen Zeitgenossen gleichzeitig kulturkritisch die Leviten:

»Daß es bis jetzt, wie gesagt, Schulen für Rhetorik, Geometrie, Musik, ja sogar – und das ist viel verwunderlicher – Lehrstätten der verworfensten Lasterhaftigkeit, der noch raffinierteren Würzung der Speisen, des noch üppigeren Servierens von Gerichten, und daß es Lehrmeister des Kopfputzes und Haarkräuselns gibt, habe ich nicht nur gehört, sondern selbst gesehen; aber noch niemand ist mir begegnet, der sich als Lehrer oder Schüler der Landwirtschaft bezeichnet hätte. Indessen, wenn der Bürgerschaft Fachkräfte der genannten Sparten fehlten, könnte der Staat doch wie in alten Zeiten blühen und gedeihen; denn die Gemeinden waren damals ohne all die läppischen Künsteleien, ja selbst ohne Advokaten recht glücklich und würden es auch in Zukunft sein; aber daß die Menschen ohne Landwirte weder existieren noch sich ernähren könnten, ist ohne weiteres klar.«[5]

Den Überdruß des politischen städtischen Menschen an seiner Tätigkeit artikulierten aber zu dieser Zeit – es war die Mitte des 1. Jahrhunderts, also als das Kaiserreich gerade erst »aufblühte!« – nicht nur Menschen, die zum früheren Landleben neigten, sondern auch solche, die aus der Staatsgeschäftigkeit entfliehen wollten; denen – wie etwa bei Plinius dem Jüngeren schon geschildert[6] – das Landleben zwar zusagte, aber nicht wie bei Columella ländliche Tätigkeit bedeutete, sondern Ruhe und Flucht vor der anspannenden Stadt. Besonders klar, und entsprechend seiner stoischen Lebensauffassung, legt dies Seneca – zur frühen Zeit Neros immerhin einer der einflußreichsten Minister des Reiches – dar, wobei er ein plastisches Bild seiner eigenen Klasse malt:

»Prüfe doch einmal nach, sage ich, und durchmustere die Tage deines Lebens: du wirst sehen, daß nur wenige, dazu unnütz verbrachte Tage dir geblieben sind. Jener, der das Consulat, das er sich gewünscht hatte, erhalten hat, sehnt sich danach, es niederzulegen und sagt: ›Wann wird dieses Jahr vorüber sein?‹ Der andere veranstaltet Spiele; daß ihm das Los dafür zufiel, schätzte er hoch ein. ›Wann‹, sagt er, ›werde ich mich ihnen entziehen können?‹ Um wieder einen anderen reißt man sich auf dem ganzen Forum als Rechtsbeistand, und beim großen Volksauflauf erfüllt er mit seiner Stimme alles soweit man ihn nur hören kann. ›Wann endlich‹, sagt er, ›wird man den Streitfall vertagen?‹ Ein jeder überstürzt sein Leben und leidet an der Sehnsucht nach der Zukunft, am Ekel vor der Gegenwart. Wer aber seine gesamte Zeit nur zum eigenen Gebrauch verwendet, der alle Tage gleichsam wie sein Leben ordnet, der wünscht weder, noch fürchtet er das Morgen.«[7]

Dies schrieb er zwischen 62 und 64 – der durch Neros Abwendung von seinen bisherigen Ratgebern erzwungene Rückzug ins »innere Exil« mag mitgespielt haben: aber Seneca referiert eben nicht nur seine eigene Enttäuschung, sondern auch die anderer Leute. Senecas Konsequenz, sich stattdessen einem anderen, einem unpolitisch-beschaulichen Leben zu widmen, war eine der verbreiteten Reaktionen auf die Staatsverdrossenheit:

> »Von allen haben sich nur diejenigen wahrhaft der Muße hinge-
> geben, die für Philosophie Zeit haben: sie alleine leben.«[8]

Eine Haltung, die dann im 2. Jahrhundert mitunter sogar von den Kaisern selber übernommen wird – typisches Beispiel ist Marc Aurel, der den Stoizismus gar noch auf dem Thron und im Feldlager – wo Teile seiner ›Selbstbetrachtungen‹ geschrieben sind – zu pflegen versuchte.

Selbstverständlich konnten sich solche Formen der Abwendung vom Staat zu allen Zeiten nur die leisten, die entsprechend unabhängig – und das heißt: begütert – waren; Seneca z. B. zählte zu den reichsten Männern des Römischen Reiches und mußte sich auch durchaus rechtfertigen, wie es denn mit seiner stoischen Lebensgleichmut aussehe, wenn er doch so erheblichen Zeitaufwand zum Erraffen neuer Güter verwende; nicht ohne Genuß referiert dies Tacitus.[9]

Es bestanden aber auch oppositionelle Strömungen in der Philosophie, die tatsächlich konsequent dem Reichtum und Profitstreben abschworen – wie etwa die der Kyniker, eine Richtung, die schon zur Zeit des Sokrates im 4. Jahrhundert v. u. Z. in Griechenland blühte und im berühmten »Diogenes in der Tonne« ihren konsequentesten Vertreter hatte. Selbst ein Stoiker wie der schon genannte Thrasea suchte, als er sich auf Geheiß Neros umbringen mußte, Rat bei einem bekannten Kyniker namens Demetrius; demselben Demetrius übrigens, der ein von Caligula angebotenes Geschenk von 200 000 Sesterzen ganz einfach ausschlug, weil er seine kynische (»hündische«, d. h. freilebende) Lebensweise nicht aufgeben wollte. Seneca war von diesem Mann überaus beeindruckt – »wo er doch wirklich keine Mängel hat«[10] –: nachahmen aber wollte er ihn lieber nicht. In ihrer Ratlosigkeit versuchten die römischen Ideologen natürlich auch bei anderen »klassischen« Philosophen Rat. Platon, der durch den aus Ägypten nach Italien eingewanderten Plotin im 3. Jahrhundert wieder zu Ehren kam, erlebte eine Renaissance. Dennoch blieben all diese philosophischen Bewältigungsversuche des Umbruchs nur auf enge Kreise, mitunter wenige Einzelpersonen und Gelehrtenzirkel beschränkt.

Die Änderung der Denkweise und Weltsicht wurde jedoch viel stärker von etwas anderem bewirkt: von der Religion und vom allgemeinen Kultwesen.

Daß die Römer ein von Religion tief bestimmtes Volk waren, rührt aus der frühen, vor allem agrarischen Zeit. Daher vielleicht auch der durchgängig ausgeprägte und betont konservative Charakter der öffentlichen Reden und ideologischen Maximen, selbst da, wo das Hergebrachte längst durchlöchert war.

Allerdings begann hier durch die intensivere Berührung mit fremden Völkern nach und nach ein wichtiger Wandel: es kamen neue Götter hinzu, und zwar nicht mehr »eigene«, die bis ins 1. Jahrhundert immer wieder hinzugefügt wurden, sondern nunmehr auswärtige, vom Ausland importierte.

Neben den ursprünglichen Schöpfer-Göttern wie Iuppiter und Juno samt der daraus entsprungenen Familie hatten die Römer bisher nur zwei Arten neuer Götter hinzugewonnen: einmal diejenigen, die bestimmte Tugenden verkörpern sollten, wie etwa die »Concordia«, die Eintracht, die nach Beendigung des rominternen Ständekampfes mit einem Tempel geehrt wurde, oder wie die »Fortuna«, das Glück; die zweite Art waren die Genii, die den Geist einer Stadt oder einer Person darstellten, etwa der Roma, oder auch des – verstorbenen – Kaisers (zum erstenmal bei Augustus geschehen; aber auch schon sein ermordeter Adoptivvater war »konsekriert« geworden, wiewohl noch nicht als Kaiser).

Caligula hatte dann eine neue Idee: er wollte zu Lebzeiten schon als Gott gelten, ließ sich Tempel bauen mit seiner Statue darin, und fast wäre es ihm gelungen, eine Skulptur von sich auch noch im jüdischen Zentraltempel, in Jerusalem, zu plazieren. Er wurde umgebracht, sein Kult verfiel sofort.

Aber die Empfänglichkeit für neue Götter war da: die Entleerung des Lebenssinnes in einem Reich, das nur noch nach Beute strebte, das allmählich selbst die Angehörigen der bisher herrschenden Schichten immer mehr entmachtete, ihre Bedürfnisse mißachtete – all das führte zur Suche nach neuem Sinn.

Man suchte ihn v. a. bei ausländischen Göttern. Im 1. und 2. Jahrhundert gab es zahlreiche neue. Der verbreitetste davon war orientalisch, er war ursprünglich in Persien zu Hause: der Mithras.

Dieser Mithras hatte bemerkenswerte Eigenschaften. Nach Plutarch kamen die Römer mit ihm in Berührung, als Pompejus in den 60er Jahren des letzten Jahrhunderts v. u. Z. die aus Kilikien stammenden Seeräuber bekämpfte:

>»Fremdartige Opferfeste feierten sie (die Piraten) selbst in Olympos und übten gewisse Geheimkulte, von denen der des Mithras bis heute lebendig ist, nachdem er zuerst von ihnen eingeführt worden ist.«[11]

Heimisch wurde er in Rom aber erst in der Kaiserzeit, und da vor allem seit der Flavierherrschaft in der 2. Hälfte des 1. Jahrhunderts – exakt zu der Zeit, da die erste Kaiserdynastie zusammengebrochen, eine zweite gegründet war und ein neues Staatsgefühl trotzdem nicht mehr aufkommen wollte. Spätere Kaiser wie Commodus und Diocletian ließen sich gar in die Mysterien des Mithras-Kults einführen.

Mithras war ein Sonnengott, ein Gott des Lichtes, der Helligkeit; mitunter wurde er auch als »Sol invictus«, als unbesiegte Sonne, verehrt. Mithras hatte Kämpfe gegen den Dämonen der Dunkelheit bestanden, galt mitunter auch als Mittler zwischen seinem eigenen Schöpfer-Vater (Ahuramazdah in Persien) und den Sterblichen; er soll in einer Felshöhle geboren worden sein, es gab Zeichen bei seiner Geburt, die von weisen Magiern beobachtet wurden, und bei einem Liebesmahl aß er das Fleisch eines — seither als

Der Mithras-Kult war im gesamten Römerreich verbreitet. Hier eine Kultplatte aus Dieburg in Hessen. (Dieburg, Kreis- und Stadtmuseum)

Opfertier verwendeten — Stiers; danach fuhr er in den Himmel auf. Von dort führt er den Kampf gegen das Böse weiter.

Die Parallelen zu den Darstellungen des christlichen Messias sind nicht zu übersehen. Und tatsächlich fand das Christentum, nach allem, was wir wissen, unter den Mithras-Jüngern besonderen Zulauf. Die Verkünder der christlichen Botschaft gingen klug vor: sie ließen den Mithras-Kult weiterbestehen, versuchten aber klarzumachen, daß ihr Jesus der »wahre Mithras« sei. Die neuere theologische Geschichtsforschung hat in recht mühevoller und detaillierter Quellensammlung zusammengetragen, worin sich die Mythen gleichen; Carl Schneider gibt folgende gedrängte Übersicht über den Christus der »Apokalypse« des Johannes:

»Wie dieser (Mithras) trägt Christus Sterne auf der Hand und sitzt im roten Mantel mit dem persischen Königsdiadem geschmückt auf einem weißen Streitroß, gefolgt von einem Reiterheer. Auch führt er den persischen Großkönigstitel. Es ist überflüssig, all das persische Gut in der Apokalypse hier aufzuzählen, vermittelt worden ist es durch Mithras, weil Christus der wahre Mithras sein sollte. Als Mithras ›führt er Krieg‹, ›siegt‹, fesselt ›die alte Schlange‹, die wie im persischen Mythos noch einmal frei geworden ist.«[12]

Es gibt noch weitere Elemente der zeitgenössischen Götterwelt, die sich in den Evangelien wie in der Apokalypse finden:

»Im Evangelium überbietet Christus die Mysteriengötter, in der

139

Apokalypse die Geschichtsgötter der Zeit, nämlich den Geschichte und Erdgeschichte verbindenden *Mithras,* den römischen *Gottkaiser* und den jüdischen *Messias.*«

Aber nicht nur die Götterwelt wird im Christen-Mythos miteinander verwoben, in den Evangelien erscheinen auch die wichtigsten philosophischen Strömungen der Zeit integriert, Stoa und Kynismus:

»Es ist selbstverständlich, daß die Verwandtschaft zu Stoa und zum Kynismus, aber auch ihre christliche Überbietung bei der **konkreten** Anwendung der Nächstenliebe am sichtbarsten werden. Das gilt etwa bei der Frage von *Arm und Reich.* Das viel zitierte sokratische Wort: ›Wer am wenigsten bedarf, ist den Göttern am nächsten‹, lautet bei Jesus wärmer und von der Geborgenheit in dem väterlichen Gott her: ›Es weiß euer himmlischer Vater, daß ihr alles bedürft‹. Krates, der sich mit der Sklavenfreilassungsformel von der Sklaverei seines Geldes frei- und losspricht, steht neben dem reichen Jüngling, der seinen Reichtum verschenken soll, um *für* Gott frei zu werden. Auch der Kyniker begnügt sich, wie Jesus, mit dem täglichen Existenzminimum, Jesus aber bittet Gott darum. Der Kyniker glaubt nicht, daß Tugend und Reichtum in einem Haus wohnen können, Jesus weiß, daß ein Kamel eher durch ein Nadelöhr geht als ein Reicher zur Liebe Zugang findet. Direkt nachweisbar ist eine unmittelbare Aneignung kynischen Gutes durch Jesus in dem Verbot, zwei Kleidungsstücke zu tragen. Das entspricht dem viel gerühmten kynischen Rock, der kein Untergewand gestattete. Dem Kynismus verwandt, und doch religiöser, ist auch die Stellung zu *Gebildet* und *Ungebildet.* Der Kyniker lehnt den Weisen ab, der ›nichts zu lernen braucht‹. Jesus sieht ein Geheimnis Gottes darin, daß er das Entscheidende ›dem Weisen und Gebildeten verborgen‹ hat, aber dem ›Unmündigen offenbart‹.«[13]

Tatsächlich sind im gesamten christlichen Glauben der ersten Jahrhunderte, insbesondere aber während der weitgehenden Formierung der Dogmatik bis zum 2. Jahrhundert, sehr wenige originelle Elemente nachweisbar – Adolf von Harnack hat schon im vorigen Jahrhundert nachgewiesen, daß es nur einen einzigen, allerdings entscheidenden Aspekt in der Lehre des Jesus gibt, nämlich das Gleichnis vom verlorenen Sohn: daß hier der reumütige Sünder dem Gerechten – sogar 99 von diesen – vorgezogen wird: das konnte weder ein für Menschengleichheit eintretender Seneca noch irgendein jüdischer Rabbiner begreifen.

Wir haben hier weder eine Theologie- noch eine Kirchengeschichte zu schreiben; wesentlich sind uns die sozialen und politischen Auswirkungen der christlichen Glaubenslehre.

Fest steht, daß sich die Glaubenskünder schon sehr früh in mindestens drei Strömungen aufgespalten haben, für die in der Regel drei Namen stehen: Petrus, der zu den Juden sprach, Paulus, der zu den Nichtjuden predigte, und Johannes, dessen Evangelium und Apokalypse den Intellektuellen des Reichs zuredeten. Jeder von ihnen hat sich offenbar »seinen« Jesus geschaffen, ihn so interpretiert, wie es die Adressaten verlangten. Feindschaften, zumindest zwischen Petrus und Paulus, lassen sich schon in der Bibel nachweisen.[14]

Damit entwickelten sich aber schon früh unterschiedliche Richtungen in der christlichen Kirche, die alsbald auch zu Spaltungen und Rivalitäten führten und ganze Völker mitprägten, nachdem die neuen Lehren Fuß gefaßt hatten; und immer häufiger kam es zu neuen Spaltungen, Häresien, Vermittlungsversuchen, Edikten zugunsten der einen oder der anderen Richtung. Dennoch: insgesamt schien die Quintessenz der christlichen Lehre doch so deutlich antikaiserlich und staatsabträglich zu sein, daß die Kaiser schon in der 2. Hälfte des 1. Jahrhunderts u. Z. sich immer wieder damit zu befassen hatten. Zwar war die erste Christenverfolgung unter Nero mit Sicherheit nicht religiös motiviert, sondern ein Ablenkungsmanöver[15] – aber daß das Volk sich so bereitwillig daran beteiligte, zeigt doch das allgemeine Unbehagen auch der Nichtregierenden über die neuen Streiter Gottes. Noch im späten 2. Jahrhundert notiert der Christ Tertullian (ca. 160–220):

»Niemand verlangt heftiger die Auslieferung der Christen als der Pöbel.«[16]

Andererseits: etwa zur gleichen Zeit entsetzte sich ein Nichtchrist namens Celsus, ein bedeutender römischer Ideologe, über die Ausbreitung dieser schwächlichen und nur den Unterschichten zuträglichen Religion:

»Sie sagen . . . wenn einer ungelehrt, unvernünftig, ungebildet, töricht ist, dann solle der nur getrost zu ihnen kommen. Indem sie solche Leute von vornherein als würdig ihres Gottes bezeichnen, wollen sie offenbar nur die einfältigen, gemeinen und stumpfsinnigen Menschen, und nur Sklaven, Weiber, Kinder überreden, und vermögen dies auch.«[17]

Die Obrigkeit entwickelte daher probate Mittel, solche

141

staatsgefährdenden Elemente vor allem aus dem öffentlichen Dienst fernzuhalten: sie mußten einen Schwur auf den Kaiser, die verfaßte Staatsinstitution leisten bzw. den römischen Göttern opfern. Wer sich weigerte, wurde hingerichtet.

Aber mit ihrer antikaiserlichen Haltung legten die Christen nicht nur das Fundament zu ihrer eigenen Verfolgung, sondern langfristig gleichzeitig auch die Grundlage zur schließlichen Übernahme der ideologischen Führung im Reich: als das Kaisertum immer unfähiger wurde und selbst konservativste Römer keinen Rat mehr wußten, machte sich bezahlt, daß es im Bewußtsein der Christen einen nicht mit fleischlichen Herrschern identischen obersten Lenker gab – noch dazu mit einem dann wiederum sehr fleischlichen Stellvertreter, dem Papst. Der Vorrang des Bischofs von Rom hatte sich nach einigen Rückschlägen im Verlaufe des 3.-5. Jahrhunderts entwickelt. Spätestens seit Innozenz I., seit 402 also, schützte gar der Papst den Senat – gegen den regulären Kaiser![18]

Die Geschichte der Auseinandersetzungen mit den nichtchristlichen Römern (beileibe nicht nur zwischen der römischen Obrigkeit und den Christen) zeigt in ganz besonderem Maße, daß es hier um Grundsätzliches nicht nur auf dem Gebiet der Religion ging. Stellenweise lesen sich die Pamphlete der Römer wie der Christen in Angriff und Defensive wie moderne Gesellschaftskritik und -verteidigung.

Hierbei wiederum ragen – vor Augustinus – besonders zwei Schriftsteller heraus: Tertullian und Minucius Felix; beide, weil sie weder plump noch dogmatisch verteidigen oder angreifen, und weil sie uns auch weite Einblicke in die Argumente und Gegenargumente geben – und zeigen, wie tief die vom Christentum aufgenommene Staatsverdrossenheit und die Suche nach Alternativen auch bei denen verwurzelt war, die keineswegs zum Christentum neigten.

Der Dialog »Octavius« des Minucius Felix ist neben den Werken Tertullians der älteste christliche Text in lateinischer, also allen Römern zugänglicher Sprache – seine exakte Datierung ist allerdings ungewiß, doch spricht vieles dafür, daß Minucius Felix in der 2. Hälfte des 2. Jahrhunderts gelebt hat. Dem Verfechter der nichtchristlich und antichristlich-römischen Tradition im Dialog »Octavius«, Caecilius, liegt dabei vor allem am Herzen, die zeitgenössische Vielfalt an Göttern zu rechtfertigen; was für die konservativen Römer als Zeichen tiefer gesellschaftlicher Krise erscheint, meint Caecilius als Grund für römische Größe überhaupt angeben zu können: Orientierungslosigkeit und rein formale Aufnahmebereitschaft als Voraussetzung für die imperialistische Integration fremder Völker:

»So konnten sie ihre Macht und ihren Einfluß über den ganzen Erdkreis ausdehnen, so hat sich ihr Reich bis jenseits der Sonnenbahnen, ja sogar über die Grenzen des Weltmeeres hinaus ausgebreitet. Denn: im Kriege vereinen sie Tapferkeit mit religiösem Eifer; die Sicherheit ihrer Stadt gründet sich auf genaue Erfüllung der Opfer, auf die Reinheit der vestalischen Jungfrauen, die Würden und Vorrechte ihrer Priester; belagert, auf dem Kapitol eingeschlossen, verehren sie noch ihre Götter, von denen ein anderer sich längst wegen ihrer Ungnade abgewandt hätte, und schreiten dahin durch die Reihen der Gallier, die solche Kühnheit des Glaubens bestaunen, waffenlos, nur gewappnet mit den Zeichen ihres Kultes; noch im Siegestaumel, auf den eben eroberten feindlichen Wällen, verehren sie schon die Götter der Besiegten; von überall her laden sie fremde Götter und machen sie zu den ihren; selbst unbekannten Gottheiten und Manen errichten sie ihre Altäre. So gewinnen sie sich, indem sie die Kulte aller Völker aufnehmen, auch ihre Reiche.«[19]

Dennoch – bei einem dieser fremden Götter gelingt das nicht mehr: bei Christus; und Caecilius ist darüber sehr beunruhigt. Und bald zeigt sich auch, warum der neue Gott ihm so unheimlich ist: nicht nur wegen der angeblichen Orgien, die die Christen feiern, des Kannibalismus, der ihnen nachgesagt wird – sie sollen Kinder und Leichen aufessen –: sondern weil sie sich heimlich treffen, weil sie nicht wie der »normale Römer« den Gott mit großem Pomp und vor allen Leuten feiern:

»Warum bemühen sie sich denn so sehr, den Gegenstand ihrer Verehrung, was er auch sein mag, zu verbergen und zu verheimlichen? Anständigkeit läßt sich immer gern sehen, nur Laster hält man geheim! Weshalb sonst haben sie keine Altäre, keine bekannten Heiligtümer? Warum reden sie nie öffentlich, treffen sich nie frei, wenn nicht das, was sie da heimlich tun, Strafe einbrächte oder Schande?«[20]

Und, ganz pragmatischer Römer, führt er als Argument gegen das Bekenntnis zum Christentum vor allem die

Strafen an, die solche Gläubige erleiden müssen – für einen
Gott, der dann nicht hilft und sich als schwach erweist:

»Seht doch das, was euch droht: Zwangsedikte, Strafen, Foltern,
Kreuze, aber nicht zum Anbeten, sondern zum Erleiden; Feuersglu-
ten, die ihr prophezeit und für euch selbst fürchten müßt. Wo bleibt
da dieser Gott, der den Auferstehenden helfen kann, den Lebenden
aber nicht? Gebieten die Römer nicht ohne euren Gott über ihr
Reich, nutzen den gesamten Erdkreis und herrschen auch über euch?
Ihr dagegen lebt immer in Sorge und Angst, ihr haltet euch von allen
Vergnügungen fern, auch von den anständigsten. Ihr besucht keine
Schauspiele, nehmt an den Festzügen nicht teil, verschmäht die
öffentlichen Speisungen; ihr verabscheut die Spiele zu Ehren der
Götter, das Opferfleisch und den Opferwein der Altäre. So sehr
fürchtet ihr die Götter, deren Dasein ihr doch leugnet! Ihr schmückt
auch das Haupt nicht mit Blumen, pflegt den Körper nicht mit
wohlriechenden Essenzen; Spezereien werden bei euch nur für die
Toten aufgewendet und Kränze habt ihr nicht einmal für eure Gräber
übrig. Ihr bläßlichen versteckten Gestalten, ihr seid nur Erbarmen
wert . . .«[21]

Eindringlicher kann man den Aufeinanderprall der verschiedenen Welten kaum darstellen. Ganz offenbar hatten
sich die Christen zu diesem Zeitpunkt zu einer innenpolitischen und religiösen Opposition herausgebildet, die an den
Nerv der römischen Tradition und des gesamten Gesell-
schaftsverständnisses rührte: bezeichnend und keineswegs
sekundär die Vorwürfe der Unkultiviertheit (sie waschen
sich nicht, nehmen keine Essenzen an, sind also wohl
ungepflegt), der Verweigerung an der Teilnahme gerade an
den Dingen, die doch den Römern das Leben lebenswert
machen und wofür sie immer wieder auf Raubzüge aus sind
– Schmuck, Gelage, Mähler, prunkvolle Zeremonien. Die
Christen erscheinen in dieser Darstellung als griesgrämig
und lebensfeindlich.

Die Christen sind für den Staat Leute, die ganz offenbar
aus dem traditionellen römischen Leben auszubrechen versuchen, die die Grundwerte des Reichs erschüttern — mit
ganz harmlosen Mitteln, die jeder anwenden kann. Und die
darum um so gefährlicher sind: nicht der offene bewaffnete
Aufstand – dem fühlten sich die Römer noch lange gewachsen –; nicht die Brandrede auf dem Forum – auch dafür gab
es gewandte Rhetoren, die den Oppositionellen schon zu
entgegnen wußten–, sondern die einfache Verweigerung, das

Nichtmitmachen, die Mißachtung aller Werte der Gesellschaft, die vorgelebte andere Lebensform.

Octavius, der Gegner des Caecilius im Dialog des Minucius Felix, argumentiert keineswegs nur defensiv, weist nicht nur die Vorhalte des Menschenopfers etc. als haltlos zurück: er setzt mit einer fundamentalen Kritik am römischen Wesen selbst an – die Verteidigung des Christentums wird zur exakt artikulierten Gesellschaftskritik:

»Die Nachbarn von ihren Äckern vertreiben, die umliegenden Städte mit ihren Tempeln und Altären zu zerstören, Gefangene zusammenzutreiben, durch fremden Schaden und eigene Verbrechen emporzukommen: Das ist die Politik, die den anderen Königen und später dann den Feldherren mit Romulus gemeinsam ist. So ist alles, was die Römer innehaben, die nutzen und was sie besitzen, nur Gewinn ihrer Dreistigkeit. Alle ihre Tempel sind aus Beutegut gebaut, das heißt aus dem Untergang von Städten, mit Tempelraub und Priestermord. Spott und Hohn aber ist es, überwundenen Kulten zu dienen, nach dem Siege die unterjochten Götter zu verehren. Denn anzubeten, was man mit eigener Hand davongetragen hat, das heißt den Tempelraub heilig halten, nicht die Gottheiten. Zahlreich wie die Triumphe der Römer sind auch ihre Frevel . . . Das heißt, daß die Römer nicht darum so mächtig sind, weil sie fromm sind, sondern einfach darum, weil sie ungestraft frevelten.«[22]

Und dann fügt er eine weitere Provokation hinzu: Das Armsein, das dem Römer so unangenehm erschien, sei eine hohe Tugend – ganz im Sinne der Kyniker, nun aber religiös motiviert:

»Daß wir übrigens zum größten Teil zu den Armen zählen, das gereicht uns nicht zur Schande, sondern zum Ruhm. Wohlleben schwächt den Geist, Mäßigkeit stärkt ihn. Und wie könnte denn der arm sein, der keine Bedürfnisse empfindet, der nicht nach fremdem Gut trachtet, der reich ist in Gott? Arm ist vielmehr, wer zwar vieles hat, aber immer noch mehr begehrt.«[23]

Die völlige Abkehr vom Großmachtdenken wird sichtbar: formuliert von einem Angehörigen des Reiches – Octavius ist zwar Christ, aber auch Römer.

Die Einsicht in die Sinnlosigkeit und ethische Verwerflichkeit des Krieges wird bei dem etwa zur gleichen Zeit lebenden Tertullian noch verschärft. Dem Vorhalt, man stelle sich gegen den Kaiser und wolle ihm nicht dienen, tritt er mit einer Aussage entgegen, die keinen Römer zufriedenstellen kann:

»Wir wenden uns für das Wohl der Kaiser an den ewigen Gott, den
wahren Gott, den lebendigen Gott, den auch die Kaiser selbst sich
vor allen anderen Göttern gnädig wünschen.«[24]

Kriegsdienst aber wollen die Christen lieber nicht leisten,
sie kämpfen weder für noch gegen den Kaiser mit der Waffe
in der Hand:

»Zu welchem Kriege wären wir nicht imstande, nicht bereit,
selbst bei ungleicher Truppenzahl – wir, die wir so bereitwillig uns
morden lassen –, wäre nicht in unserer Lehre eher erlaubt sich töten
zu lassen als zu töten?«[25]

Selbst die Erklärung, daß man für den Kaiser wenigstens
beten wolle, würzt Tertullian noch mit einem Angriff auf das
System:

»Es gibt noch eine andere, höhere Notwendigkeit für uns, für die
Kaiser zu beten, ebenso für den Bestand des Reiches überhaupt und
die Macht der Römer: Wir wissen, daß die gewaltige Katastrophe,
die dem Erdkreis droht, ja, daß das Ende der Welt, das entsetzliche
Leiden heraufbeschwört, nur durch die dem Römischen Reich
gewährte Frist aufgehalten wird. Daher wollen wir dies nicht
erleben, und indem wir um Aufschub beten, tragen wir zum
Fortbestand Roms bei.«[26]

Tertullian war ein Radikaler, ein Purist[27] – derart enga-
giert, daß er sich bald auch mit der sich formierenden
römischen Zentralkirche anlegte, sich einer Sekte anschloß
(den Montanisten) und dabei zu noch radikalerer Gesellschaftskritik gelangte – die nun in eine fundamentale Kritik
von Kultur und Zivilisation einmündet:

»Die Welt liegt klar vor unseren Augen, die von Tag zu Tag
kultivierter und, im Vergleich zu früher, zivilisierter wird. Alles ist
schon zugänglich, alles bekannt, alles durch Bearbeitung erschlos-
sen. Früher berüchtigte Einöden haben sich in schöne Güter
verwandelt, Wälder sind durch Äcker bezwungen, wilde Tiere
durch zahme vertrieben; Wüsten werden besät, Felsen werden
bepflanzt, Moore trockengelegt, und die Städte sind so zahlreich wie
früher nicht einmal die Hütten. Nicht länger sind die Inseln
unheimlich und die Klippen schreckenerregend; überall stehen jetzt
Häuser; überall ein Volk, ein Staat, ein Leben. Und was das beste
Zeugnis für die große Zahl der Menschen ist: Wir sind der Welt zur
Last geworden. Kaum reichen die Elemente für uns aus, die Not
wird dringender, und bei allen gibt es Klagen, weil die Natur uns
nicht mehr erhält. Man muß wahrhaftig Pest, Hungersnot, Kriege
und das Sinken von Städten in den Abgrund als Heilmittel, als eine
Art Beschneidung des überwuchernden Menschengeschlechts betrachten . . .«[28]

Deshalb nehmen Christen wie Tertullian auch den Vorwurf auf sich, der ihnen besonders häufig gemacht wird:

»Man sagt nämlich, wir seien unnütz für den Handel.«[29]

Das tägliche Pensum an Nahrungsmitteln, so Tertullian, nähmen die Christen wohl zu sich, würden also insofern keineswegs die Güter der Erde als solche verachten; freilich – wie auch bei Minucius Felix ausgedrückt - weigern sie sich, Luxus und Verschwendung zu treiben, die von der Natur gegebenen Werte einfach zu vergeuden:

»Wir denken daran, daß wir Gott, unserem Herrn und Schöpfer, Dank schulden; den Gebrauch keiner seiner Gaben lehnen wir ab, üben allerdings Mäßigung, um uns ihrer nicht über Gebühr oder in verkehrter Weise zu bedienen.«[30]

Daß solche Aspekte des Christentums wenigstens bei Teilen der etablierten Führungsschicht höchste Beunruhigung hervorrief, läßt sich leicht verstehen: das sozialrevolutionäre Moment wird hier besonders deutlich.

Tertullian lebte bis 235 u. Z. Sieben Jahrzehnte später, unter dem Kaiser Galerius, werden die Verfolgungen erstmals im sogenannten Mailänder »Toleranzedikt« aufgehoben:

»Dies ist der Beschluß, zu dem wir aufgrund reiflicher und höchst gerechter Überlegung gekommen sind, daß niemandem in irgendeiner Weise das Recht verwehrt werden darf, dem Kult oder der Religion der Christen zu folgen oder diese anzunehmen.«[31]

Nach einer erneuten Repressionsperiode unter Diocletian dringt das Christentum dann unter Constantin dem Großen (reg. 306-337) noch stärker in die etablierte Schicht ein: Der Kaiser selbst wird Christ[32] - freilich noch längst nicht das ganze Volk: Julian Apostata (reg. 361-363) konnte gar eine Restauration der römischen Kulte versuchen. Dennoch: die Macht korrumpiert das Christentum sofort. In seinen letzten Regierungsjahren ließ Constantin Repressalien gegen Heiden, also Nichtchristen, wegen ihres Glaubens (d. h. nun: Unglaubens) zu.[33]

Seine Basis hatte dieses in Symbiose mit den Herrschern verschmolzene Christentum vorwiegend in der städtischen Bevölkerung; auf dem Land bestand das alte Heidentum weiter.

Daß das Christentum gleichsam »hoffähig« geworden

war, verdankte es einer Reihe von Zügen, die es dem römischen Denken entnommen hatte. Etwa der straffen Hierarchie, die nach oben zu auf einen unumschränkten Herrscher zulief - den Papst, der sich im 3. Jahrhundert allmählich als Institution etablieren konnte; oder auch der römischen Tugend der Freigebigkeit, die die »geistlichen« Herrscher an den Tag legten. Darüber hinaus auch die weitläufige Organisationsform, die das gesamte Reich umfaßte und jederzeit einspringen konnte, wenn die weltlich-römische Administration in Schwierigkeiten geriet. Dazu die frühe Übernahme des Römischen Rechts als kirchlichem Recht - Tertullian, selbst hervorragender Jurist[34], trug maßgeblich dazu bei - und damit die parallele Entwicklung eines weltlichen und eines kirchlichen Rechtssystems. Schließlich auch die zentrale Ausrichtung auf Rom selbst, die ja im 3. und 4. Jahrhundert den Römern schon verloren zu gehen drohte, spätestens seit Diocletian die Reichsteilung versucht hatte. Durch das Christentum wurde Rom geistiger und ideologischer Mittelpunkt des Reichs, entwickelte damit ein Gegengewicht zum Kaisertum im Osten, und wurde für dieses ein kalkulierbarer Partner in der Beherrschung der Untertanen, trotz aller Gegensätze, die immer wieder aufzubrechen begannen.

Die ideologische Unterordnung des Kaisers unter einen jenseitigen Gott, der durch entsprechende Abklärung mit seinem »Stellvertreter« dem Kaiser gewogen gemacht werden konnte, schien den römischen Herrschern jedenfalls weniger gefährlich als die dauernde Opposition einer Minderheit, die aber gerade in den intellektuellen und ideologiebildenden Kreisen ebenso festen Fuß gefaßt hatte wie im Militär. Die Religion der Armen - worauf Minucius Felix und Tertullian im 2. Jahrhundert noch stolz gewesen waren - hatte sich zur Ideologie der Herrschenden hinentwickelt. Und der »Gottesstaat«, den Augustinus im 5. Jahrhundert darstellt, war nichts anderes als die letzte Konsequenz dieser Entwicklung. Am Ende also löste sich der vom römischen Staatsdenken übernommene Gottkaisergedanke vom römischen Kaiserreich völlig los und wurde übertragbar auf jedes andere hierarchisch geordnete Staatsgebilde.

SIEBTES KAPITEL

Die Suche nach Alternativen:
Andere Formen von Arbeit und Leben

> Es bleibt nur *eine* redliche und men-
> schenwürdige Art der Mehrung des
> Besitzes übrig, eben die, die dem Land-
> bau entspringt.
>
> *Columella, De re rustica*

Dem geistigen Rückzug aus dem Kaiserreich entsprach ebenso eine praktische Bewegung. Das waren nicht immer Umsetzungen präziser Anschauungen. In der Überzahl sogar waren es mehr oder weniger spontane, mitunter kollektive Veränderungen.

Nach der Lage der uns zugänglichen Quellen hat sich die Abkehr vom Staat in einer ganzen Anzahl von Fluchtbewegungen konkretisiert; deren häufigste waren

- der Rückzug ins Private, weg von den Staatsgeschäften, weg vom Dienst für den Kaiser. Diese Bewegung war primär natürlich nur denen möglich, die die nötigen Mittel dazu hatten;
- die Flucht aus der bürgerlichen Stadt hinaus aufs Land, und damit sind nicht nur die Gutsbesitzer gemeint, sondern auch und vor allem die Menschen, die dann die Felder bestellten und das Vieh hüteten;
- der Eintritt in bzw. die Gründung von Lebensgemein-schaften außerhalb und gegen die städtische und bürgerli-che Gesellschaftsform; diese strebten zumeist eine autarke Arbeits- und Versorgungsbasis an; sie sind nicht nur im religiösen Bereich nachzuweisen - wo das Mönchs- und Klosterwesen sich seit dem 4. Jahrhundert im Osten des Reichs, im Westen allerdings erst im 5. und 6. Jahrhundert ausbreitete -, sondern auch auf profanem Gebiet;

- verbunden mit all diesen Formen war eine allgemeine Fluchtbewegung, die weniger zu bestimmten alternativen Lebensformen tendierte (diese allenfalls in Kauf nahm), sondern eigentlich nur die Menschen aus bestimmten Zwängen und Einbindungen wegführen sollte: Flucht vor der Sklaverei konnte sich durch Eintritt ins Militär ebenso manifestieren wie durch Sichverdingen auf einem Landgut; Flucht vor der Zwangsverpflichtung als Stadtrat oder Bürgermeister (mit den entsprechenden ruinösen Aufträgen) konnte als Konsequenz ebenso den Eintritt in den Kirchendienst zeitigen wie die Unterstellung unter einen reichen (und vom Staat schon weitgehend unabhängigen) Gutsbesitzer.

Über den Rückzug ins Private, der schon früh den besitzenden Oberschichten eigen war - »Zurückgezogen habe ich mich nicht nur von den Menschen, sondern auch von den Geschäften«, sagt Seneca um 64. u. Z.[1] -, wurde in den vorangegangenen Kapiteln immer wieder gesprochen. Wichtiger und nachhaltiger für die allmähliche Verwandlung der römischen Gesellschaft waren am Ende die anderen Praktiken der Abkehr. Allerdings besteht natürlich zwischen der Privatisierungstendenz der Reichen und der sich entwickelnden ländlichen Gesellschaft insofern ein gewisser Zusammenhang, als die sich aufs Gut zurückziehenden Reichen auch mehr und mehr Bedarf an Arbeitern - Dienern wie Bauern und Hirten - bekamen, also der Zuzug größerer Menschenmassen auf die nichtstädtischen Gebiete gefördert wurde. Darüber hinaus entwickelten die Begüterten auch bald staatsunabhängige und staatswidrige Autarkiebestrebungen.

Daß eine starke Abwanderungsbewegung aus den großen Zentren und speziell aus Rom schon in der frühen Kaiserzeit eingesetzt hatte, belegen verschiedene Berichte. Der Dichter Lucan, Neffe des Seneca, beklagt in seinem Werk über den Bürgerkrieg, daß man in Rom kaum mehr Arbeitskräfte finden könne. Während der Regierungszeit Neros wurde die Flucht aus den Städten allgemein so massiv, daß die Staatsleitung sich zu Maßnahmen dagegen veranlaßt sah:

»In Tarentium (heute Tarent in Unteritalien, W.R.) und Antium (Anzio nahe Rom) wurden Veteranen angesiedelt, konnten aber der

150

Entvölkerung dieser Städte nicht abhelfen, da sich sehr viele von ihnen wieder in die Provinzen zerstreuten, wo sie ihren Kriegsdienst abgeleistet hatten. Da sie nicht gewöhnt waren, Ehen zu schließen und Kinder aufzuziehen, ließen sie verwaiste Häuser ohne Erben zurück.«[2]

Nach der Ermordung Domitians 96 u. Z. - der sich, wie berichtet, für die Restaurierung des Bauernstandes stark gemacht hatte und den italischen Landleuten Privilegien gegenüber anderen Provinzen etwa im Weinanbau verschaffte - sah sich Kaiser Nerva erneut veranlaßt, Menschen in die Städte zu locken, oder wenigstens ihr Weggehen zu verhindern. Cassius Dio berichtet:

»Den ganz armen Römern setzte er eine Summe von fünfzehn Millionen Drachmen zum Ankauf von Ländereien aus, beauftragte mit der Verteilung einige Senatoren.«[3]

Das war dem Kaiser so wichtig, daß er, nach Cassius Dio, sogar kaiserliche Kleider, Gold- und Silbergeschirr verkaufen ließ, um das Anliegen zu finanzieren.

Da Nerva nur knapp eineinhalb Jahre regierte, wird von Erfolgen dieser Rückhaltepolitik gegenüber fluchtwilligen Städtern nichts berichtet. Sein Nachfolger Trajan verfügte infolge seiner Expansionspolitik wieder über größere Summen, insbesondere seit er im Feldzug gegen die Daker deren Goldminen erbeutet hatte. Ein großes Pensum städtischer Arbeiten wie die Neuherstellung oder Ausbesserung der

Römisches Landgut. Ruinen bei Montmaurin

Wasserleitungen, die Anlage eines neuen Forums, die Erweiterung des Hafens von Ostia, auch Bauten in anderen Städten – wie etwa das Amphitheater, die »Arena« von Verona – gaben vielen Menschen Beschäftigung. Ob es ein richtiggehendes Arbeitsbeschaffungsprogramm war, wie Durant meint[4], ist allerdings unklar.

Allerdings führte Trajan auch das System der Alimentationen weiter, das unter Nero schon in Ansätzen und unter Nerva deutlicher eingeführt worden war: die Kinder mittelloser Römer bekamen eine Art Stipendium in Form von Geldzuwendungen, die aus den Zinsen eines von der kaiserlichen Regierung eingerichteten Fonds stammten – eine überaus wichtige Neuerung, denn die Versorgung der Armen war bisher zwar vom Kaiser garantiert, aber von privater Seite geleistet worden, nun wurde auch sie zu einer Aufgabe allein des Staates. Allerdings wird sie wohl kaum zur Verhinderung der Stadtflucht geeignet gewesen sein, denn sie galt den Kindern aller freien Römer und wurde landesweit ausbezahlt – es wurden eigene administrative Bezirke abgeteilt, nach denen die Vergabe erfolgte.[5] Das System blieb bis ins 3. Jahrhundert in Kraft (bis die Militärdiktaturen nach Severus Alexander solcher Gutmütigkeit ein Ende machten).

Nun muß man allerdings auch berücksichtigen, daß nicht nur die städtische Bevölkerung im Römischen Reich in der Zeit vom 1. bis 4. Jahrhundert offenbar stark abnahm, sondern auch die Gesamtzahl der Reichsbewohner geringer wurde (die Gelehrten liegen hier allerdings im Streit miteinander: Seit A.E.R. Boak 1955 den Menschenmangel für den »Niedergang« Roms verantwortlich gemacht hat, ist auch hier ein bis heute andauernder Streit im Gange[6]). Marc Aurel in der zweiten Hälfte des 2. Jahrhunderts sah sich jedenfalls gezwungen, seine Truppen mit Sklaven und Barbaren aufzufüllen.

Daß die Städte aber immer mehr verfielen, zeigen nahezu alle archäologischen Befunde: Schon im zweiten Drittel des 3. Jahrhunderts kam die Bautätigkeit in fast allen großen Städten, auch in Rom, zum Erliegen. Nur die Aurelianische Mauer um Rom (270-275) läßt sich aus dieser Zeit an größeren Werken vorzeigen. Der letzte große nichtmilitäri-

Alimentation (Nahrungsmittel- und Geldspenden für Kinderreiche) durch Kaiser Trajan. Relief vom Triumphbogen in Benevent

sche Bau war die riesige Badeanlage aus dem späten 3. Jahrhundert, die sog. Diocletians-Thermen. Zu einer architektonischen Renaissance kam es erst wieder im späteren 4. Jahrhundert, als von Constantinopel her orientalische Einflüsse eindrangen und sich nunmehr vor allem die Kirche als Bauherr aufwerfen konnte. Dennoch: die Bevölkerung Roms nahm bis ins 6. Jahrhundert so stark ab, daß nach zuverlässigen Schätzungen nur noch gut 15 000 Menschen dort lebten. Im Osten stattdessen blühte zumindest Constantinopel auf – bis zu 600 000 Einwohner lassen sich zur Zeit Justinians I. dort vermuten.[7]

Die Frage, in welcher Form von Arbeitsorganisation nun auf dem wieder belebten Land gewirtschaftet wurde, ist bis heute nicht in allen Einzelheiten geklärt. Der Colonat, die Pacht von Gutsteilen oder Grundstücken mit allmählicher Bindung des Bauern an diesen von ihm bewirtschafteten Boden, ist seit dem 1. Jahrhundert bezeugt und hat sich möglicherweise aus den kaiserlichen Domänen entwickelt.

Als durchgehender Rechtsgrundsatz ist die Bodenbindung allerdings erst mit Edikten des Kaisers Constantin im 4. Jahrhundert nachzuweisen. Andererseits gab es noch immer Sklavenarbeit, wenn auch mit Sicherheit sehr viel weniger als früher; im Codex Justinianus« der Sammlung kaiserlicher Gesetze seit den Tagen des Augustus, werden mitunter die coloni den servi, also den Sklaven, gleichgesetzt[8], wobei aber mittlerweile eine rechtliche Besserstellung der Sklaven stattgefunden hatte – Tötung und auch körperliche Verletzung war dem Herrn schon seit dem 2. und 3. Jahrhundert nicht mehr erlaubt; Privatbesitz wurden den Sklaven in verstärktem Umfang zugelassen.[9]

Natürlich wurde nicht alleine durch die Flucht aus den Städten schon eine neue Agrargesellschaft geschaffen. Und tatsächlich fand auch keineswegs jeder, der sich aus der Stadt absetzte, sofort offene Stellen auf dem Land. Das Wirken des schon erwähnten Räubers Bulla[10] zeugt davon, daß viele auch außerhalb der Stadt nichts fanden, was ihnen regelmäßige friedliche Arbeit verhieß. Tatsächlich läßt sich auch für das 3. Jahrhundert noch nachweisen, daß an bestimmten Stellen Italiens Landstriche veröden, Sümpfe wieder vordrangen, die längst trockengelegt waren – wie z. B. die Pontinischen Sümpfe zwischen Rom und Terracina, aus denen alsbald wieder Malariaseuchen in die Hauptstadt eindrangen. Und der Schriftsteller Cyprianus klagt im 3. Jahrhundert ganz allgemein:

»Das Land ist weniger fruchtbar, die Produktion des Bodens und die Zahl der Bauern gehen zurück.«[11]

Alles in allem hatte das Landleben jedoch ganz ohne Zweifel seit dem 1. Jahrhundert u. Z. enorm an Attraktivität gewonnen – der Ruch der »Unkultiviertheit«, der »Rohheit«, der »Rückständigkeit«, der ihm seit den großen Tagen der Verstädterung anhing, war schon so gründlich geschwunden, daß Columella in der Mitte des 1. Jahrhunderts die neue Einschätzung auf die knappe Formel gebracht hat, die diesem Kapitel als Motto voransteht – nur agrarische Tätigkeit sei produktiv und daher gesellschaftlich wertvoll.

Und letztlich unterstreicht nichts mehr die neue Anziehungskraft der ländlichen Arbeit als die Tatsache, daß sich die Städte leerten, obwohl man wußte, daß man auf dem Land an den Boden gebunden wurde. Aber vermutlich war die Aussicht, nur an den Boden und seine Bestellung gefesselt zu werden, weniger drückend als die Anbindung an einen Beruf in der Stadt, der so gar keinen Sinn mehr bot.

In gewisser Weise hängt die Ausformung auch einer anderen Art von alternativer Lebensgestaltung ebenfalls mit der Stadtflucht und der Bevorzugung ländlicher Tätigkeiten zusammen: des Mönchtums und des Klosterlebens.

Das Mönchtum war zunächst durch die schon seit den Tagen des Sokrates nachweisbaren Philosophien der Bedürfnislosigkeit und der Entsagung gegenüber weltlichen Gütern beeinflußt. Erscheinungen wie die berühmten Säulenheiligen (Styliten) und Wüsteneinsiedler (Eremiten)[12] traten im Vorderen Orient und in Ägypten immer wieder auf, zogen viele Anhänger oder Bewunderer an. Aber erst im 3. und 4. Jahrhundert kam es dann zu umfangreicheren Zusammenschlüssen von bis dahin meist vereinzelt lebenden Gesellschaftsverweigerern, und zu dieser Zeit trat denn auch eine religiöse Komponente hinzu: bezeichnenderweise richtete sich die im Mönchtum dokumentierte Abneigung gegenüber der Gesellschaft nun schon nicht mehr nur gegen den weltlichen Staat, sondern auch schon gegen die inzwischen zur reinen Mode- und Herrschaftserscheinung gewordene christliche Kirche. Gregor von Nyssa (ca. 335-394) beschreibt die Verflachung des Glaubens recht plastisch:

»Die Stadt (wohl Constantinopel, W. R.) ist voll von Leuten, die unbegreifliche und unverständliche Dinge reden, auf allen Straßen, Markthallen, Plätzen und Kreuzungen. Gehe ich in einen Laden und frage, wieviel ich zu zahlen habe, dann bekomme ich zur Antwort einen philosophischen Vortrag über den gezeugten oder nicht gezeugten Sohn (Jesus) des Vaters. Erkundige ich mich in der Bäckerei nach dem Brotpreis, so antwortet mir der Bäcker: der Vater ist ohne Zweifel größer als der Sohn. Und frage ich in den Thermen, ob ich ein Bad bekommen kann, dann versucht mir der Bademeister zu beweisen, daß der Sohn ohne Zweifel aus dem Nichts hervorgegangen ist.«[13]

Der Bruder des Gregor von Nyssa, Basilius (der Große), zog daraus die praktischen Konsequenzen und bot auf seinen großen Ländereien – die Familie gehörte zum Adel – eintrittswilligen Leuten die Möglichkeit, in fester Lebens- und

Arbeitsgemeinschaft beisammenzusein. Die hierfür ausgearbeitete Regel sah neben Beten und ländlicher Arbeit auch und vor allem soziale Dienste wie Einrichtung von Waisenhäusern, Armenspeisung, Betreuung Hilfsbedürftiger etc. vor.[14]

Ein anderer zeitgenössischer Kirchenlehrer, Hieronymus (ca. 347–420), kam aufgrund seiner Enttäuschung über die etablierte und mit dem Staat und seinen Machenschaften längst versöhnte Amtskirche zu der Konsequenz, daß nur außerhalb oder weitgehend getrennt von dieser schon korrumpierten Institution sinnerfülltes Leben im christlichen Sinn möglich ist. Er schreibt z. B.:

»Man baut jetzt Kirchen mit inkrustierten Marmorwänden, mit riesigen Säulen, die von kostbaren Kapitellen geschmückt sind; die Türen tragen Schmuck aus Ebenholz und Silber. Ich tadle das nicht unbedingt . . ., aber im Grunde gibt es doch eine andere Vorschrift: Christus in den Armen zu kleiden, in den Kranken zu besuchen und in den Obdachlosen aufzunehmen.«[15]

Er gründete ein Kloster, in Jerusalem, um die Tauglichkeit mönchischen Lebens und dementsprechende Regeln zu erforschen.

Im Westen wurde das Mönchtum in der Form organisierter Klöster erst mehr als ein Jahrhundert später eingeführt; wandernde Einsiedler oder auch Eremiten wie etwa den berühmten Antonius (250–356) hatte es aber schon vorher gegeben. Johannes Cassianus (gest. 430) brachte das Mönchtum orientalischer Art nach dem Westen; er hatte einige Zeit in Klöstern gelebt. Die ganze Institution »Kloster« kam also mehr oder minder von außen in den römischen Bereich und breitete sich deshalb auch noch nicht so sehr aus, da die Regeln noch zu wenig den westlichen Denkformen entsprachen, wohl auch zu hart gefaßt waren. Erst Benedikt von Nursia (ca. 480–547) im 5./6. Jahrhundert, auch er Einsiedler, konnte mit seiner Parole »ora et labora«, bete und arbeite, und mit einem etwas liberaleren Klosterregiment, eine förmliche »Bewegung« initiieren; Montecassino wurde der Ausgangspunkt. Fast zeitgleich unternahm der ehemalige Minister Theoderichs, Cassiodor (ca. 490–583), in Vivarium am Golf von Squillace den Versuch, ein Gelehrtenkloster zu errichten. Auch dieser Ansatz wurde von andere Mönchsgemeinschaften aufgenommen, und so entfalteten sich im frühen

Mittelalter die Klöster als wirtschaftlich unabhängige, auf körperlicher wie geistiger Arbeit beruhende Zellen außerhalb der weltlichen Gesellschaft.[16]

Aber Tendenzen zur Organisation autarker und unabhängiger Arbeitsgemeinschaften gab es keineswegs nur im Religiösen: schon im 1. Jahrhundert u. Z. sind z. B. in Qumran am Toten Meer kollektive Bauerngenossenschaften nachweisbar, die ohne Sklaven und in voller Gleichheit der Mitglieder arbeiteten; möglicherweise wirken schon seit der frühen Kaiserzeit auch neupythagoräische Vorstellungen, die auch auf klosterähnlichen Ansatzpunkten beruhen.

Kollektivgedanken als Alternativen zu der städtisch-sinnentleerten Lebenswelt sind dann auch in der Spätzeit des Imperiums besonders deutlich; so berichtet z. B. Augustinus aus der Zeit, da er mit kirchlichem Tun noch nichts im Sinn hatte, aber vom täglichen Leben in Rom wie viele seiner Freunde schon massiv abgestoßen war:

»Eine ganze Anzahl von Freunden waren wir, die in mancherlei Gesprächen hin und her überlegten, angewidert von dem Wirrwarr und der Mühsal des menschlichen Lebens, beinahe schon den festen Entschluß gefaßt hatten, fern dem Weltgetriebe ein Leben in stiller Muße zu führen. Diese Muße dachten wir uns auf die Weise zu verschaffen, daß wir unseren derzeitigen Besitz zusammentäten und aus allem ein gemeinsames Vermögen bildeten. Aufrichtige Freundschaft sollte das Privateigentum aufheben, aus allem eins werden, das Ganze jedem einzelnen und alles allen gehören. Wir berechneten, daß wir unser etwa zehn zu solcher Gemeinschaft uns zusammenschließen könnten . . . und wir hatten uns geeinigt, daß alljährlich immer je zwei gleichsam als unsere Obrigkeit die nötigen Geschäfte führen, die anderen aber unbehelligt bleiben sollten.«[17]

Dieser Plan scheiterte am Ende – an den Frauen, die sich, wie Augustinus noch als Kirchenfürst in seinen »Bekenntnissen« traurig vermeldet, nicht so recht einfügen wollten. Die Bestimmtheit jedoch, mit der der Plan gefaßt war, seine Berechnung auf lange Sicht – jährlich wechselnde Gruppenleiter –, die Aufhebung des Privateigentums als selbstverständliche Voraussetzung für das enge Miteinanderleben: das alles läßt darauf schließen, daß es sich nicht um eine ganz und gar einmalige Gedankenspielerei des Augustinus handelte, sondern um eine durchaus als realisierbar angesehene (und andernorts wohl auch realisierte) neue Lebensform.

Im 4. und 5. Jahrhundert nahm die Zahl derer, die sich ganz

allgemein kirchlichen – und auch vor allem den nichtklöster-
lichen – Diensten anschlossen, immer mehr zu. Das hatte
zumindest in bedeutsamem Ausmaß durchaus egoistische
Gründe, die der Suche nach dem Entrinnen aus Staatspflich-
ten und -verpflichtungen, aus Zwang und Einengung durch
die Militärherrscher entsprangen. Denn die Kirche war im
Laufe der Jahrhunderte nicht nur inhaltlich akzeptiert worden, sondern hatte sich zu einem Machtfaktor entwickelt –
ein Machtfaktor, der nicht nur auf überlegener Ideologie
beruhte, sondern vor allem auf einem beachtlichen Reichtum. Waren es zunächst kleinere private Zuwendungen und
Erbschaften, die einzelnen Sprengeln Besitz gaben, so kamen
Spenden und Geschenke bald nicht nur aus der Unterschicht
und von intellektuellen Habenichtsen, sondern auch von
Bessergestellten; und seit der vollen Anerkennung und
Privilegierung der Kirche unter Constantin dem Großen
gaben auch die Herrscher beachtliche Reichtümer, vor allem
Edelmetalle, Juwelen und Grundstücke, an die Kirche weiter. Nichtchristlichen Zeitgenossen erschienen die Bischöfe
mitunter schon wie hastig hin- und hereilende Händler und
Geschäftsleute, die ihr Besitzimperium unentwegt neu ord-
nen mußten. Ammianus Marcellinus, kein Christ, dem
Christentum aber auch nicht völlig ablehnend gegenüberste-
hend beschreibt die Aktivitäten der christlichen Oberen:

»Sie rasen mit Vorliebe mit den Gespannen der Staatspost hierhin
und dorthin zu den sogenannten Synoden.«[18]

Die Kirche hatte, während sie den Staat zu christianisieren
versuchte, sich zugleich selbst verweltlicht.
    Der Reichtum gab der Kirche Einfluß und Macht. Und sie
nutzte das, um sich von und gegen den Staat weitgehend
unabhängig zu machen; sie erreichte Privilegien wie Steuerfreiheit und Rechtshoheit – als Preis für ihr Stillhalten
gegenüber der Staatsmacht, und mehr und mehr erkannte
sie, wie rentabel es war, weltliche Herren vor der weltlichen
Macht zu schützen, indem man sie in »kirchliche Dienste«
nahm, ihnen formelle Weihen erteilte und damit kirchlichem
Recht unterstellte: ihr Reichtum wuchs durch die »Dankbarkeit« der Beschützten. Diese wiederum sahen in dem der
Kirche notwendig übertragenen Obolus immer noch eine

geringere Last als in den Abgaben an den allesfressenden Staat.

So kam es auch, daß viele Leute, die zu Ciceros Zeiten mit Begeisterung Senator oder in der frühen Kaiserzeit Decurio geworden wären, nunmehr Bischöfe oder jedenfalls Kleriker wurden, daß zahlreiche Intellektuelle der neuen Macht zuströmten. Wissenschaftler und Ideologen von der Kraft eines Ambrosius von Mailand (ca. 340–397), eines Gregor von Nazianz (ca. 330–390), eines Hieronymus (ca. 347–420) oder eines Augustinus (354–430) fühlten sich nicht zum Rechtsanwalt, zum Rhetor oder zum Forumsredner berufen (wiewohl sie gelegentlich auch dort auftraten), sondern wurden Bischöfe und Äbte, schrieben epochale theoretische Abhandlungen über den christlichen Glauben und nahmen aktiv an der weltlichen Politik teil – wie etwa Ambrosius, der dem Kaiser Theodosius I. 390 nach dem Blutbad seiner Truppen in Saloniki eine derartige Standpauke hielt, daß sich der weltliche Herrscher straks einer Kirchenstrafe unterzog.

Der Staat versuchte natürlich, den Absetz-Bewegungen entgegenzuwirken. Manchmal lächerlich anmutende Detailgesetze suchten sie zu unterbinden, wie etwa eine Verfügung aus dem Jahr 365, die im Codex Theodosianus zu lesen ist:

»Wir erklären, daß niemand die Freiheit haben soll, sich in den kirchlichen Dienst zu flüchten, um seiner Verpflichtung als Bäcker zu entgehen.«[19]

Parallel zu diesem Erstarken der Kirchen vermochte sich auch eine zunehmende Anzahl reicher weltlicher Gutsbesitzer immer mehr staatsunabhängig zu machen. Sie ertrotzten sich eine gewisse Immunität, richteten eigene Gerichtsbarkeiten ein, suchten ihre Höfe autark zu machen und entzogen so dem Reich nicht nur die ansonsten geschuldeten Steuern und Dienstleistungen, sondern auch Arbeiter, vor allem Bauern und Hirten. Es wurden Parzellen verpachtet, woraus dann im Mittelalter die Leibeigenschaft entstand; z. T. konnte auch das seit dem 2. Jahrhundert um sich greifende Colonatswesen benutzt werden. Kaiserliche Dekrete zeugen deutlich davon, wie sehr die Zentralgewalt noch einmal versuchte, diese »Patrociniumsbewegung« (patrocinium = herrschaftlicher Schutz) aufzuhalten – vergebens. Die Verordnungen mußten immer wieder erneuert werden. Mitun-

ter sind da wütende Formulierungen zu finden: der Codex
Theodosianus zitiert einen Erlaß von 395:

»Wir bemerken, daß viele Personen sich unter dem Schutz der
Mächtigen verbergen, um ihren Heimatstädten die Dienstleistungen
zu entziehen, die sie dort schulden. Jedermann, der gegen dieses
Gesetz verstößt, soll an unsere Staatskasse 5 Pfund in Gold bezahlen,
wenn er ein Decurio (Stadtrat, W. R.) ist, 1 Pfund, wenn er einer
Zunft (collegium) angehört. Die Großgrundbesitzer sollen daher alle
Personen dieser Art, die sie bei sich aufgenommen haben, vertreiben,
wenn sie nicht den Zorn unserer Mildtätigkeit durch schändliche
Verachtung unserer Gesetze noch weiter entflammen wollen.«[20]

Und an anderer Stelle, im selben Jahr, wird verfügt, daß
reiselustige Stadträte, damit sie sich nicht absetzen können,
während ihrer Abwesenheit ihren Besitz der Gemeinde
übertragen sollen; kehren sie nicht innerhalb von 5 Jahren
zurück, fällt alles der Stadt zu.[21]

Selbst als dann im 5. und 6. Jahrhundert der Versuch
unternommen wurde, den Landherrn weiteren Zugewinn
von Colonen durch Pfändung zu verwehren[22], nützte das
nichts mehr. Der Staat hatte die Kontrolle über das Land
verloren, selbst wenn, wie unter Justinian I. (reg. 527–565),
der formale Hoheitskörper des Reiches noch einmal bis um
das ganze Mittelmeer herum ausgedehnt wurde und ein
gemeinsames Rechts- und Verwaltungsgebiet entstand. Im
ausgehenden 6. Jahrhundert mußte sich das Kaiserreich
endgültig nach dem Osten, nach Constantinopel und die
umgrenzenden Länder zurückziehen. Rom gehörte dem
Römischen Reich nicht mehr an.

ACHTES KAPITEL

Constantinopel und Rom.
Das Reich bricht auseinander

Es gibt Römer, die die ärmliche Frei-
heit unter den Barbaren der römischen
Tributpflichtigkeit vorziehen.
Ororius, Historiae adversus paganos

Als Kaiser Theodosius I. (reg. 379–395), der die Fiktion des
einheitlichen Reiches noch einmal mit Gewalt aufrechtzuerhalten gesucht hatte, 395 starb und unter seinen beiden
Söhnen – Arcadius, der Ost-Erbe war gerade 17, Honorius,
für den Westen, elf Jahre alt – die Reichshälften sich endgültig
auseinanderentwickelten, wurde darin für alle deutlich, daß
es »das« Reich nicht mehr gab. Eine Rückkehr war undenkbar geworden. Die Reagrarisierung hatte nicht nur begonnen, sondern war bereits so weit fortgeschritten, daß sich
staatsunabhängige Güter herausgebildet hatten, Gegenge-
walten weltlicher und kirchlicher Art hatten sich konsoli-
diert.

Es bleibt nun noch ein besonders in den letzten Jahrzehn-
ten in den Vordergrund der Interpretationen getretenes
Element der späteren Geschichte wenigstens zu skizzieren:
Die Tatsache, daß das Ost-Reich sich zweifellos zumindest
so zu stabilisieren verstand, daß es bis ins 15. Jahrhundert
nominell als »Römisches Kaiserreich« weiterbestehen
konnte.

Aber es scheint doch recht gewagt, wie es die Historiographie heute gerne tut, das oströmische Reich quasi als »Erbe«
Roms hinzustellen.[1] Denn es fragt sich in der Tat, was denn
dieses Ostreich im 5., 6., 7. Jahrhundert und danach mit dem
früheren (gesamt)römischen Kaisertum überhaupt noch gemeinsam hatte – außer den Herrschertitel und den Namen
»römisch«.

326 gründete Constantin der Große mit großem Pomp »Roma nova« - so die Bezeichnung für die bald als »Constantinopel« bezeichnete Stadt nahe dem altgriechisch-kolonialen, 196 von den Römern zerstörten Byzantion. Der Kaiser zog damit lediglich die Konsequenzen aus der globalen politischen Entwicklung des römischen Kaiserreichs. Rom, die Hauptstadt, war als Regierungszentrum unfunktional geworden. Die Expansion der Römer war - seit noch vor der Zeitwende Spanien und Gallien und Teile Germaniens annektiert und danach die Donauländer einverleibt worden waren - notwendigerweise mehr und mehr nach Osten gerichtet, denn im Westen gab es nichts mehr zu erobern. Der Weg von Rom in die asiatischen Provinzen war weit. Auch kluge Politik und gute Administration wie etwa unter den Antoninen konnte daran nichts ändern. Zu dem drängten schon lange die aus den Provinzen stammenden Oberschichten in die Regierungsämter, in den Senat, in den Ritterstand. Während der Militärdiktaturen im 3. Jahrhundert kamen hin und wieder krasse Außenseiter an die Macht, wie der aus dem heutigen Bulgarien gebürtige Maximinus Thrax: die politische und auch emotionale Bindung an Rom wurde immer schwächer. Constantinopel lag viel günstiger, zentraler, durchdacht konzipiert, großzügig angelegt - eben funktional für eine straffe Regierung und gleichzeitig zur Selbstdarstellung der Kaiser höchst geeignet. Ein weites und einigermaßen beherrschbares Hinterland bot gute Versorgung - die westlichen Provinzen, Nordafrika ausgenommen, waren dagegen längst ausgesaugt. Alles Punkte, die für eine östliche Hauptstadt sprachen.

Aber selbst für den Westteil des Reiches war Rom schon im 3. Jahrhundert nicht mehr die optimale Hauptstadt. Die entscheidenden politischen Aufgaben standen weiter nördlich an; die Kaiser mußten hier schneller zugreifen können. Schon 283, dann 284 unter Diocletian, werden massive Aufstände vor allem in Gallien und Spanien berichtet - die sogenannten »Bagaudenbewegungen« (bagaudes, lat. bacaudae - aus dem Keltischen entnommenes Wort für Vagabunden, Flüchtlinge).[2] Hier hatten sich verarmte Bauern, Landarbeiter, Hirten, wohl auch entlaufene Sklaven zusammengetan, plünderten die Höfe, nisteten sich hier und dort ein -

und mußten erst in langem Kampf durch den eigens entsandten General (und späteren Kaiser) Maximian von einer beachtlichen Streitmacht wieder »zur Ruhe« gebracht werden.[3] Die Kämpfe flammten aber bis ins 5. Jahrhundert immer wieder auf. Die allmähliche Massierung auch der Germaneneinfälle an Rhein und Donau zwang ebenfalls, die Blicke mehr auf die Regionen jenseits der Alpen zu lenken. So richteten sich immer mehr Kaiser Residenzen auch im Norden ein. Theodosius selbst herrschte vor allem von Mailand aus, sein West-Nachfolger Honorius blieb dabei.

Auf welchen Status »Roma aeterna« und auch ehemals staatsrepräsentative Riten schon in der Mitte des 4. Jahrhunderts, also noch ein halbes Jahrhundert vor der Reichsteilung abgesunken waren, zeigt eine durch Ammianus Marcellinus kolportierte Episode aus der Zeit des Constantin-Nachfolgers Constantius II. (reg. 337-361). Dieser war – obwohl seit 351 Alleinherrscher des Gesamtreiches – noch nicht in Rom gewesen. Eines Tages erinnerte sich der Kaiser jedoch daran, daß die Römer sich ausgezeichnet auf eine Sache verstanden, die man offenbar im zwar prunkvollen, aber wenig traditionsreichen Constantinopel nicht beherrschte: Nämlich einen Triumphzug zu veranstalten. 356 war es soweit:

»Während im Osten und in Gallien Vorkehrungen (gegen Germanen und Perser, W.R.) getroffen wurden, verlangte es den Constantius, als wenn der Tempel des Janus geschlossen und alle Feinde niedergeworfen wären, danach, Rom einen Besuch abzustatten, um nach dem Ende des Magnentius (eines Gegenkaisers, W.R.), zwar ohne einen Titel, aber wegen vergossenen römischen Blutes einen Triumph zu feiern. Kein einziges Volk hat er im Krieg selbst überwunden, von keinem hat er je gehört, es sei durch die Tapferkeit seiner Heerführer besiegt worden, und dem Reich hat er keinen Landgewinn gebracht, und niemals hat man ihn im Kampfgewühl in den ersten Reihen kämpfen gesehen. Vielmehr wollte er nur einen überaus langen Festzug von vor Gold strotzenden Fahnen und den schönen Anblick seiner Gefolgschaft dem Volk vorführen, das in Ruhe dahinlebte und ein solches Gepränge weder zu sehen erwartete noch überhaupt wünschte. Vielleicht wußte er nicht, daß sich einige von den alten Kaisern in Friedenszeiten mit ihren Liktoren (Trägern von Amtssignien, W.R.) begnügten . . . So näherte er sich der Stadt und blickte mit heiterer Miene auf die Ehrenbezeigungen des Senats und die ehrwürdigen Gestalten patrizischer Herkunft, aber es mußte ihm so vorkommen, als ob er nicht wie der bekannte Gesandte des Pyrrhus, Kindeas, eine Versammlung von Königen vor sich sähe, sondern ein Asyl für die ganze Welt. Dann wandte er sich der Plebs zu und staunte, in welch großer Menge Menschen jeder Art und aus allen Gegenden der Welt in Rom zusammenströmten. Als wollte er den Euphrat oder den Rhein durch den Glanz seiner Waffen schrecken, ließ er die Feldzeichen voranziehen. Er selbst saß allein auf einem goldenen Wagen, der im Schmuck bunter, glänzender Edelsteine erstrahlte und mit dessen Glanz sich ein bestimmtes wechselndes Licht zu vermischen schien ... Nach seinem Einzug in Rom, der Heimstatt des Reiches und all der Tugenden (imperii virtutumque omnium larem) kam der Kaiser zur Rednertribüne. Da setzte ihn das Forum, das die ehemalige Macht (priscae potentiae) so deutlich erkennen läßt, in Erstaunen. Nach welcher Seite er auch den Blick wandte, blendete ihn die Menge der Wunderdinge ...«[4]

Rom als fossile Ansammlung ästhetischer Werte: das war geblieben. Der im Triumphzug mitmarschierende persische Prinz Hormisdas dachte indes nüchterner als der prunkliebende Kaiser. Auf die Frage, wie ihm Rom gefalle, sagte er, es habe ihn beruhigt zu erfahren, daß die Menschen auch hier sterben müßten.[5]

Die Schilderung dieses Kaiser-Spektakels zeigt plastisch, wie weit Rom schon von jeglicher politischen Bedeutung entfernt war: da ist ausdrücklich von »ehemaliger Macht« die Rede, und Rom ist auch nicht mehr »Hauptstadt«, sondern »Heimstatt« des Reiches und der Tugenden. Die ewige Stadt taugt gerade noch für Festlichkeiten; aber offenbar können sich die Einwohner nicht einmal mehr an solcher Feierlichkeit besonders berauschen.

Der Kaiser überlegte lange, wie er sich in Rom noch verewigen sollte; am Ende ließ er einen Obelisken im Circus Maximus aufstellen. Das mußte für die Römer reichen.[6]

Das Gepränge, das Constantius entfaltete, war das Vorspiel des absolutistischen Herrschertums, das Constantinopel in den nächsten Jahrhunderten unter christlicher Fahne entwickelte: unduldsam gottkaiserliche Regierungen schalteten auch bald nacheinander alle gemäßigten und natürlich alle nichtchristlichen Elemente aus - das Regime des Theodosius I. z. B. schloß alle heidnischen Tempel, konfiszierte die Schätze, verbot dann ab 393 sogar die Olympischen Spiele; 529 war dem noch einmal als Gesamtkaiser herrschenden Justinian I. gar die Athener Philosophenschule im Weg und mußte schließen.

Mit innerkirchlichen Zwistigkeiten wurden die oströmischen Kaiser allerdings nicht so gut fertig: der Arianismus- und später der Monophysitismus-Streit beschäftigten das Reich jahrzehntelang.[7] Da aber weder die orthodoxe Ostkirche noch die Häretiker je beabsichtigten, eine weltlich-politisches Gegengewicht gegen die Kaiser darzustellen (wie die westliche Papstkirche dies schon früh tat), konnten sich die herrschenden Kräfte stets auf zwei wichtige Machtfaktoren stützen: auf die Armee und die Kirche. Somit vermochte ein rigoros absolutistisches Regiment die Existenz des Kaisertums auch weiterhin aufrechtzuerhalten. Einige straff durchgeführte Reformen verschafften wenigstens für einige Zeit Besserung: Anastasios I. (reg. 491–518) begann gegen Ende des 5. Jahrhunderts eine massive Förderung der Handwerker und Kaufleute, was den Handel blühen ließ und die Staatskassen füllte; Justinian I. (527–565) setzte diese Politik bis über die Mitte des 6. Jahrhunderts hinaus fort. Dabei ging allerdings der Bauernstand des Ostreichs zugrunde; ein halbes Jahrhundert nach Justinian mußte er unter großen Schwierigkeiten restauriert werden, da das Land und seine Verteidigung vor dem Bankrott standen.

Aber weder ein diktatorisches Regiment noch die Stützung durch Militär und Kirche wären auch im Osten zur Reichssicherung ausreichend gewesen, hätte in dieser Zeit vom 4.– 6. Jahrhundert nicht auch die Diplomatie Constantinopels einen ihrer Höhepunkte erreicht. Das 5. Jahrhundert brachte die massivsten Wellen der Völkerwanderung, aber es gelang den oströmischen Politikern immer wieder, die herandrängenden Völker weiterzuleiten – in den Westen. Ostrom trachtete die ungebetenen Ankömmlinge zuerst abzuwimmeln; gelang das nicht, versuchte man ihre militärische Stärke zu ermitteln; erwiesen sie sich als kräftig, bot man ihnen an, sich auf römischem Gebiet – in Grenznähe – anzusiedeln – mit der Aufgabe, die Grenzen gegen andere Eindringlinge zu verteidigen (oft gegen verwandte Stämme). Darüber hinaus integrierte man begabte Soldaten der Zuwanderer, besonders der Germanen, ins römische Heer und entfremdete sie so ihrem Volk. (Im 5. Jahrhundert warf dann eine innerrömische Opposition die germansichen Heerführer reihenweise hinaus – man traute ihnen nicht).

Die Ansiedlung erfolgte nach dem Prinzip der »hospitalitas«, einem zu ganz anderen Zwecken erfundenen althergebrachten Recht: wenn Soldaten fern der Heimat einquartiert wurden, stand ihnen grundsätzlich ein Drittel des Hauses zu, in das sie eingewiesen wurden. Natürlich zogen die Milizionäre irgendwann wieder aus und alles war weiterhin Eigentum der Ansässigen. Nun aber blieben die angesiedelten Germanen auf Dauer, und sie forderten – und bekamen – ein Drittel des Landes als Eigentum zugesprochen. Zwar benötigte die Vermischung mit den »Eingeborenen« einige Zeit, weil für lange Perioden z. B. die andersgearteten Rechtssysteme der Germanen neben dem römischen Recht in Kraft blieben, weil die Volksriten nicht umstandslos ausgewechselt werden konnten – und weil die Germanen, wenn überhaupt christlich, dann arianisch waren, im Gegensatz zu den katholischen römischen Bevölkerungsteilen.[8] Dennoch entwickelte sich überwiegend ein friedliches Nebeneinander.

Nun hatten die Oströmer die Landzuweisung grundsätzlich so gesteuert, daß sie vorwiegend auf weströmischem Gebiet stattfand. Die Zersetzung der westlichen administrativen Einheit wurde damit vorangetrieben. Das brachte für Ostrom Zeitgewinn.

Aber die Germanen ließen sich bald nicht mehr herumschieben. Einige Wanderstämme wollten sich selbst Siedlungsgebiete suchen; da sie nun einmal im Westen waren, taten sie das auch in dieser Gegend. Die Vandalen z. B. setzten nach einigen Jahren in Spanien mit nur 80 000 Leuten – darunter höchstens 20 000 Krieger – nach Nordafrika über und ertrotzten sich einen eigenen, 437 anerkannten Staat – den ersten »Barbaren«-Staat auf reichsrömischem Territorium.

Da der Damm gebrochen war, unternahmen die Oströmer auch nichts, als der Germanenfürst Odoaker (reg. 476–493 als König) gar in Italien selbst eine Staatsgründung vornahm und 476 den römischen Kaiser Romulus Augustulus absetzte. Odoaker war freilich klug genug, sogleich eine verfassungsmäßige Oberhoheit des Kaisers von Constantinopel anzuerkennen. Dort duldete man einige Zeit dieses Reich, dann aber erschien der Germanenstaat als zu mächtig, und da eben die Ostgoten auf Constantinopel zu drängen begannen, verhandelte man mit diesen, gab ihnen ihren zehn Jahre in Ost-Rom ausgebildeten Landsmann Theoderich (reg. 473–526) mit[9], unter der Bedingung, Odoaker nebst Untertanen zu verscheuchen. Nach langer Belagerung Ravennas einigten sich die beiden Germanengruppen auf eine gemeinsame Herrschaft. Theoderich (»der Große«) lud darauf Odoaker zu einem Festmahl ein - und erstach ihn eigenhändig.

Das neue Regime nahm im großen und ganzen bald wiederum gegenüber Ostrom eine freundliche Haltung ein, ließ sich als kaiserliche Regentschaft einsetzen, erhielt dafür den Rang eines Königreichs und zeigte auch, daß es römische Tradition pflegen wollte; Theoderich zog berühmte Gelehrte wie Boethius (ca. 480–524) als Kanzleiminister an den Hof, später auch Cassiodor (ca. 490–583), nachmals Gründer des Klosters Vivarium. Wütend aber wurde der Gotenkönig dann, als - wahrscheinlich von Constantinopel gesteuerte, aber auch im Westen mit Sympathie verfolgte - Einigungsbestrebungen zwischen Ost und West in Gang kamen; Boethius und auch der Senatsvorsteher Symmachus wurden hingerichtet (523 bzw. 524). Lange überlebte das Gotenreich allerdings Theoderich auch nicht, denn schon hatte in Constantinopel ein aggressiver Herrscher die Fäden in der Hand: Justinian, der von 527 bis 565 regierte und noch einmal einen großen Teil des Westreiches für sich reklamierte und dann auch zurückeroberte. Aber auch diese Restauration hatte keinen Bestand. Ostrom mußte erkennen, daß es sich durch die jeweilige Abgabe von Territorium an die Germanen zwar etwas Spielraum verschafft hatte, daß diese Gebiete aber damit nicht mehr zum Römischen Reich gehörten.

Ostrom blieb von nun an auf den Osten beschränkt. Es hatte immerhin eine nachhaltige Konsolidierung des eigenen Regimes erreicht - auf dem Rücken des Westreiches.

Die Ansiedlung der »Barbaren« und ihre nachfolgende Vermischung mit den Römern hatte jedoch auch Aspekte, die den Neigungen und Wünschen römischer Untertanen seit der Kaiserzeit entgegenkamen. Da war z. B. das Streben nach einer Auflösung der städtischen Hegemonie: die Germanen waren ein durch und durch nichtstädtisches Volk: vor der Wanderung (die ja mehr oder weniger erzwungen war) waren sie zwar seßhaft gewesen, aber in kleinen Dorfgemeinschaften. Da war auch die Suche nach einer Erneuerung der agrarischen Produktionsformen, nach Autarkie auf dem bewirtschafteten Land, nach gesellschaftlichen Verhältnissen, die klare Überblicke (allerdings auch klare Abhängigkeitsverhältnisse) boten: ohne die bei den Germanen praktizierte Form des Hörigkeitsverhältnisses, der Liten (lat. laeti) wäre die schließliche mittelalterliche Ausprägung des Colonats und der Hörigkeit kaum denkbar gewesen. Auch die Reorganisation des Heereswesens nach dem Muster der germanischen Gefolgschaft kam der ländlichen Verfassung näher als das römische Aushebungs- und Söldnerdenken. Und auch der freie Bauer, der wenigstens für einige Zeit zwischen die völlig Abhängigen und die Besitzenden trat, der als Angehöriger der ländlichen Mittelschicht einen gewissen Anteil an der Konsolidierung der neuen Fürsten- und Königtümer hatte, realisierte Träume, die viele Römer in Jahrhunderten vergeblich geträumt hatten.[10]

Die Flucht aus dem römischen Untertanen-Sein zu den einst verachteten »Barbaren« hin war außerordentlich ausgeprägt. Der Kirchenschriftsteller Orosius befand im 5. Jahrhundert, es sei geradezu eine Massenbewegung im Gange – sein als Motto zu diesem Kapitel zitierter Ausruf spricht für sich –; und Salvianus – wohl aus Trier gebürtig und vor allem in Frankreich tätig – analysierte die Zuneigung selbst gebildeter Schichten zu den Nichtrömern so:

> »Sie suchen bei den Barbaren die Menschlichkeit der Römer, weil sie bei den Römern die barbarische Unmenschlichkeit nicht ertragen können.«[11]

Und so wurde es schon im 5. Jahrhundert für die Menschen im weströmischen Gebiet sekundär, ob man zu den »echten Römern« oder den »Barbaren« gehörte. Was von nun an verband, war der gemeinsame Wohnsitz, die Gemeinde (oder: der Ort, an dem man verwurzelt war, die »natio«); und innerhalb dieser neuen Einheit wurde die Zugehörigkeit zu den sich bildenden neuen Schichten bestimmend – der germanische Adel hatte sich meistens schon in der zweiten Generation mit den römischen Großgrundbesitzern vermischt, und auch die Mittel- und Unterschichten wuchsen im langen gemeinsamen Kampf gegen neue Formen der Ausbeutung und Unterdrückung zusammen.

EPILOG

Ursachen und Konsequenzen

> Was ist das nun für eine Macht, vor der
> sich jene fürchten müssen, die sie besit-
> zen, und die dir keinerlei Sicherheit
> bietet, wenn du sie gebrauchen willst,
> und der du verfallen bist, wenn du sie
> aufgeben möchtest?
>
> *Boethius, De consolatione philosophiae*

Natürlich ist die Frage müßig, bis wann - wenn überhaupt - die beschriebene Entwicklung, was das westliche Rom angeht, noch aufzuhalten oder gar umzukehren gewesen wäre. Die uns zugänglichen Quellen haben immerhin gezeigt: Schon in der Grundlage des Kaisertums waren unzählige Elemente enthalten, die mehr oder weniger zwangsläufig die spätere Entwicklung zumindest überaus wahrscheinlich, wenn nicht unausweichlich machten.

Damit soll auf keinen Fall einer monokausalen Erklärung für einen »Zusammenbruch« das Wort geredet werden. Vielmehr sollte aus den vorangegangenen Kapiteln klargeworden sein, daß es weder zu einem »Zusammenbruch« des Kaisertums, sondern lediglich zu seiner folgerichtigen Aufhebung kam - als seine Funktion erloschen war; noch daß die Entwicklung letztlich nur durch die Einführung des Prinzipats in Gang gekommen ist. Das Kaisertum selbst war ja schon eine fast unausweichliche Konsequenz aus einer langen Reihe von Entwicklungen der römischen Republik, war selbst eine notwendige Folge der Expansionspolitik ebenso wie der inneren sozialen und kulturellen Auseinandersetzungen. Viele Aspekte spielten dabei mit, etwa die Gewöhnung der Stadtrömer an die bequeme Art, den Lebensunterhalt durch Raub und nackte Ausbeutung anderer Länder und

versklavter Menschen zu bestreiten, oder die gerade recht-
zeitige Begegnung mit dem hellenistischen Kulturgut, die
der gleichsam »naturwüchsigen« Macht- und Eroberungs-
politik dann noch die »kulturelle« Verfeinerung aufdrückte
und eine Selbstrechtfertigung gegenüber den als minderwer-
tig erachteten Barbaren und allgemein den politischen Gegnern schuf. Es kamen mehr oder weniger zufällige Elemente
hinzu, wie die momentane Uneinigkeit der benachbarten
Völker in wichtigen Perioden römischer Ausdehnungsab-
sichten.

All diese Aspekte liefen schon lange vor Ende der Repu-
blik auf eine zentrale, massiv reglementierende Staatsform
zu. War der Prinzipat einmal eingeführt, waren schon bald
Rom und Kaisertum nicht mehr voneinander zu trennen.
Das eine konnte ohne das andere nicht mehr existieren.
Umgekehrt wären aber wohl auch die Republik und damit
Rom bald am Ende gewesen, wenn das Kaisertum nicht
installiert worden wäre.

Wollten aber, nach Einführung und Festigung des Kaisertums, die Menschen wieder aus der Umklammerung heraus,
die die Symbiose von Rom und Kaisertum für jeden
einzelnen zunehmend bedeutete, konnten sie weder das
Kaisertum einfach wieder abschaffen noch die Idee »Rom«
zur Disposition stellen - es gab keine tragende Alternative.
Diese mußte erst entwickelt werden, man mußte andere
Wege finden. Und die Menschen des Römischen Reiches
fanden sie zumindest im Westen, indem sie schon bald nach
Beginn dieser Identifikation von Kaisertum und Rom die
Fundamente - und nicht nur die Ansätze - zu einer völlig
anderen Gesellschaft legten: Zu einer nichtstädtischen, agrarisch strukturierten, zunächst auf zahlreichen kleinen und
autarken Selbstversorgungseinheiten beruhenden Sozial-
form, die zweifelsohne auch schon im Keim und mitunter
bereits explizit neue Formen der Unterjochung und Ausbeutung - wie etwa im Colonat und in der Hörigkeit, der
Berufsbindung und dem Zunftzwang - enthielt. Aber die
Fundamente dieser neuen Sozial- und Wirtschaftsstruktur
waren, als sich der Bankrott der Kaiser-Rom-Idee in der
Abschaffung des weströmischen Kaisertums endgültig dokumentierte, schon so stark, daß sich die frühe mittelalterli-

che Produktions-, Distributions- und Kommunikations-
form ohne große Brüche stabilisieren konnte. Eine Erklärung dafür, warum die Historiographie angesichts des
wirklich grundlegenden Wandels zwischen stadtrömischem
Weltreich und mittelalterlicher Agrargesellschaft so lange -
und vergeblich - nach einer Revolution gesucht hat. Als
Odoaker 476 den letzten römischen Kaiser davonjagte, war
der spätere Frankenkönig Chlodwig schon zehn Jahre alt -
und 20 Jahre später war der nicht mehr übersehbare Schritt
hin zum germanisch-römischen König- und Kaisertum des
Mittelalters schon getan: Das Frankenreich war auf reichsrömischen Boden gegründet worden.

Symbol des Übergangs? Auf der Trajans-Säule in Rom, aus dem 2. Jahrhundert u. Z., beginnt ein Legionär außerhalb der Festung Korn zu schneiden.

Anmerkungen

Die hier vorgelegte Arbeit bemüht sich um eine Neubewertung antiker Quellen bzw. um eine Interpretation bisher wenig beachteter Dokumente. Die folgenden Einzelanmerkungen beziehen sich daher vorwiegend auf diese Zeugnisse aus dem Altertum selbst. Feststehende und unbestrittene Tatsachen, Fakten und Zahlen, wie etwa die Lebensdaten von Personen, die Jahreszahlen von Ereignissen usw. sind in jedem Handbuch der römischen Geschichte nachlesbar und dort auch quellenmäßig dokumentiert, so daß wir die vorliegende Arbeit nicht mit ständigen Einzelnachweisen hierfür belasten mußten.

Sinnvoll aber schien es, am Anfang der Anmerkungen zu den Einzelkapiteln auf Werke zu verweisen, die für das Studium der betreffenden Inhalte nützlich sind.

Die Forschung über die römische Antike ist kaum mehr überschaubar. Für die Belange der vorliegenden Arbeit wurde deshalb themenbezogen eine Auswahl von gut siebenhundert Einzeltiteln angefügt. Innerhalb der Anmerkungen werden diese Werke dann nur noch mit dem Verfassernamen bzw. einem Kurztitel (wo mehrere Werke desselben Autors auftreten) zitiert; die vollständigen Angaben finden sich in der Bibliographie.

Allgemeine Literatur über die großen Entwicklungslinien der römischen Antike (in alphabetischer Reihenfolge): Alföldy, G., *Römische Sozialgeschichte . . .;* Bengtson; Böhme; *The Cambridge Ancient History; The Cambridge Economic History; The Cambridge Medieval History;* Christ, *Spätantike . . ., Römische Geschichte;* Dessau; Dopsch; Duncan-Jones; Durant; Frank, *Economic . . .;* Friedländer; Finley; Heer; Heichelheim; Heuß; Hohl; Jones, A. H. M., *The Roman Economy . . .;* Kahrstedt, *Kulturgeschichte . . .;* Kornemann, *Weltgeschichte . . ., Römische Geschichte . . .;* Kunkel, *Römische Rechtsgeschichte . . .;* Lauffer, *Kurze Geschichte . . .;* Lebeau; Lübtow; Luzzatto; MacMullen, *Roman Social . . .;* Maier; Marquardt; Marrou, *Geschichte der Erziehung . . .;* Maškin; Mazzarino; Meyer, *Die wirtschaftliche Entwicklung . . ., Römischer Staat . . .;* Millar; Mommsen, *Römisches Staatsrecht . . ., Römische Geschichte . . .;* Niese/ Hohl; Nörr; Ortega y Gasset; Pauly-Wissowa; Petit; Piganiol, *Histoire . . .;* Rostovtzeff, *Gesellschaft . . ., Geschichte . . .;* Schiller; Szilagyi; Weber, M., *Die römische Agrargeschichte . . .;* Weber, W., *Römische Geschichte . . .*

PROLOG

1 Cicero, *Gespräche in Tusculum,* II, 13, übers. v. O. Gigon.
2 Ovid, *Liebeskunst,* III, 21 ff., übers. v. Hertzfeld/Burger.
3 Zahlreiche Belege hierfür, von Horaz (*ep.* 1,1,40) über Valerius Maximus (8,7) bis zu Kirchenvätern wie Hieronymus (*ep.* 121,10) und Historikern des 5. Jahrhunderts wie Salvian (*gub. praef.* 15).
4 Nietzsche, Fr., *Unzeitgemäße Betrachtungen,* 1. Den Gegensatz von »Kultur« bezeichnet er unmittelbar darauf als »Barbarei«.

5 Gurlitt, L., *Erziehungslehre*, Berlin 1909, zit. n. *Die pädagogische Bewegung* ›*Vom Kinde aus*‹, Bad Heilbrunn 1967[2], S. 46.
6 Müller/Halber, *Herders kleines philosophisches Wörterbuch*, Freiburg 1958, Stichwort »Kultur«.
7 Klaus/Buhr, *Marxistisch-leninistisches Wörterbuch der Philosophie*, Liz.-Dr. Reinbek 1972, II, 630, Stichwort »Kultur«.

EINLEITUNG

Beiträge zum Problem des »Untergangs« bei Christ, *Der Untergang* . . . Vgl. zu den Interprètationen: Albert-Petit; Bark; Baynes; Bloch, *L'Empire* . . ., *Sur les* . . .; Boak; Böhmer; Bratianu, *La fin* . . .; Chambers; Dannenbauer; Dieter; Eisenstadt; Ferrero; Finley; Frank, *Race Mixtures* . . .; Gautier, *Interprétation* . . .; Geffcken, *Stimmungen* . . .; Gelzer, *Aufstieg* . . .; Gibbon; Giri; Goez; Gordon, *The Vandals* . . .; Gray; Grisar; Günther, R.; Hands; Hartmann, *Über die Ursache* . . ., *Der Untergang* . . .; Haywood; Heitland, *The Roman Fate* . . ., *Iterum* . . .; Held; Hughesdon; Huntington; Jones, *The Decline* . . ., *Over-Taxation* . . .; Kagan; Katz; Kent; Koch; Kornemann, *Das Problem* . . ., *Das Imperium* . . .; Kosminski; Kötting; Lot, *La Fin* . . .; Lyan White jr.; Marrou, *Le Décadence* . . .; Mazzarino; Montesquieu; Moore; Mosca; Moss, *The Birth* . . .; Papini, Paribeni; Pepe; Pfister; Piganiol, *La crise* . . ., *Les documents* . . .; Pirenne; Pöhlmann; Pratt; Rehm; Reiche; Reitter; Rosenberg; Rostovtzeff, *The Decay* . . .; Salmon, *The Roman Army* . . .; Seyfarth, *Die Spätantike* . . .; Simkhovitch; Solari; Sorel; Spengler; Štaerman, *Die Krise* . . .; Stechini; Straub, *Die Wirkung* . . .; Stroheker; Struwe; Syme; Toynbee; Tsunoda; Vittinghoff, *Die Theorie* . . .; Vogt, *Der Niedergang* . . .; Walbank; Walek-Czernicki; Walser/Pekáry; Weber, M.; Werner, R, *Der Untergang Roms* . . .; Wes; West; Westermann, *The Economic Basis* . . .; White, L.; Wieacker, *Die Krise* . . .; Wilamowitz-Moellendorf; Zeise; Zimmermann.

1 Vgl. u. a. Günther, *Spartacus;* Lauffer, *Spartacus;* Raith, *Spartacus*.
2 Ammianus Marcellinus, *Röm. Gesch.*, 14,6,3-6, übers. v. W. Seyfarth.
3 ebd. 14,6,7 ff.
4 Cyprianus, *An Demetrianus*, Übersetzung nach Durant 5, S. 230.
5 Christ, *Der Untergang* . . .
6 Gibbon, E., *History of the Decline* . . ., übers. in Christ, ebd.
7 Seeck, Geschichte des Untergangs . . . (abgedr. in Christ, ebd.)
8 Weber, M., *Die römische Agrargeschichte* . . ., S. 278.
9 Westerman, W. L., *The Economic Basis*, übers. in Christ, ebd.
10 Huntington, E., *Climatic Change* . . ., übers. in Christ, ebd.
11 Frank, T., *Race Mixture* . . ., übers. in Christ, ebd.
12 Boak, A. E. R., *Manpower Shortage* . . ., übers. in Christ, ebd.
13 Beloch, J., *Der Verfall* . . . (wiederabgedr. in Christ, ebd.).
14 Rostovtzeff, M., *The Decay* . . ., übers. in Christ, ebd.
15 Kornemann, E., *Das Problem* . . . (wiederabgedr. in Christ, ebd.).
16 Baynes, N. H., *The Decline* . . ., übers. in Christ, ebd.
17 Piganiol, A., *Les causes* . . ., übers. in Christ, ebd.
18 ebd.

19 Toynbee, A. J., *A Critique* . . ., übers. in Christ, ebd.
20 Momigliano, A., *Christianity* . . ., übers. in Christ, ebd.
21 Engels, Fr., *Vom Ursprung* . . ., MEW 21, S. 149-151.
22 Kosminski, V. A., *Geschichte des Mittelalters*, I, S. 28.
23 Interpretationen des »Niedergangs« bzw. der Transformation aus sozialistischen Ländern bzw. mit marxistischem Akzent: Alpatow; Andreev;
Češka; Dieter; Dmitriev; Günther, R.; Kashdan; Kosminski; Kovalev;
Maškin; Pigulevskaja; Schrot; Štaerman; Seyfarth; Struwe; Uttschenko;
Zeise.
24 Vgl. Hierzu die zu Beginn der Anmerkungen genannten allgemeinen
Darstellungen der römischen Geschichte.
25 Vgl. hierzu Rüdiger, H., *Wesen und Wandlungen* . . .; Keßler, E., *Das
Problem* . . ., wo dies jeweils für den ideologischen Korrespondenzbegriff
zur Renaissance, den des »Humanismus«, gezeigt wird.

ERSTES KAPITEL

Vgl. für dieses Kapitel folgende Arbeiten aus der Bibliographie: Alföldy, A.,
Early Rome . . .; Alpatov; Altheim, *Niedergang* . . .; Andreev; Aubin, *Vom
Altertum* . . .; Badian, *Roman Imperialism;* Bleicken, *Das Volkstribunat* . . .,
Verfassungsgeschichte . . .; Brunt, *Social Conflicts* . . .; Düll; Gelzer, *Die Nobili-
tät* . . ., *Caesar* . . .; Gjerstad, *Early Rome* . . ., *Legends and Facts* . . .; Heitland,
Agricola . . .; Hill; Kloft; Kromeyer/Veith; Kuhn, E.; Lintoff; Lippold;
Müller-Karpe; Münzer; Schwarze; Seager; Vogt, *Die römische Republik* . . .;
Werner, R., *Der Beginn* . . .; White, K. D.; Wilson.

1 Über die Vor- und Frühgeschichte Roms streiten sich die Historiker noch
immer; vgl. die Diskussion der Argumente bei Bengtson, S. 15-41.
2 Auch hier wird natürlich gestritten. Die hier von Alföldy, G., *Röm.
Sozialgesch.*, S. 6, übernommenen Zahlen sind am besten belegt. Vgl. auch
Boak, Brunt, Toynbee; auch Frank; Gerkan.
3 Die Angaben differieren vor allem danach, wieviel vom jeweils besetzten
Land als wirklich okkupiert und der Herrschaft unterworfen betrachtet
wird. Die erste Flächenangabe stammt von Beloch, die zweite von Durant.
Über die Gesamteinwohnerzahl im Reich besteht wieder eher Einigkeit:
im angegebenen Rahmen.
4 Vgl. wieder die für diese Belange unentbehrliche Arbeit von Alföldy, G.,
Röm. Sozialgesch., S. 86. Dazu auch Duncan-Jones und die unter 3
genannten Arbeiten.
5 Cato, *De agri cultura,* dazu auch Plutarch, *Cato major.*
6 Plinius d. Ä., *Naturalis historia,* 18, 35.
7 Plutarch, *Cato major:* »Er veranlaßte die Geldbedürftigen, eine Gesellschaft
von Geldgebern ins Leben zu rufen. Waren deren fünfzig und ebenso viele
Schiffe zusammen, so nahm er selbst einen Anteil durch seinen Freigelassenen Quintio, der dann die Geschäftsführung der Schuldner beaufsich-
tigte und mitreiste . . .«
8 Plinius d. J., *Ep.,* II, 7.
9 Appian, *Bella civilia,* 116 . S. die Diskussion der Argumente bei Raith,
Spartacus.

10 Über das römische Heerwesen s. u. a. die Artikel in Pauly-Wissowa (»Kriegskunst«) und *Handbuch der Altertumswissenschaft* (»Die Kriegsaltertümer«) zur schnellen Übersicht. Darstellung auch in Raith, *Spartacus*.

11 Vgl. hierzu die Quellenwerke von Appian, Florus, Plutarch (*Crassus, Cato major*). Dazu die gen. Werke über Spartacus.

12 Cicero, *Von den Pflichten*, 150-151.

13 Römer pflegten aussichtsreiche Verwandte zu adoptieren, um diesen ihr Werk in die Hände zu legen. Bei Caesar war das insofern kompliziert, als er Octavian erst quasi postum, nämlich in seinem Testament adoptiert hatte. Vorsichtshalber wurde von Octavian deshalb noch eine formelle Zustimmung des Senats eingeholt.

14 Augustus, *Tatenbericht*, 13, übers. v. M. Giebel.

15 Ebd., 3.

16 Die Reihenfolge der Ersteroberungen der Provinzen: Sizilien 242 v. u. Z.; Sardinien und Korsika 227; Hispania citerior und ulterior 197; Makedonien 148; Achaia 146; Africa 146; Asia 129; Gallia Narbonensis 121; Kilikien 102; Gallia cisalpina um 81; Kyrene 74; Kreta 64; Pontos 63; Syrien 63; Cyprus 58; Africa nova (= Numidien) 46; Ägypten 30. Dies alles also vor Einführung des Kaisertums. Dann: Galatien 25; Aquitania, Lugdunensis, Belgica 16; Noricum, Raetien 15; Pannonien 9/10 u. Z.; Kappadokien 17; Mauretanien 42; Britannia 43; Thrakien 46; Judaea 72; Moesia superior und inferior 86; Germania superior und inferior 90; Armenia 104; Arabien 106; Dakien 107; Mesopotamia und Assyria 115. Zu dieser Zeit waren, wie geschildert, aber bereits andere Provinzen oder Teile derselben, z. B. in Germanien, verlorengegangen.

ZWEITES KAPITEL

Vgl. zu diesem Kapitel: Alföldy, G., *Die Freilassung* . . .; Baldson; Barrow; Böhme; Botermann; Boulvert; Brockmeyer; Brunt, *Italian Manpower* . . ; Buckland; Burck; Capozza; Ciccotti, *Der Untergang* . . .; Clausing; Collinet; Fowler; Gagé; Garnsey; Goffart; Günther, *Einige Bemerkungen* . . .; Johnson; Jones, *The Imperium* . . ., *Inflation;* Krekel; Kretschmer; Kunkel, *Über das Wesen* . . .; Limentani; Manjarrez; Pallasse; Persson; Premerstein; Raith; de Robertis, *Lavoro e* . . .; Rostovtzeff, *Studien* . . .; Schlippschuh; Schönbauer; Seyfarth, W., *Soziale Fragen* . . .; Singer; Spranger; Štaerman, *Die Krise* . . ., *Die Blütezeit* . . .; Vittinghoff, *Römische Kolonisation* . . ., *Die Bedeutung* . . .; Vogt, *Sklaverei und Humanität* . . .; Vogt/Brockmeyer; Volkmann, *Die Massenversklavungen* . . .; Weaver; Westermann, *The Slave Systems* . . .

1 Vgl. die Darstellung der Diskussion hierüber in Vogt/Brockmeyer und in Raith.

2 Plutarch, *Caesar*, 15.

3 Die Sklavenzahlen bei Livius, *Ab urbe cond.*, XXXVII, XXXI, XXXXI, über Delos: Strabo, *Geographica*, 14,5,2.

4 Cato, *De agri cultura*, auch bei Plutarch, *Cato major*.

5 Diodor, *Bibliotheke*, XXXIV.

6 Vgl. Westermann über Sklaverei in Pauly-Wissowa, Sp. 973. Caesar gehörte zu den besonders brutalen Sklaven-Herren, er ließ manche bei

lebendigem Leib verbrennen (Cassius Dio, XLIII. 39,1 und Caesar, *Bell. Hisp.*).

7 Plutarch, *Tib. Gracchus,* 9, 4, übers. v. K. Ziegler.

8 Sueton, *Divus Augustus,* 40.

9 Vgl. hierzu Alföldy, G., *Röm. Sozialgesch.,* insbes. S. 87–140.

10 Ebd. S. 77 und 125.

11 Petronius, *Cena Trimalchionis* (im Hauptteil *Satiricon*).

12 Plinius d. Ältere, *Naturalis historia,* 33, 135: 4 116 Sklaven bei einem einzigen Herrn. Eine durchaus übliche Zahl war um 400, wie Tacitus (*Annalen,* 14, 43) für den Senator Pedanius Secundus bezeugt.

13 Zur Entstehung des Colonats vgl. v. a. Rostovtzeff, *Studien . . .;* dazu Clausing; Collinet; Dopsch; Dannenbauer.

14 »Liten« sind die mit der späteren römischen Bezeichnung »laeti« im Grenzland angesiedelten und dort bodenverpflichteten meist germanischen Grenzschützer; der Begriff kommt aus dem Germanischen. »inquillini« sind allgemein Mieter einer Sache, auch z. B. eines Hauses oder einer Wohnung; im Colonatsrecht heißt der Colone so, wenn er in einem dem Grundherrn gehörigen Haus lebt.

15 Tacitus, *Annalen,* III, 31, übers. v. C. Hoffmann.

16 Zum römischen Straßensystem etwa Forbes; Miller; Pekáry.

17 Lactantius, *De persecutorum,* 23 u. a.

18 Zu einem dieser administrativ hervorragenden Getreideverteiler spricht z. B. Seneca in *De brevitate vitae* (ausdrücklich wird diese Tätigkeit erwähnt: 18, 3; 19,1).

19 Tacitus, *Ann.,* I, 80.

20 Cassius Dio, 58, 23, übers. v. L. Tafel.

21 Sicherlich gilt dies für die frühe Kaiserzeit noch mehr als für die spätere, wo der Herrscher bereits mehr oder weniger Gefangener der ihn erhebenden Gruppen oder Truppen war. Dies berechtigt vor allem in der frühen Kaiserzeit mitunter von der »Regierung des . . .« zu sprechen, da der Kaiser wirklich noch weitgehend bestimmend war. Im 3. Jahrhundert änderte sich das.

22 Augustus, *Tatenbericht,* 15–18.

23 Ebd., 22–23.

24 Frank, *An Economic Survey . . .,* S. 322.

25 Ebd., S. 385.

26 Zur Münzqualität: Grant, *Aspects . . .;* Göbl; Mattingly; Mattingly/Sydenham; Sutherland.

27 Cassius Dio, 77, 15.

28 Tacitus, *Ann.,* II, 87.

29 Ebd., VI, 17.

DRITTES KAPITEL

Vgl. zu diesem Kapitel: Alföldy, G., *Röm. Sozialgeschichte . . .;* Béranger; Bergener; Bleicken, *Senatsgericht . . .;* Bouchard; Brunt, *Charges . . .;* Češka, *Die Differenzierung . . .;* Chilver; Crook; Fuhrmann, *Die Alleinherrschaft . . .;* Gerkan; Gummerus; Hammond, *The Augustan Principate . . .;* Hirschfeld;

Kiechle; Kohns; Laum; Nesselhaut; Oertel; Premerstein; Schneider, K.; Sherwin-White, *The Letters* . . .; Volkmann, *Res gestae* . . .; Weaver; Webster; Wiseman.

1 Der Kaiser-Begriff des Mittelalters und der Neuzeit bezeichnet den obersten Herrscher, entspricht daher dem »Augustus« der Antike. »Caesar«, zunächst Beiname der Julier, von Octavian übernommen und als Augustus beibehalten, wurde dann seit Hadrian auch für den designierten Nachfolger benutzt. Wir verwenden hier »Kaiser« für den »Augustus« ab Octavian-Augustus, da dies allgemein in der neueren Historiographie üblich ist.
2 Die Kaiserzeit von Augustus ab heißt daher bis zu Septimius Severus »Prinzipat«; ab Septimius, der sich mit »Dominus« anreden ließ, »Dominat«.
3 Die Verbindlichkeit der Beschlüsse bestand seit 287 (lex Hortensia).
4 Zu den Ämtern des Augustus: *Res gestae*, 6-8.
5 Tacitus, *Ann.*, I, 10.
6 Ebd., IV, 42.
7 Seneca, *Von der Kürze des Lebens*, 4, 5.
8 Tacitus, *Ann.*, I, 2.
9 Ebd., I, 74.
10 Ebd., III, 15.
11 Das zieht sich von Tacitus bis heute durch. Durant z. B. beginnt seine Schilderung der Zeit nach Augustus mit der Überschrift: »Die Kehrseite der Monarchie« (Bd. 4).
12 Vgl. Tac., *Ann.*, I, 72, II, 28–33, III, 22, IV, 21, VI, 222 u. a.
13 Ebd., IV, 36.
14 Ebd., VI, 38.
15 Ebd., IV, 34.
16 Ebd., IV, 35.
17 Ebd., II, 34.
18 Es handelt sich um den schon oben genannten Senator (Anm. 9).
19 Tac. *Ann.*, XI, 23.
20 Ebd., XI, 24.
21 Sueton, *Nero*, 47, 2.
22 Tacitus, *Ann.*, XIII, 24.
23 Ebd., XIII, 5.
24 Sueton, *Nero*, 10, 2, übers. v. M. Giebel.
25 Tacitus, *Ann.*, XV, 48.
26 Lucanus, *De bello civili*, 1, 33 ff.
27 Tacitus, *Ann.*, XV, 49.
28 Seneca, *Moralische Briefe an Lucilius*, 1, 8 (übers. v. F. Loretto).
29 Sueton, *Nero*, 44, 1 ff.

VIERTES KAPITEL

Vgl. zu diesem Kapitel: Abbott; Alföldy, G, *Römische Sozialgeschichte* . . ., *Konsulat* . . .; Arnheim; Bouchard; Crook; Dill, *Roman Society* . . .; Eck; Göbl; Hammond, *The Transmission* . . ., *The Antonine Monarchy* . . ., *The*

Composition . . .; Hirschfeld; Lambrechts; Langhammer; Liebenam; Mrozek; Nesselhaut; Pekáry, *Studien* . . .; Sirago, *La politica agraria* . . .; Stein, *Untersuchungen* . . .; Weber, W., *Herrschertum* . . .; Webster.

1 Cassius Dio, 66, 14.
2 Dazu diente vor allem die Befreiung von Steuern, Abgaben und Lasten für die Lehrer; seit Vespasian wurden diese Vergünstigungen fortlaufend vermehrt, die Pädagogen damit an den Staat gebunden. Vgl. die Digesten des *Corpus iuris civ.*, L 4, 18, 30 XXVII 1,6,1 usw.
3 Sueton, *Vespasian*, 18.
4 Durant, 4, S. 316; Alföldy, *Römische Sozialgeschichte* . . ., S. 86, der die Rückständigkeit der römischen Wirtschaft darauf zurückführt.
5 Sicherlich nicht den Juden, denn deren Aufstand unterdrückte der honorige Titus mit Tausenden von Toten überaus brutal.
6 Die erste verbürgte Niedermetzelung von Christen erfolgte unter Nero nach dem Brand Roms, hatte aber weder religiösen noch staatspolitischen Charakter, sondern war quasi Ableiter für das Volk, das in Nero den Schuldigen sah, die Substituten aber gern akzeptierte.
7 Cassius Dio, 67, 13, ebd. 11, ebd. 12, ebd. 14.
8 Bengtson, S. 318.
9 Tacitus, *Agricola*, 2, 2 - 3, 1, übers. v. R. Feger.
10 Cassius Dio 68, 1.
11 Ebd.
12 Tacitus, *Agricola*, 3, 1.
13 Aurelius Victor, *Ulpianus Trajanus*, übers. v. A. Cloß.
14 Durant 4, S. 440.
15 Bengtson, S. 328 ff.
16 Ebd., 331.
17 *Cod. iur. civ. Dig.*, XLVIII, 19,5.
18 Iuvenal, Martial, Sueton, Plinius - sie alle arbeiteten zu dieser Zeit, und sie dachten z. T. auch wieder politisch. Folgen hatte das trotzdem kaum.
19 Plinius d. Jüngere, *Briefe an Trajan*, 19, übers. v. M. Schuster.
20 Ebd., *Br.*, 33.
21 Ebd., *Br.*, 120.
22 Ebd., *Br.*, 96.
22 Ebd., *Antwortbrief Trajans*, eb., Br. 97.
23 Cassius Dio, 69, 3-4.
24 Bengtson, 342.
25 Cassius Dio, 69, 5.
26 Ebd., 71, 3.
27 Durant 4, S. 454.
28 Cassius Dio, 70, 3.
29 Marc Aurel, *Wege zu sich selbst*, 5, 30, übers. v. W. Theiler.
30 Theiler, W., Vorwort zu ebd., S. 13, Zitat des Briefes an Fronto.
31 *Scriptores Historiae Augustae, Antoninus IV*.
32 Durant, 4, S. 456.
33 Marc Aurel, *Wege zu sich selbst*, 9, 29.
34 Ebd., 4, 3.
35 Cassius Dio, 72, 2 ff.
36 Ebd.

Vgl. zu diesem Kapitel: Abbott; Alföldy, G., *Römische Sozialgeschichte* . . ., *Stadt-Landbeziehungen* . . .; Altheim, *Die Soldatenkaiser* . . .; Arnheim; Barbieri; Bešeliev/Seyfarth; Blásquez; Bloch, *Esquisse* . . .; Bouchard; Burckhardt; Calderini; Cassola; Chastagnol, *Le préfecture* . . .; Crook; Dill, *Roman Society* . . .; Duncan-Jones, *Human numbers* . . .; Gabba; Grosse; Grosso; Härtel; Hirschfeld; Hoffmann, D.; Jones, *The later Roman Empire* . . .; Keyes; Langhammer; Lauffer, *Diokletians Preisedikt* . . .; Mazzarino, *Aspetti sociali* . . .; Mickwitz; Nesselhaut; Osier; Petersen, H.; de Robertis, *La produzione* . . ., *Storia delle corporazioni* . . .; Schuller; Stein, *Untersuchungen* . . ., *Histoire* . . .; Straub, *Vom Herrscherideal* . . .; Uttschenko; Vittinghoff, *Zur Verfassung* . . .; Waltzing; Zwicky.

1 Gibbon, I, S. 76.
2 Bengtson, S. 350.
3 Kosminski I, S. 7.
4 Cassius Dio 76, 10.
5 Ebd., 77, 11.
6 Ebd., 77, 15.
7 Ebd., 77, 3.
8 Ebd., 77, 9.
9 Ebd., 77, 14.
10 Von Gibbon über Piganiol bis zu Bengtson.
11 Etwa Kosminski.
12 Vgl. Anm. 17 im 2. Kapitel (Lactantius) dieser Arbeit.
13 Diocletians Preisedikt, Einl., übers. n. Durant.
14 *Cod. Theod.*, 14, 2, 4 (nach Maier, *Die Verwandlung*, S. 93).
15 *Cod. Just.*, XI, 51 (ebd.).
16 *Cod. Theod.*, 14, 3, 5 (ebd.).
17 *Corpus iuris civilis*, Pand. L. L. 4, 1.
18 Ebd., L. L. 4, 3.
19 *Cod. Theod.*, 7, 22, 3 und 1 (nach Maier, *Die Verwandlung*, S. 92).

SECHSTES KAPITEL

Vgl. zu diesem Kapitel: Alföldy, A., *The Conversion* . . ., *A Conflict* . . ., *Römisches Weltreich* . . .; Alföldy, G., *Stadt-Landbeziehungen* . . ., *Römische Sozialgeschichte* . . .; Baumann; Bowersock; Campenhauen; Caspar; Češka, *Die Rolle* . . .; Deininger; Dallmayr; Diesner, *Kirche und Staat* . . .; Frend; Fuchs, *Der geistige Widerstand* . . .; Haller; Laistner; Leipoldt; MacMullen, *Enemies* . . .; Marrou, *St. Augustin* . . .; Meyer, *Ursprung* . . .; Momigliano, *The Conflict* . . .; Moreau; Peterson; Rahner; Renan; Schneider, C.; Tengström; Vittinghoff, *Zum geschichtlichen Selbstverständnis* . . .

1 Cicero, *Vom Staat*, I, 39.
2 Augustinus, *Vom Gottesstaat*, 19, 21 ff v, übers. u. M. Schmaus.
3 Cicero, *Vom Staat*, III.

 4 Augustinus, *Vom Gottesstaat*, op. cit., ebd.

 5 Columella, *De re rustica I*, 5-6 übers. v. A. Löffler.

 6 Vgl. oben, Kap. 3.

 7 Seneca, *Von der Kürze des Lebens*, 7, 7-9.

 8 Ebd., 14, 1.

 9 Tacitus, *Ann.*, XIV, 53.

10 Seneca, *De benef.*, 7. 1, 3; 8,2,7.

11 Plutarch, *Pompejus*, 24, übers. v. K. Ziegler.

12 Schneider, C., S. 97.

13 Ebd., S. 23.

14 Ebd., S. 47-102.

15 Vgl. die Anm. 6 im 4. Kap. dieser Arbeit.

16 Tertullian, *Verteidigung (Apologeticum)*, 16, übers. v. C. Becker.

17 Origenes, *Gegen Celsus*, III, 44, Übers. n. Durant.

18 Schneider, C., S. 321.

19 Minucius Felix, *Octavius*, 6, 2, übers. v. B. Kytzler.

20 Ebd., 10, 2.

21 Ebd., 12, 4.

22 Ebd., 25, 4-7.

23 Ebd., 36, 3.

24 Tertullian, *Apologeticum*, 30, 1.

25 Ebd., 37, 5. In *De coronis* hat er diesen Standpunkt erhärtet.

26 Ebd., 32, 1.

27 Was sich auch in seinen Forderungen zum Sexualleben ausrückte - Frauen
   sollen Schleier tragen, keinerlei Schmuck und Putz darf Anreiz bieten etc.
   Vergnügungen aller Art verurteilte er auf schärfste - besonders Theateraufführungen waren ihm ein Sündenpfuhl. Am Ende hieß er dann den Papst
   auch noch »Hirten der Ehebrecher«. Zu der Zeit war er aber schon längst
   aus der katholischen Kirche ausgeschieden.

28 Tertullian, *Über die Seele*, XXX, 3-4, übers. v. J. Waszink.

29 Tertullian, *Apol.*, 42, 1.

30 Ebd., 42, 2.

31 Eusebios, *Eccl. hist.* 10, 5, 5, Übers. n. Grant, *Antike Geschichtsschreibung*.

32 Constantin hatte vorher schon starke Neigung zu einem Doppelgänger
   von Mithras, Sol invictus, gezeigt.

33 Schneider, C., S. 605-611. Christenbegünstigung gegenüber Heiden z. B.
   lt. *Codex Theod.*, 16, 2, 1, 4.

34 Es gab zur selben Zeit einen besonders berühmten Juristen namens
   Tertullian, es ist aber nicht sicher, ob der christliche mit diesem identisch
   ist. Jedenfalls aber war Tertullian juristisch sehr gebildet.

SIEBTES KAPITEL

Vgl. zu diesem Kapitel: Alföldy, G., *Römische Sozialgeschichte* . . .; Bellen;
Brezzi; Brockmeyer; Brown; Campenhausen, *Ambrosius von Mailand* . . .,
Lateinische Kirchenväter; Ciccotti; Clausing; Collinet; Goffart; Gummerus;
Hannestad; Harmand, *Un aspect* . . .; Heussi; Homo, *Rome impériale* . . .;
Jean-Nesmy; Illmer; Jones, *Malaria* . . .; Landry; Leroy; Maier, *Augustin* . . .;

Martin; Mickwitz, *Die Kartellfunktion* . . .; Momigliano, *Cassiodorus* . . .; Pallasse; Rahner; de Robertis, *La produzione agricola* . . ., *Storia* . . .; Rostovtzeff, *Studien* . . .; Rudolph; Russell; Schneider, C.; Vittinghoff, *Zur Verfassung* . . .; Waltzing.

1 Seneca, *Briefe An Lucilius*, 1, 8, 2.
2 Tacitus, *Ann.*, XIV, 27.
3 Cassius Dio, 68, 2.
4 Durant, 4, S. 441 f.
5 Aurelius Victor, *Ep.*, 12; Cassius Dio, 68, 5, 4.
6 Vgl. die von Christ, *Der Untergang* . . ., dokumentierten Auseinandersetzungen.
7 Vgl. Pauly-Wissowa, *Bevölkerungswesen*.
8 *Cod. Justin.*, 11, 52, 1, 1.
9 Vgl. Westermann, *The Slave Systems* . . .; Finley, *Die Sklaverei* . . .
10 S. o., Kap. 5.
11 Cyprianus, *An Demetrianus*, 3 f., Übers. n. Maier, *Die Verwandlung* . . .
12 Die Säulenheiligen lebten auf hohen Säulen, die oben eine Plattform hatten; von da aus redeten sie ab und zu zum Volk herab. Die Eremiten leiten sich von gr. eremos, einsam, ab. Der Name wurde meist auf Wüsteneinsiedler angewendet.
13 Basilios, *Oratio de deitate filii et spiritus sancti*, in *Patrologia graeca*, 46, S. 557. Übers. n. Maier, *Die Verwandlung* . . .
14 Vgl. hierzu Heussi; Jean-Nesmy,Durant, 5, 300 ff.
15 Hieronymus, *Ep.*, 130, 40.
16 Vgl. Heussi; Illmer (der die Transformation ausführlich beschreibt).
17 Augustinus, *Bekenntnisse*, 6, 14, übers. v. W. Thimme. Über Qumram und die anderen Kollektivansätze vgl. Heichelheim.
18 Ammianus Marcellinus, 21, 16, 18.
19 *Codex Theodosianis*, 14, 3, 11.
20 Ebd., 12, 1, 146 aus dem Jahr 395.
21 Ebd., 12, 1 144.
22 *Cod. Just.*, Nov. XXXII.

ACHTES KAPITEL

Vgl. zu diesem Kapitel: Åberg; Barker; Block, *Les Charactères* . . .; Bosl; Brehier, *Le monde byzantin* . . .; Buchner; Bury; Büttner; Češka, *Die Politik* . . .; Cessi; Courcelle; Courtois; Cúth; Demougeot; Dill, *Roman Society* . . .; Dmitriev; Ensslin, *Das Römerreich* . . ., *Germanen als Helfer* . . .; Fischer; French; Fuhrmann, *Die Rom-Idee* . . ., *Die lateinische Literatur* . . .; Gabotto; Brand/Delatrouche; Halphen; Hodgkin; Jankuhn/Schlesinger/Steuer; Jones, *The Cities* . . .; Keller; Latouche, *Les grandes* . . .; Loncao; Lot; MacBride; MacGeachy; Maškin, *The Workers Revolution* . . .; Moss; Ostrogorsky; Pigulewskaja; Rahner; Rouilland; Rubin; Schenk Graf von Stauffenberg; Schlesinger; Seyfarth, *Soziale Fragen* . . .; Tengström; Tobler-Liermann; Ure; Vassili, *Rapporti* . . .

1 So z. B. in der *Illustrierten Weltgeschichte* (Meyers'), Bd. 8, 1981.

2 Über die Bagauden vgl. Cúth. Dazu Seston; Kosminski.

3 Aurelius Victor, *Hist. caes., Diocletian.*

4 Ammianus Marcellinus, 16, 10.

5 Ebd., 16, 10, 17.

6 Ebd., 16, 10, 7.

7 Beim Arianismus-Streit ging es darum, ob – wie Arius gemeint hatte – Jesus nur ein, allerdings vornehmes, Geschöpf Gottes sei oder mit diesem – wie katholisch angenommen wird – wesensgleich. Die Monophysiten sahen ein Aufgesogensein der menschlichen Natur Christi in der göttlichen des Logos. Der Arianismus wurde 325 auf dem Konzil von Nicaea, der Monophysitismus 451 auf dem von Chalkedon als häretisch verurteilt.

8 Goten, Vandalen und Langobarden waren bis ins 6. Jahrhundert hinein vorwiegend arianisch. Theoderich war arianisch; Chlodwig wurde bei seiner Christianisierung jedoch katholisch, was dann der römischen Kirche den Eintritt und die geistliche Machtübernahme im späteren Frankenreich ermöglichte.

9 Theoderich steuerte allerdings keineswegs kontinuierlich eine ostrom-freundliche Politik an, sondern vergriff sich schon vor dem Einsatz gegen Odoaker kräftig an oströmischem Gebiet, etwa durch einen Einfall in Thrakien; wahrscheinlich erhielt er vor allem deshalb den Auftrag, gegen die Westgoten zu ziehen.

10 Der tatsächliche Anteil des freien Bauerntums an der Konsolidierung der mittelalterlichen germanischen Fürsten- und Königstümer ist umstritten. Während Engels im *Ursprung* . . . den freien Bauern als für eine bestimmte Zeit tragendes Element charakterisiert (»Zwischen dem römischen Kolonen und dem neuen Hörigen hatte der freie fränkische Bauer gestanden«, MEW 21, S. 149), betonen andere Autoren heute, daß es auch im frühen Mittelalter mit den freien Bauern nicht weit her gewesen sei, so etwa Dhont (»Die freien Bauern waren wahrscheinlich nicht die zentrale Gesellschaftsschicht des Karolingerreiches, sondern eine soziale Gruppe, die wirtschaftlich nicht mehr voll lebensfähig und im Abnehmen begriffen war.« S. 35).

11 Salvianus, *De gubernatione Dei*, 5, 21, übers. n. Alföldy, G., *Römische Sozialgeschichte*.

Quellen

Liste der hauptsächlich verwendeten antiken Zeugnisse

Ammianus Marcellinus, *Res gestae*
Augustinus, *De civitate Dei*
Augustinus, *Confessiones*
Augustus, *Res gestae*
Aurelius Victor, *Historiae abbreviatae*
Aurelius Victor, *De Caesaribus*

Boethius, *De consolatione philosophiae*

Caesar, *De bello civili*
Caesar, *Bellum Hispaniense*
Caesar, *De bello Gallico*
Cassius Dio, *Fragmente*
Cato major, *De agri cultura*
Cicero, *De officiis*
Cicero, *De re publica*
Cicero, *In Verrem*
Cicero, *Tusculanae disputationes*
(Codex Justinianus), *Corpus iuris civilis*
Codex Theodosianus
Columella, *De re rustica*
Cyprianus, *Ad Demetrianum*
Cyprianus, *Epistulae*
Cyprianus, *Quod idola dei non sint*
Cyprianus, *De catholicae ecclesiae testimonia*

Diodor, *Bibliotheke*

Epiktet, *Encheiridion*

Florus, *Epitome de Tito Livio*
Frontinus, *De aquis*
Fronto, *Epistulae*

Lactantius, *De mortibus persecutorum*
Livius, *Ab urbe condita*
Livius, *Ab urbe condita periochae*
Lukianos, *Dialogi mortuorum*
Lukianos, *De morte Peregrini*

Marc Aurel, *Tà eis eautón*
Minucius Felix, *Octavius*

Orosius, *Historiae adversos paganos*

Petronius arbiter, *Cena Trimalchionis (Satiricon)*
Plinius maior, *Naturalis historia*
Plinius minor, *Panegyricos*
Plinius minor, *Epistulae*
Plutarch, *Vitae parallelae*

Sallust, *Historiae*
Seneca, *Ad Lucilius*
Seneca, *De brevitate vitae*
Seneca, *De clementia*
Seneca, *De ira*
Sueton, *Vitae Caesarum*
Sueton, *Divus Augustus*
Sueton, *Caligula*
Sueton, *Divus Claudius*
Sueton, *Domitianus*
Sueton, *Galba*
Sueton, *Nero*
Sueton, *Tiberius*
Sueton, *Divus Titus*
Sueton, *Divus Vespasianus*

Tacitus, *Agricola*
Tacitus, *Annales*
Tertullian, *De anima*
Tertullian, *Apologeticum*
Tertullian, *De babtismo*
Tertullian, *De corona*
Tertullian, *De cultu feminarum*
Tertullian, *De idololatria*
Tertullian, *De pallio*
Tertullian, *De praescriptione haereticorum*
Tertullian, *De spectaculis*
Tertullian, *Ad uxorem*
Tertullian, *De virginibus velandis*

Valerius Maximus, *Facta et dicta*
Varro, *Disciplinae*
Vellejus Paterculus, *Historia Romana*

Zosimos, *Historia*

Inscriptiones Graecae Antiquissimae
Inscriptiones Graecae ad res Romanes pertinentes
Inscriptiones Latinae Christianae Veteres

Bibliographie

Abbott, F.F., *The Common People of Ancient Rome*, New York 1911
Abbott, F.F., Johnson, A.C., *Municipal Administration in the Roman Empire*, Ndr. New York 1968
Åberg, N., *Die Franken und Westgoten in der Völkerwanderungszeit*, Uppsala 1922
Åberg, N., *Die Goten und Langobarden in Italien*, Uppsala 1923
Afzelius, N., *Die römische Eroberung Italiens (340-264 v. Chr.)*, Aarhus 1942
Albert-Petit, A., *Comment meurt une civilisation*, in: Revue de Paris, 29 (1922)
d'Alès, A., *Priscillien et l'Espagne chrétienne à la fin du IVe* siècle, Paris 1936
Alföldy, A., *Insignien und Tracht der römischen Kaiser*, in: Mitteilungen des deutschen Inst., Röm. Abt. 50 (1935)
Alföldy, A., *Die Kontorniaten. Ein verkanntes Propagandamittel der stadtrömischen Aristokratie in ihrem Kampf gegen das christliche Kaisertum*, Budapest 1943
Alföldy, A., *The Conversion of Constantine and pagan Rome*, o. O., 1948
Alföldy, A., *The Conflict of Ideas in the Late Roman Empire*, Oxford 1952
Alföldy, A., *Römisches Weltreich und Christentum*, in: Hist. mundi IV, München 1956
Alföldy, A., *Early Rome and the Latins*, Ann Arbor 1965 (dt. Darmstadt 1977)
Alföldy, A., *Studien zur Geschichte der Weltkrise des 3. Jahrhunderts n. Chr.*, Darmstadt 1967
Alföldy, A., *Die monarchische Repräsentation im Römischen Kaiserreich*, Darmstadt 1970
Alföldy, G., *Bevölkerung und Gesellschaft der römischen Provinz Dalmatien*, Budapest 1965
Alföldy, G., *Die Legionslegaten der römischen Rheinarmeen*, Köln–Graz 1967
Alföldy, G., *Die Hilfstruppen der röm. Prov. Germania inferior*, Düsseldorf 1968
Alföldy, G., *Fasti Hispanienses. Senatorische Reichsbeamte und Offiziere in den span. Provinzen d. Röm. Reiches von Aug. b. Diocl.*, Wiesbaden 1969
Alföldy, G., *Die Freilassung der Sklaven und die Struktur der Sklaverei in der römischen Kaiserzeit*, in: Riv. stor. ant. 2 (1972)
Alföldy, G., *Flamines provinciae Hispanie citerioris*, Madrid 1973
Alföldy, G., *Noricum*, London 1974
Alföldy, G., *Stadt-Land-Beziehungen und Zentralität als Problem der historischen Raumforschung*, in: Hist. Raumforschung 11 (1974)
Alföldy, G., *Römische Sozialgeschichte*, Wiesbaden 1975, 1979[2]
Alföldy, G., *Konsulat und Senatorenstand unter den Antoninen*, Bonn 1975
Allard, P., *Les esclaves chrétiens depuis les premiere temps de l'eglise jusq'à fin de la domination romain en Occident*, Paris 1914[6]
Alpatow, M., *Eine neue Etappe in der Durcharbeitung des Problems: Der Übergang vom Altertum zum Mittelalter* (Geschichte in der Schule 3), Berlin 1950
Altaner, B., Stuiber, A., *Patrologie*, Freiburg 1966[7]
Altheim, F., *Literatur und Gesellschaft im ausgehenden Altertum*, Halle 1948-50
Altheim, *Attila und die Hunnen*, Baden-Baden 1951
Altheim, F., *Die Soldatenkaiser*, Frankfurt 1952
Altheim, F., *Niedergang der Alten Welt*, Frankfurt 1952
Altheim, F., *Geschichte der Hunnen*, Berlin 1959-62

Altheim, F., Haussig, H.W., *Die Hunnen in Osteuropa*, Baden–Baden 1958

Anagnine, E., *Il concetto di rinascita attraverso il medio evo*, V–X sec. Milano 1958

Andreev, M., *Zur Frage des Übergangs von der Sklaverei zum Feudalismus*, in: Klio 49 (1967)

Arnheim, M.T.W., *The Senatorial Aristocracy in the Later Roman Empire*, Oxford 1972

Aubin, H., *Vom Altertum zum Mittelalter*, München 1949

Aubin, H., Zorn, W. (Hg.), *Handbuch der deutschen Wirtschafts- und Sozialgeschichte*, Stuttgart 1971

Avi-Yonah, M., *Geschichte der Juden im Zeitalter des Talmud in den Tagen von Rom und Byzanz*, Berlin 1962

Badian, E., *Roman Imperialism in the Late Republic*, Ithaca 1968[2]

Badian, E., *Publicans and Sinners: Privat Enterprise in the Service of the Roman Republic*, Oxford 1972

Baldson, J., *Life an Leisure in Ancient Rome*, o.O. 1969

Balil, A., *Aspectos sociales del Bajo Imperio*, in: Latomus 24 (1965)

Barbieri, G., *L'albo senatorio da Settimo Severo a Carino (193-285)*, Roma 1952

Bark, W.C., *Origins of the Medieval World*, Stanford 1958

Barker, E., *Social and Political Thought in Byzantinum from Justinian I to the Last Palaeologus*, London 1957

Barrow, R.H., *Slavery in the Roman Empire*, London 1928

Bassignano, M.S., *Il flaminato nelle province romane dell'Africa*, Roma 1974

Bauman, R.A., *Impietas in principem. A Study of Treason against the Roman Emperor with Special Reference to the First Century A.D.*, o.O. 1974

Baynes, N.H., *The Decline of the Roman Empire in Western Europe: Some modern Explanations*, in: Journal of Roman Studies 33 (1943)

Bell, H.I., *Cults and Creeds in Graeco-Roman Egypt*, Liverpool 1953

Bellen, H., *Studien zur Sklavenflucht im Römischen Kaiserreich*, Wiesbaden 1971

Beloch, J., *Der Verfall der antiken Kultur*, in: Historische Zeitschrift 84 (1900)

Bengtson, H., *Grundriß der römischen Geschichte*, München 1967 (1970[2])

Béranger, J., *Recherches sur l'aspect idéologique du principat*, Basel 1953

van Berchem, D., *Les distributions de blé et d'argent à la plèbe romain sous l'Empire*, Genève 1939

van Berchem, D., *L'armée de Diocletien et la réforme constantinienne*, Paris 1952

Bergener, A., *Die führende Senatorenschicht im frühen Prinzipat*, Bonn 1965

Bergengruen, A., *Adel und Grundherrschaft im Merowingerreich*, Wiesbaden 1958

Bernhardt, J., *Die Auflösung der antiken Kultur*, Darmstadt 1964

Bertolini, O., *Storia Universale*, Milano 1965, hier: Bd. III

Bešeliev, V., Seyfarth, W. (Hg.), *Die Rolle der Plebs im spätrömischen Reich*, Berlin 1969

Bettini, S., *L'arte alla fine del mondo antico*, Padova 1948

Bidez, J., *Julian der Abtrünnige*, München 1940, Ndr. Hamburg 1956

Birley, E., *Roman Britain and the Roman Army*, Kendal 1961[2]

Birley, A.R., *Septimius Severus, the African Emperor*, London 1971

Blázquez, J.M., *Estructura económica y social de Hispanie durante la Anarquia militar y el Bajo Imperio*, Madrid 1964

Bleicken, J., *Senatsgericht und Kaisergericht*, in: Abhandl. d. Akad. d. Wiss. Göttingen, Phil-Hist. Kl. III 53 (1962)

Bleicken, J., *Das Volkstribunat der klassischen Republik*, München 1968[2]

Bleicken, J., *Verfassungs- und Sozialgeschichte des Römischen Kaiserreichs*, Pader-born 1978

Bloch, G., *L'Empire romain, évolution et décadence*, Paris 1922

Bloch, M., *Sur les grandes invasions. Quelques positions de problèmes*, in: Revue de Synthèse 19 (1940–45)

Bloch, M., *Esquisse d'une histoire monétaire de l'Europa*, Paris 1954

Bloch, M., *Les Caractères originaux de histoire rurale francaise*, Paris 1964

Blümmer, H., *Technologie und Terminologie der Gewerbe und Künste bei Griechen und Römern*, Ndr. Darmstadt 1969

Boak, A.E.R., *Manpower Shortage and the Fall of the Roman Empire in the West*, Ann Arbor 1955

Bodmer, J.P., *Der Krieger der Merowingerzeit und seine Welt*, Zürich 1957

Böhme, H., *Europäische Wirtschafts- und Sozialgeschichte*, Frankfurt 1977

Boehner, K., *Die Frage der Kontinuität zwischen Altertum und Mittelalter im Spiegel der fränkischen Funde des Rheinlandes*, in: Trierer Zeitschrift 19 (1950)

Bolin, F., *State and Currency in the Roman Empire*, Stockholm 1958

Bömer, F., *Untersuchungen über die Religion der Sklaven in Griechenland und Rom*, Wiesbaden 1958–64

Bosl, K., *Frühformen der Gesellschaft im mittelalterlichen Europa*, München-Wien 1964

Botermann, H., *Die Soldaten und die römische Politik in der Zeit von Caesars Tod bis zur Begründung des Zweiten Triumvirats*, München 1968

Bouchard, L., *Étude sur l'administration des finances de l'Empire romain dans le derniers temps de son existence*, Paris 1872

Boulvert, G., *Esclaves et affranchis impériaux sous le Haut-Empire romain*, Napoli 1970

Boulvert, G., *Domestique et functionaire sous le Haut-Empire romain*, Paris 1974

Bowersock, G.W., *Greek Sophists in the Roman Empire*, Oxford 1969

Bowman, A.K., *The Town Councils of Roman Egypt*, Toronto 1971

Bratianu, G.I., *La distribution de l'or et les raisons économique de la division de l'Empire romain*, Paris 1938

Bratianu, G.I., *La fin du monde antique et le triomphe de l'Orient*, in: Revue Belge de Philologie et d'Histoire 18 (1939)

Braunert, H., *Die Binnenwanderung. Studien zur Sozialgeschichte Ägyptens in der Ptolemäer- und Kaiserzeit*, Bonn 1964

Brehier, L., *Vie et mort de Byzance*, Paris 1947

Brehier, L., *Le Monde byzantin*, Paris 1947–50

Brewster, E.H., *Roman Craftsmen and Tradesmen of the Early Roman Empire*, Philadelphia 1917

Brezzi, P., *Impero Romano e regni barbarici nella valutazione degli scrittori cristiani alla fine del mondo antico*, in: Studi Romani 9 (1961)

Brisson, J.-P., *Autonomisme et christianisme dans l'Afrique romaine de Septime Sevère à l'invasion vandale*, Paris 1958

Brockmeyer, N., *Arbeitsorganisation und ökonomisches Denken in der Gutswirt-schaft des Römischen Reiches*, Bochum 1968

Brogan, O., *Roman Gaul*, London 1953

Broughton, F.R.S., *The Magistrates of the Roman Republic*, New York 1951 ff

Brown, P., *Christianity and Local Culture in Late Roman Africa*, JRS 58 (1968)

Brown, P.R.L., *Aspects of the Christianization of the Roman Aristocracy*, JRS 51 (1961)

Brunt, P.A., *Pay and Suprannuation in the Roman Army*, in: Papers of the British School at Rome 5 (1950)

Brunt, P.A., *The Lex Valeria Cornelia*, in: JRS 51 (1961)

Brunt, P.A., *Charges of Provincial Maladministration under the Early Principate*, in: Historia 10 (1961)

Brunt, P.A., *Social Conflicts in the Roman Republic*, London 1971

Brunt, P.A., *Italian Manpower 225 B.C. - A.D. 14*, Oxford 1971

Buchner, R., *Die römischen und die germanischen Wesenszüge der neuen politischen Ordnung des Abendlandes*, Spoleto 1958

Büchner, K., *Römische Literaturgeschichte*, Stuttgart 1962³

Buckland, W.W., *The Roman Law of Slavery. The Condition of the Slave in private Law from Augustus to Justinian*, New York 1908

Burdese, A., *Studi sull'ager publicus*, Torino 1952

Burck, E., *Die altrömische Familie*, in: Das neue Bild der Antike, Leipzig 1942

Burckhardt, J., *Die Zeit Constantins des Großen*, Ndr. Bern 1950

Burdeau, F. u. a.(Hg.), *Aspects de l'Empire romain*, Paris 1964

Bury, J.B., *History of the Later Roman Empire*, New York 1958 (Ndr. v. 1889)

Bury, J.B., *The Invasion of Europe by he Barbarians*, London 1928

Büttner, Th., Werner, E., *Circumcellionen und Adamiten*, Berlin 1959

Calderini, S., J. Servi., *La crisi del Impero nel III secolo*, Milano 1949

The Cambridge Ancient History, Ndr. Cambridge 1965 ff.

The Cambridge Economic History of Europe, Cambridge 1952 ff.

The Cambridge Medieval History, Cambridge 1924² (hier Bd. I)

Cameron, A. u. A., *Christianity and Tradition in the Historiography of the Late Empire*, CQ, N.S. 14 (1964)

Campenhausen, H. v., *Ambrosius von Mailand als Kirchenpolitiker*, Berlin 1929

Campenhausen, H. v., *Griechische Kirchenväter*, Stuttgart 1967⁴

Campenhausen, H. v., *Lateinische Kirchenväter*, Stuttgart 1965²

Cantarelli, L., *Annali d'Italia dalla morte di Valentiniano III alla desposizione di Romolo Augustolo*, in: Studi e Doc. d. St. e Dir. 17 (1896)

Capelle, W., *Das alte Germanien. Die Nachrichten der griechischen und römischen Schriftsteller*, Jena 1937

Capelle, W., *Die Germanen der Völkerwanderung*, Stuttgart 1939

Capozza, M., *Movimenti servili nel mondo romano in età repubblicana*, Roma 1966

Carcopino, J., *So lebten die Römer während der Kaiserzeit*, Stuttgart 1959

Cary, M., *History of Rome down to the Reign of Constantine*, London 1957²

Caspar, E., *Geschichte des Papsttums von den Anfängen bis zur Höhe der Weltherrschaft*, Tübingen 1930-33

Cassola, *I gruppi politici romani nel III secolo A.C.*, Trieste 1962

Češka, J., *Die Differenzierung der Sklaven in Italien in den ersten zwei Jahrhunderten des Prinzipats*, Praha 1959

Češka, J., *Die Politik der Söhne Konstantin d. Gr. mit Rücksicht auf den Übergang der Sklavenhalterordnung zum Feudalismus*, in: Rada historická 10 (1963)

Češka, J., *Die Rolle des Christentums am Ausgang der Antike*, in: Altertum 13 (1967)

Cessi, R., *Le vicende politiche dell'Italia medioveale I: La crisi imperiale*, Padova 1938

Cessi, R., *La crisi imperiale degli anni 454-455 e l'incursione vandalica a Roma*, in: Arch. della Soc. Rom. d. Storia Patria 40 (1917)

Chadwick, N.K., *Poetry and Letters in Early Christian Gaul*, London 1955

Chambers, M. (Hg.), *The Fall of Rome: Can It Be Explained?*/New York 1963

Charles-Picard, G., *Nordafrika und die Römer*, Stuttgart 1962

Charlesworth, M.P., *Traderouts and commerce of the Roman Empire*, Cambridge 1926²

Chastagnol, A., *La préfecture urbaine à Rome sous le Bas-Empire*, Paris 1960

Chastagnol, A., *Le Bas-Empire*, Paris 1969

Cheesman, G.L., *The Auxilia of the Roman Imperial Army*, Oxford 1914

Chilver, G.E.F., *Cisalpine Gaul. Social and Economic History from 49 B.C. to the Death of Trajan*, Oxford 1941

Chilver, G.E.F., *Princeps and frumentationes*, in: Am.Journ.of Phil. 70 (1949)

Christ, K., *Spätantike, in: Saeculum Weltgeschichte*, Freiburg 1966, hier Bd. II

Christ, K., *Der Untergang des Römischen Reiches*, Darmstadt 1970

Christ, K., *Römische Geschichte. Einführung, Quellenkunde, Bibliographie*, Darmstadt 1973

Le Christianisme et l'Occident barbare, Paris 1945

Ciccotti, E., *Der Untergang der Sklaverei im Altertum*, Berlin 1910

Ciccotti, E., *Motivi demografici e biologici nella rovina della civiltà antica*, in: Nuova Riv. Stor. 14 (1930)

Clausing, R., *The Roman Colonate*, New York 1925

Cochrane, C.N., *Christianity and Classical Culture. A Study of Thought and Action from Augustus to Augustine*, Oxford 1940

Collinet, P., *Le colonat dans l'Empire romain*, Bruxelles 1937

Coster, C.H., *Christianity and the Invasions*, in: CJ 54 (1959)

Coster, C.H., *Late Roman Studies*, Cambridge/Mass. 1968

Coudy, J., *La chute de l'Empire romaine*, Paris 1967

Courcelle, P., *Histoire littéraire des grandes invasions germaniques*, Paris 1964³

Coutois, C., *Les Vandales et l'Afrique*, Paris 1955

Crook, J., *Consilium principis. Imperial Councils an Counsellors from Augustus to Diocletian*, Cambridge 1955

Cúth, B., *Die Quellen der Geschichte der Bagauden*, in: Acta Univ. A. József Szeged 1965

Dallmayr, H., *Die großen vier Konzilien: Nicaea, Constantinopel, Ephesus, Chalkedon*, München 1963²

Daniélou, J., Marrou, H.-I., *Nouvelle histoire de l'église*, Paris 1963 (I)

Dannenbauer, H., *Die Entstehung Europas*, Stuttgart 1959 (hier: I)

Daube, D., *The Defense of Superior Orders in Roman Laws*, Oxford 1956

Dawson, Ch., *The Making of Europe*, London 1932 (dt. München 1950²)

Deanesly, M., *A History of Early Medieval Europe, 476-911*, New York 1956²

Deininger, J., *Der politische Widerstand gegen Rom in Griechenland, 217-86 v. Chr.*, Berlin-New York 1971

Demougeot, E., *De l'unité à la division de l'Empire romain (395-410)*, Paris 1951

Dempf, A., *Geistesgeschichte der altchristlichen Kultur*, Stuttgart 1964

Dessau, H., *Geschichte der römischen Kaiserzeit*, Berlin 1924-1930

Dhout, J., *Das frühe Mittelalter* (Fischer-Weltgeschichte 10), Frankfurt 1968

Diesner, H.-J., *Kirche und Staat im spätrömischen Reich*, Berlin 1964²

Diesner, H.-J., *Der Untergang der römischen Herrschaft in Nordafrika*, Weimar 1964

189

Diesner, J.-J., *Das Vandalenreich, Aufstieg und Untergang*, Stuttgart 1966

Dieter, H., *Zur Frage des Untergangs des weströmischen Imperiums*, in: Wiss. Zeitschr. d. Päd. Hochschule Potsdam, ges.-sprachwiss. Reihe III, 1 (1957)

Dill, S., *Roman Society in the Last Century of the Western Empire*, London 1899 [2]

Dill, S., *Roman Society from Nero to Marcus Aurelius*, London 1905[2]

Dill, S., *Roman Society in Gaul in the Merovingian Age*, London 1926

Dmitriev, A. D., *Der Aufstand der Westgoten an der Donau und die Revolution der Sklaven*, Geschichte in der Schule 1952 (Beiheft)

Doerries, H., *Wort und Stunde*, Göttingen 1966 (Ges. Studien z. Kirchengeschichte des 4. Jahrhunderts I)

Domaszewski, A. v., Dobson, B., *Die Rangordnung des römischen Heeres*, Köln-Graz 1967

Dopsch, A., *Wirtschaftliche und soziale Grundlagen der europäischen Kulturentwicklung aus der Zeit um Cäsar bis auf Karl d. Gr.*, Wien 1923-24

Downey, G., *A History of Antioch in Syria*, Princeton 1961

Duchesne, L., *L'église au VIIe siècle*, Paris 1925

Duchesne, L., *Histoire ancienne de l'église*, Paris 1910-11[5]

Düll, R., *Das Zwölftafelgesetz*, München 1979[3]

Duncan-Jones, R. P., *Human numbers in towns and towns-organizations of the the Roman Empire*, in: Historia 13 (1964)

Duncan-Jones, R., *The Economy of the Roman Empire. Quantitative Studies*, Cambridge 1974

Durant, W., *Kulturgeschichte der Menschheit*, Frankfurt-Berlin-Wien 1981 ff (Ndr., hier: Bd. 4 und 5)

Eck, W., *Senatoren von Vespasian bis Hadrian*, München 1970

Eck, W., *Sozialstruktur des römischen Senatorenstandes der hohen Kaiserzeit und statistische Methode*, in: Chiron 3 (1973)

Eicken, H. v., *Der Kampf der Westgoten und Römer unter Alarich*, Leipzig 1876

Eisenstadt, S. N., *Les causes de la désintégration et de la chute des empires*, in: Diogène 34 (1961)

Engels, Fr., *Vom Ursprung der Familie, des Privateigentums und des Staates*, in: Marx-Engels-Werke, Berlin 1972 ff. Bd. 21

Ensslin, W., *Das Römerreich unter germanischer Waltung*, Leipzig 1942

Ensslin, W., *Gottkaiser und Kaiser von Gottes Gnaden*, München 1943

Ensslin, W., *Einbruch in die antike Welt: Völkerwanderung*, in: Historia mundi, Bern 1956 (hier: Bd. V)

Ensslin, W., *Germanen als Helfer der Römer in den Zeiten des Niedergangs ihres Reiches*, in: Palaeologia 7 (1959)

Ensslin, W., *Theoderich der Große*, München 1959[2]

Étienne, R., *Le culte impérial dans la Péninsule Ibérique d'Auguste à Dioclétien*, Paris 1958

Faure, E., *Étude de la capitation de Dioclétien d'apres le Panégyrique VIII*, Paris 1961

Ferrero, G., *Größe und Niedergang Roms*, Stuttgart 1908-1914

Ferrero, G., *Der Untergang der Zivilisation des Altertums*, Stuttgart 1923[2]

Finley, M.I., *Review of: Boak, Manpower Shortage*, in: Journal of Roman Studies 48 (1958)

190

Finley, M.I., *The Ancient Economy*, Berkeley-Los Angeles 1973

Finley, M.I., *Die Sklaverei in der Antike*, München 1981

Fischer, J., *Völkerwanderung im Urteil der zeitgenössischen kirchlichen Schriftsteller Galliens unter Einbeziehung d. hl. Augustinus*, Heidelberg 1948

Fischer, J., *Oriens-Occidens-Europa*, Wiesbaden 1957

Flach, D., *Destinatio und nominatio im frühen Prinzipat*, in: Chiron 6 (1976)

Fliché, A., Martin, V., *Histoire de l'église*, Paris 1943–49

Folz, R., *L'idee d'Empire en Occident du Ve au XIVe siècle*, Paris 1953

Forbes, R. J., *Ancient Roads*, o.O. 1964[2]

Forni, G., *Il reclutamento delle legioni da Augusto a Diocleziano*, Milano–Roma 1953

Fortin, E.L., *Christianisme et culture philosophique au cinquième siècle*, Paris 1959

Fowler, W.W., *Social Life at Rome in the Age of Cicero*, London 1907, Ndr. 1967

Frank, T., *Race Mixture in the Roman Empire*, in: The American Historical Review 21 (1916)

Frank, T., *Economic History of Rome*, Baltimore 1927[2]

Frank, T., *An Economic Survey of Ancient Rome*, Ndr. Paterson 1959

Freeman, E.A., *Western Europe in the Fifth Century*, London 1904

Frei-Stolba, R., *Untersuchungen zu den römischen Wahlen während der Kaiserzeit*, o.O. 1967

French, R.M., *The Eastern Orthodox Church*, London 1951

Frend, W.H.C., *The Donatist Church. A Movement of Protest in Roman North Africa*, Oxford 1971

Frere, S.S., *Britannia, A History of Roman Britain*, London 1967

Friedländer, L., *Darstellungen aus der Sittengeschichte Roms*, Leipzig 1920-22

Fuchs, H., *Der geistige Widerstand gegen Rom in der antiken Welt*, Berlin 1938

Fuchs, S., *Kunst der Ostgotenzeit*, Berlin 1944

Fuhrmann, M., *Die Alleinherrschaft und das Problem der Gerechtigkeit. Seneca: De clementia)*, in: Gymnasium 70 (1963)

Fuhrmann, M., *Die lateinische Literatur der Spätantike. Ein literarhistoriischer Beitrag zum Kontinuitätsproblem*, in: Antike und Abendland 13 (1967)

Fuhrmann, M., *Die Rom-Idee der Spätantike*, in: Histor. Zeitschr. 207 (1968)

Gabba, E., *Esercito e società nella tarda repubblica romana*, Firenze 1973

Gabotto, F., *Storia dell'Italia occidentale nel medioevo*, Torino 1911

Gagé, *Les classes sociales dans l'Empire romain*, Paris 1964

Gamillscheg, E., *Romania Germanica. Sprach- und Siedlungsgeschichte der Germanen auf dem Boden des alten Römerreichs*, Berlin-Leipzig 1934-36

Ganshof, F., Lot, F., Pfister, C., *Les destinées de l'Empire en Occident 395-888*, Paris 1941[2]

Garaud, C., *Remarques sur le thème des ruines dans la littérature chrétienne*, in: Phoenix 20, 1966

Garnsey, P., *Social Status and Legal Privilege in the Roman Empire*, Oxford 1970

Gaudemet, J., *La Formation du droit séculier et du droit de l'Église aux IVe et Ve siècle*, Paris 1957

Gaudemet, J., *L'église dans l'Émpire romain, IVe et Ve siècles*, Paris 1959

Gautier, E.F., *Interprétation biologique des grandes catastrophes*, in: Mercure de France 135 (1918)

Gautier, E.F., *Geiserich, König der Wandalen. Die Zerstörung einer Legende*, Frankfurt 1934

Geffcken, J., *Der Ausgang des griechisch-römischen Heidentums*, Heidelberg 1929[2]

Geffcken, J., *Stimmungen im untergehenden Weströmerreich*, in: Neue Jahrb. f.d. klass. Altertum, Gesch. u. dt. Lit. u. f. Päd., 23 (1920)

Gelzer, M., *Die Nobilität der römischen Republik*, Leipzig 1912

Gelzer, M., *Caesar, der Politiker und Staatsmann*, Wiesbaden 1960[6]

Gelzer, M., *Aufstieg und Untergang des alten Rom und des römischen Imperiums*, abgedr. in Kleine Schr., Wiesbaden 1962, Bd. I

Gerkan, A.v., *Die Einwohnerzahl Roms in der Kaiserzeit*, in: Röm. Mitt. 55 (1940) und 58 (1943)

Gibbon, E., *History of the Decline and Fall of the Roman Empire*, London 1776-88, Ndr. 1896-1900

Gjerstad, E., *Early Rome*, Lund 1953-66

Gjerstad, E., *Legends and Facts of Early Rome History*, Lund 1962

Girardet, K.M., *Kaiser Konstantius II als »episcopus episcoporum« und das Herrscherbild des kirchlichen Widerstandes*, in: Historia 26 (1977)

Giri, U., *Sulla caduta di Roma nel 410*, Roma 9 (1931)

Girshman, R., *Iran, Parther und Sassaniden*, München 1962

Göbl, R., *Einführung in die Münzkunde der römischen Kaiserzeit*, Wien 1960[2]

Goez, W., *Translatio imperii*, Tübingen 1958

Goffart, W., *Caput and Colonate: towards a History of Late Roman Taxation* Toronto-Buffalo 1974

Gordon, C.D., *The Vandals and the Collaps of the West*, Ann Arbor 1960

Gordon, C.D., *The Age of Attila*, Michigan 1960

Grand, R., Delatrouche, R., *L'agriculture au moyen âge, de la fin de l'Empire romain aux XVI siècle*, Paris 1950

Grant, M., *Aspects of the principate of Tiberius*, New York 1950

Grant, M., *Klassiker der antiken Geschichtsschreibung*, München 1981

Grant, M., *Roms Cäsaren*, München 1982

Gray, W.D., *The Roman Depression and Our own*, in: Classical Journal 29 (1934)

Greenstade, S.L., *Church and State from Constantin to Theodosius*, London 1954

Grelle, F., *Stipendium vel Tributum*, Napoli 1963

Griffe, E., *La Gaule chrétienne à l'époche romaine*, Paris-Toulouse 1957 ff

Grisar, H., *Rom bei Ausgang der antiken Welt*, Freiburg 1901

Grosse, R., *Römische Militärgeschichte von Gallienus bis zum Beginn der byzantinischen Themenverfassung*, Berlin 1920

Grosso, F., *La lotta politica al tempo di Commodo*, Torino 1964

Gueldenpenning, A., Ifland, J., *Der Kaiser Theodosius d. Gr.*, Halle 1878

Gummerus, H., *Der römische Gutsbetrieb als wirtschaftlicher Organismus nach den Werken des Cato, Varro und Columella*, in: Klio, Beiheft 5

Günther, R., *Einige Bemerkungen zur historischen Gesetzmäßigkeit in der Sklavenhalterordnung*, in: Neue Beitr. z. Gesch. d. Alten Welt, Berlin 1964

Günther, R., *Revolution und Evolution im Weströmischen Reich zur Zeit der Spätantike*, in: Zeitschr. f. Gesch. 1965 (Sonderheft)

Günther, R., *Spartacus*, Köln 1981

Günther, R., Schrot, G., *Einige Probleme zur Theorie der auf Sklaverei beruhenden Gesellschaftsordnung*, in: Zeitschr. f. Gesch. 4 (1956)

Günther, R., Schrot, G., *Bemerkungen zur Gesetzmäßigkeit in der auf Sklaverei beruhenden Gesellschaftsordnung*, in: Wiss. Zeitsch. d. Univ. Leipzig, gesellschaftl.-sprachwisse. Reihe 12 (1963)

Halban, H. v., *Das römische Recht in den germanischen Volksstaaten*, Breslau 1899-1901

Haller, J., *Das Papsttum*, Stuttgart 1934 f.

Haller, J., *Der Eintritt der Germanen in die Geschichte*, Stuttgart 1944[2]

Halphen, L., *Les Barbares*, Paris 1948[5]

Hammond, M., *The Augustan Principate in Theory and Practice during the Julian-claudian Period*, Cambridge/Mass. 1933

Hammond, M., *The Transmission of the Powers of the Roman Emperor from the Death of Nero to that of Alexander Severus*, in: Mem. of. the Americ. Acad. in Rome 24 (1956)

Hammond, M., *The Antonine Monarchy*, Roma 1959

Hammond, M., *The Composition of the Senate A. D. 68-235*, in: JRS 87 (1957)

Hands, A. R., *The Fall of the Roman Empire in the West: a Case of Suicide or »force majeure«?* in: Greece and Rome, Ser. 2, 10 (1963)

Hannestad, K., *L'Evolution des ressources agricoles de l'Italie du 4ème au 6ème siècle de notre ère*, København 1962

Harmand, L./Bossuat, A., *Rome et la fin de la civilisation méditerranéene*, Paris 1943

Harmand, L., *Un aspect social et politique du monde romain: Le patronat sur les collectivités publiques des origines au Bas-Empire*, Paris 1958

Härtel, G., *Wirtschaftliche und soziale Veränderungen in der Zeit von Mark Aurel bis Septimius Severus*, in: Zeitschr. f. Gesch. 14 (1966)

Hartke, W., *Römische Kinderkaiser*, Ndr. Darmstadt 1972

Hartmann, L. M., *Über die Ursache des Untergangs des Römischen Reiches* in: Archiv f. soz. Gesetzgeb. u. Statistik 2 (1889)

Hartmann, L. M., *Der Untergang der antiken Welt*, Wien 1903

Hartmann, L. M., *Ein Kapitel vom spätantiken und frühmittelalterlichen Staat*, Stuttgart 1913

Hatt, J. J., *Histoire de la Gaule romaine*, Paris 1970

Haywood, R. M., *The Myth of Rome's Fall*, New York 1958

Heer, F., *Europäische Geistesgeschichte*, Stuttgart 1957

Heichelheim, F., *Wirtschaftsgeschichte des Altertums*, Leiden 1938

Heitland, W. E., *Agricola. A Study of Agriculture and rustic Life in the Roman-greco World*, Cambridge 1921

Heitland, W. E., *The Roman Fate, An Essay in Interpretation*, Cambridge 1922

Heitland, W. E., *Iterum, or a Further Discussion of the Roman Fate*, Cambridge 1925

Helbling, H., *Goten und Wandalen*, Zürich 1954

Held, W., *Die Vertiefung der allgemeinen Krise im Westen des römischen Reichs*, Berlin 1974

Hermann, P., *Der römische Kaisereid*, Göttingen 1968

Heuß, A., *Römische Geschichte*, Braunschweig 1976[4]

Heussi, K., *Der Ursprung des Mönchstums*, Tübingen 1936

Higounet, Ch., *Les forêts de l'Europa occidentale du VIe au XIe siècle*, in: Settimane di Studio . . . (s. o.) XIII

Hill, H., *The Roman Middle Class in the Republican Period*, Oxford 1952

Hirschfeld, O., *Die kaiserlichen Verwaltungsbeamten bis auf Diokletian*, Berlin 1905[2] Ndr. Berlin-Zürich 1963

Hodgkin, T., *Italy and her Invaders A. D. 376-814*, Oxford 1880-1916

Hoffmann, D., *Das spätrömische Bewegungsheer*, Düsseldorf 1969-70

193

Hoffmann, W., *Hannibal*, Göttingen 1962

Hohl, E., *Die römische Kaiserzeit*, in: Propyläen Weltgesch., Berlin 1931 (II)

Homeyer, H., *Attila, der Hunnenkönig, von seinen Zeitgenossen dargestellt*, Berlin 1951

Homo, L., *De la Rome peienne à la Rome chrétienne*, Paris 1950

Homo, L., *Rome impériale et l'urbanisme dans l'antique*, Paris 1951

Honig, R., *Humanitas und Rhetorik in spätrömischen Kaisergesetzen*, Göttingen 1960

Hübinger, P. W., *Spätantike und frühes Mittelalter*, Darmstadt 1959

Hughesdon, J. P., *Factors in the Fall of Western Empire*, in: Sociological Review 21 (1929)

Humphrey, E. F., *Politics and Religion in the Days of Augustine*, New York 1912

Huntington, E., *Climatic Change and Agricultural Exhaustion as Elements in the Fall of Rome*, in: Quarterly Journal of Economics 31 (1917)

Huntington, E., *Civilization and Climate*, New Haven 1924[3]

Jankuhn, H./Schlesinger, W., - Steuer, H. (Hg.), *Vor- und Frühformen der europäischen Stadt im Mittelalter*, Göttingen 1973

Jean-Nesmy, C., *Saint Benoit et la vie monastique*, Paris 1959

Illmer, D., *Formen der Erziehung und Wissensvermittlung im frühen Mittelalter*, München 1971

Johnson, A. C., *Municipal Administration in the Roman Empire*, Princeton 1926

Jones, A. H. M., *The Greek City*, Oxford 1940

Jones, A. H. M., *The Imperium of Augustus*, in: JRS 41 (1951)

Jones, A. H. M., *Inflation under the Roman Empire*, in: Economic History Review 5 (1952-53)

Jones, A. H. M., *The Decline and Fall of the Roman Empire*, in: History 40 (1955)

Jones, A. H. M., *Over-Taxation and the Decline of the Roman Empire*, in: Antiquity 33 (1959)

Jones, A. H. M., *Studies in Roman Government and Law*, Oxford 1960

Jones, A. H. M., *The Later Roman Empire 284-602*, Oxford 1964

Jones, A. H. M., *The Cities of the Eastern Roman Provinces*, Oxford 1971

Jones, A. H. M., *The Roman Economy*, Oxford 1974

Jones, W. H. S., *Malaria, a Neglected Factor in the History of Greece and Rome*, Cambridge 1907

Kagan, D., *Decline and Fall of the Roman Empire. Why did it collapse?*, Boston 1962

Kähler, H., *Rom und seine Welt*, München 1958-60

Kahrstedt, U., *Das wirtschaftliche Gesicht Griechenlands in der Kaiserzeit*, Bern 1954

Kahrstedt, U., *Kulturgeschichte der römischen Kaiserzeit*, Bern 1958[2]

Karayannopoulos, J., *Das Finanzwesen des frühbyzantinischen Staates*, München 1958

Kaser, M., *Römisches Privatrecht*, München 1965[4]

Katz, S., *The Decline of Rome and the Rise of Medieval Europe*, Ithaca 1955

Keller, *Stilicho oder die Geschichte des weströmischen Reiches von 395-408*, Diss. Jena, Berlin 1884

Kellner, H.-J., *Die Römer in Bayern*, München 1971

Kent, J. P. C., *Julius Nepos and the Fall of the Western Empire*, in: Corolla Memoriae Erich Swoboda Dedicata, Graz–Köln 1966

Keßler, E., *Das Problem des frühen Humanismus*, München 1968

Keyes, C. W., *The Rise of the Equites in the Third Century of the Roman Empire*, Princeton 1915

Kiechle, F., *Sklavenarbeit und technischer Fortschritt im römischen Reich*, Wiesbaden 1969

Kienast, D., *Cato der Censor*, Heidelberg 1954

King, N. Q., *The Emperor Theodosius and the Establishment of Christianity*, London 1961

Klingner, *Römische Geisteswelt*, Hamburg–München 1961

Kloff, H., *Libertas und Liberalitas. Untersuchungen zur Prinzipatsideologie*, Diss. Köln 1968

Koch, C., *Roma aeterna*, in: Erlanger Beitr. z. Spr.– u. Kunstwiss. 8 (1960)

Kohns, H. P., *Versorgungskrisen und Hungerrevolten im spätantiken Rom*, Bonn 1961

Kornemann, E., *Das Problem des Untergangs der antiken Welt*, in: Vergangenheit und Gegenwart 12 (1922)

Kornemann, E., *Das Imperium Romanum. Sein Aufstieg und Niedergang*, Breslau 1941

Kornemann, E., *Weltgeschichte des Mittelmeerraums*, München 1967

Kornemann, E., *Römische Geschichte*, Stuttgart 1977[7]

Kosminski, A. u. a., *Geschichte des Mittelalters*, Berlin 1958

Kötting, B., *Endzeitprognosen zwischen Lactantius und Augustinus*, HJ 77 (1958)

Kovalev, S. I., *Le tournant social du IIIe au Ve siècle dans l'Empire romain d'occident*, in: Rech. intern. à la lumière di marx. 2 (1957)

Krekel, W., *Währungen, Preise und Löhne in Rom*, in: Das Alterum 7 (1961)

Kretschmer, F., *Bilddokumente römischer Technik*, Düsseldorf 1967

Kromayer, J./Veith, G., *Heerwesen und Kriegführung der Griechen und Römer*, München 1928

Kuhn, E., *Die städtische und bürgerliche Verfassung des Römischen Reichs bis auf die Zeit Justinians*, o. O. 1864–65

Kuhn, H., *Die Grenzen der germanischen Gefolgschaft*, in: Zeitschr. d. Savigny-Stiftung f. Rechtsgesch., Germ. Abt. 73 (1956)

Kunkel, W., *Römische Rechtsgeschichte*, Köln–Graz 1967

Kunkel, W., *Herkunft und soziale Stellung der römischen Juristen*, Graz–Wien–Köln 1967

Kunkel, W., *Über das Wesen des augusteischen Prinzipats*, in: Gymnasium 68 (1961)

Labriolle, P.de, *Histoire de la littérature chrétienne*, Paris 1947[3]

Labriolle, P. de, *La réaction paienne, Étude sur la polémique antichrétienne du Ier au VIe siècle*, Paris 1950[2]

Labriolle, P. de/Bardy, G. u. a., *Histoire de l'église*, Paris 1937 (bd. IV)

Laistner, M. L. W., *Christianity and Pagan Culture in the Later Roman Empire*, Ithaca 1951

Laistner, M. L. W., *Some Reflections on Latin Historical Writing in the Fifth Century* CPh 35 (1940)

Lambrechts, P., *La composition du sénat romain de l'accession au trônc d'Hadrian à la mort de Commode (117–192)*, Antwerpen 1936

Landry, A., *Quelques aperçus concernant la dépopulation dans l'antiquité greco-romain*, RH 177 (1936)

Langhammer, W., *Die rechtliche und soziale Stellung der magistratures municipales und der decuriones*, Wiesbaden 1973

Laqueur, R./Koch, H., Weber, W., *Probleme der Spätantike*, Stuttgart 1930

Latouche, R., *Les grandes invasions et la crise de l'Occident au Ve siècle*, Paris 1947

Latouche, R., *Les origines de l'economie occidentale*, Paris 1956

Latte, K., *Römische Religionsgeschichte*, Köln-Graz 1960

Lauffer, S., *Spartacus*, in: Die Großen der Weltgeschichte, Zürich 1971

Lauffer, S., *Diokletians Preisedikt*, Berlin 1971

Lauffer, S., *Kurze Geschichte der antiken Welt*, München 1981

Laum, B., *Stiftungen in der griechisch-römischen Antike*, Berlin 1914

Laurent, M., *L'Art chrétien des origines a Justinien*, Bruxelles 1956

Lebeau, C., *Histoire du Bas-Empire*, Paris 1757-1817

Leipoldt, J., *Der soziale Gedanke in der altchristlichen Kirche*, Leipzig 1952

Leroy, J., *Moines et monastères d'Orient*, Paris 1958

Levick, B., *Roman Colonies in Southern Asia Minor*, Oxford 1967

Levy, E., *Weströmisches Vulgarrecht*, Weimar 1956

Lewis, N., *Leitourgia Papyri*, Philadelphia 1963

Liebenam, W., *Städteverwaltung im römischen Kaiserreich*, Leipzig 1900

Liebeschuetz, J. H. W. G., *Antioch. City and Imperial Administration in the Later Roman Empire*, Oxford 1972

Lietzmann, H., *Das Problem der Spätantike*, Berlin 1927

Lietzmann, H., *Geschichte der Alten Kirche*, Berlin-Leipzig 1932-53

Lietzmann, H., *Das Problem Staat und Kirche im weströmischen Reich*, in: Kl. Schriften, Berlin 1958, I

Limentani, I. C., *Studi sulla società romana. Il lavoro artistico*, Milano 1958

Lintott, A. W., *Violence in Republican Rome*, Oxford 1968

Lippold, A., *Consules*, Bonn 1963

Lippold, A., *Theodosius d. Gr. und seine Zeit*, Stuttgart 1968

Lissner, I., *Die Cäsaren. Macht und Wahn*, München 1963

Littman, N. N., *Abendland und Morgenland*, Tübingen 1930

Lizerand, G., *Aetius*, Paris 1910

Loncao, E., *Le invasioni vandaliche e il regno dei goti in Sicilia*, Palermo 1905

Loncao, F., *Fondazione del regno di Odoacre e suoi rapporti con l'Oriente*, Sensano 1906

L'Orange, H. P., *Art Forms and Civic Life in the late Roman Empire*, Princeton 1965

Lot, F., *Les invasions germanique. La pénétration mutuelle du monde barbare et du monde romain*, Paris 1935

Lot, F., *Les invasions barbares et le peuplement de l'Europe*, Paris 1937

Lot, F., *La fin du monde antique et le debút du moyen âge*, Paris 1951

Lot, F., *Nouvelles recherches sur impôt foncier et la capitation personelle sous le Bas Empire*, Paris 1955

Lot, F./Pfister, Ch./Ganshof, F. L., *Les destinées de l'Empire en Occident 395-888*, Paris 1928

Lübtow, U. v., *Das römische Volk. Sein Staat und sein Recht*, Frankfurt 1955

Luzzatto, G., *Storia economica d'Italia*, Roma 1949

Lynn White, jr. (Hg.), *The Transformation of the Roman World*, Berkeley 1966

Mac Bride, J. H., *Barbarian Invasions of the Roman Empire*, Boston 1926

MacGeachy, J. A., *Quintus Aurelius Symmachus and the Senatorial Aristocracy of the West*, Chicago 1942

MacMullen, R., *Soldier and Civilian in the Later Roman Empire*, Cambridge/Mass. 1963

MacMullen, R., *Enemies of the Roman Order. Treason, Unrest, Alienation in the Empire*, Cambridge/Mass. 1966

MacMullen, R., *Roman Social Relations 50 B. C. to A. D. 284*, New Haven 1974

Magie, D., *Roman Rule in Asia Minor*, Princeton 1950

Maier, F. G., *Augustin und das antike Rom*, Köln/Stuttgart 1955

Maier, F. G., *Die Verwandlung der Mittelmeerwelt* (Fischer Weltgeschichte 9), Frankfurt 1968

Manjarrez, J. M., *Esclavos y libertos en la España romana*, Salamanca 1971

Marino, F. de, *Storia della costituzione romana*, Napoli 1951–54

Marquardt, J., *Römische Staatsverwaltung*, Leipzig 1881–85 Ndr. 1957

Marquardt, J., *Das Privatleben der Römer*, Leipzig 1886, Ndr. Darmstadt 1964

Marrou, H.-I., *Le Décadence de l'Antiquité Classique*, Paris 1957

Marrou, H.-I., *Geschichte der Erziehung im klassischen Altertum*, Freiburg-München, 1957

Marrou, H.-I., *St. Augustin et la fin de la culture antique*, Paris 1958[4]

Martin, R., *Recherches sur les agronomes latins et leurs conceptions économiques et sociales*, Paris 1971

Martroye, F., *Genséric: la conquête vandale et la destruction de l'Empire d'Occident*, Paris 1907

Maškin, N. A., *The workers Revolution and the Fall of the Western Roman Empire*, in: Journal of General Education 5 (1950)

Maškin, N. A., *Römische Geschichte*, Berlin 1953

Matthews, J., *Western Aristocracies and Imperial Court A. D., 364-425*, Oxford 1975

Mattingly, H., *Roman Coins*, London 1967

Mattingly, H./Sydenham, E./ A., *The Roman Imperial coins*, London 1922

Mazzarino, S., *Trattato di Storia Romana*, Roma 1936

Mazzarino, S., *Stilicone, la crisi imperiale dopo Teodosio*, Roma 1942

Mazzarino, S., *Aspetti sociali del quarto secolo*, Roma 1951

Mazzarino, S., *Das Ende der antiken Welt*, München 1961

Meier, Ch., *Res publica amissa*, Wiesbaden 1966

Meiggs, R., *Roman Ostia*, Oxford 1960

Meltzer, O., Kahrstedt, U., *Geschichte der Karthager*, Berlin 1879-1913

Meyer, Ed., *Ursprung und Anfänge des Christentums*, Berlin 1921-23

Meyer, Ed., *Die wirtschaftliche Entwicklung des Altertums*, in: Kl. Schriften, Halle 1924[2]

Meyer, Ed., *Römischer Staat und Staatsgedanke*, Zürich 1975[4]

Meyer, Ed., *Einführung in die Antike Staatskunde*, Darmstadt 1968

Mickwitz, G., *Geld und Wirtschaft im Römischen Reich des 4. Jahrhunderts n. Chr.*, Helsingfors 1932

Mickwitz, G., *Die Kartellfunktion der Zünfte*, Helsinki 1936, Ndr. Amsterdam 1968

Millar, F., *The Aerarium and its Officials under the Empire*, in: JRS 54 (1964)

Millar, F., *The Emperor, the State and the Provinces*, in: JRS 56 (1966)

Millar, F. (Hg.), *Das römische Reich und seine Nachbarn* (Fischer Weltgeschichte 8), Frankfurt 1966

Miller, K., *Itineraria Romana*, o. O. 1916

Miller, J., *The Spice Trade of the Roman Empire 29 B. C. - A. D. 641*, o. O. 1969

Mócsy, A., *Die Bevölkerung von Pannonien bis zu den Markomannenkriegen*, Budapest 1959

Mócsy, A., *Gesellschaft und Romanisation in der römischen Provinz Moesia superior*, Budapest 1970

Mócsy, A., *Pannonia and Upper Moesia*, London–Boston 1974

Momigliano, A., *Cassiodorus and the Italian Culture of the Time*, in: Proceedings of the British Academy 41 (1955)

Momigliano, A. (Hg.), *The Conflict between Paganism und Christianity in the Fourth Century*, Oxford.1963

Mommsen, Th., *Römisches Staatsrecht*, Leipzig 1887–88, Ndr. Basel 1963

Mommsen, Th., *Stilicho und Alarich*, in: Hermes 38 (1903)

Mommsen, Th., *Römische Geschichte*, Ndr. München 1976

Mommsen, Th., *Aetius*, in: Hermes 36 (1901).

Monceaux, P., *Histoire littéraire de l'Afrique chrétienne*, Paris 1922-23

Monks, G.R., *The administration of the Privy Purse: An Inquiry into Official Corruption and the Fall od the Roman Empire*, in: Speculum 32 (1957)

Montesquieu, Ch. de, *Betrachtungen über die Ursachen von Größe und Niedergang der Römer. Mit Randbemerkungen Friedrichs d. Gr.*, Bremen o. J.

Moore, R.W., *Decline and Fall*, in: Greece and Rome 5 (1936)

Moreau, J., *Die Christenverfolgung im Römischen Reich*, Berlin 1961

Morris, J., *Leges annales under the Principate*, in: Listy Filologické 87 (1964)

Mosca, G., *Cenni sulle cause della caduta dell'impero romano*, Bari 1951⁶

Moss, H.St.L.B., *The Economic Consequences of the Barbarian Invasions*, in: Economic History Review 7 (1936-37)

Moss, H.St.L.B., *The Birth of the Middle Ages 395-814*, London 1947²

Mrozek, St., *Zu der kaiserlichen und privaten Kinderfürsorge in Italien im 2. und 3. Jahrhundert*, in: Klio 55 (1973)

Müller-Karpe, H., *Vom Anfang Roms*, Heidelberg 1959

Müller-Karpe, H., *Zur Stadtwerdung Roms*, Heidelberg 1962

Münzer, F., *Römische Adelsparteien und Adelsfamilien*, Stuttgart 1920

Musset, L., *Les invasions: Les vagues germaniques*, Paris 1965

Nehlsen, H., *Sklavenrecht*, Göttingen 1972

Nesselhaut, H., *Die Adoption des römischen Kaisers*, in: Hermes 83 (1955)

Nicolet, C., *L'ordre équestre à l'époque républicaine*, Paris 1966

Niese, B., Hohl, E., *Grundriß der römischen Geschichte*, München 1923

Nipperdey, Th., *Kulturgeschichte, Sozialgeschichte, historische Anthropologie*, in: Vierteljahrsschr. f. Soz.– u. Wirtsch. Gesch. 55 (1968)

Norden, E., *Alt-Germanien*, Leipzig–Berlin 1934 Ndr. Darmstadt 1962

Nörr, D., *Imperium und Polis in der hohen Prinzipatszeit*, München 1969

Nostrand,J.J. van, *The Imperial Domains of Africa proconsularis*, Berkeley–London 1925

Nuyens, M., *Le statut obligatoire des décurions dans le droit constantinien*, Louvain 1964

Oertel, F., *Die Leiturgie*, Leipzig 1917

Oliva, P., *Pannonia and the Onset of Crisis in the Roman Empire*, Praha 1962

Oost, St. I., *Aetius und Majorian*, CPh 59 (1964)

Oost, St. I., *Some Problems in the History of Galla Placidia*, CPH 60 (1965)
Oost, St. H., *Galla Placidia Augusta*, Chicago 1968
Ortega y Gasset, J., *Über das römische Imperium*, Stuttgart 1955
Osier, J. F., *The Rise of the ordo equester in the third Century of the Roman Empire*, Diss. Univ. Michigan 1974
Ostrogorsky, G., *Geschichte des byzantinischen Staates*, München 1963[3]
Overbeck, M., *Untersuchungen zum afrikanischen Senatsadel in der Spätantike*, Frankfurt 1973

Pabst, W., *Quellenkritische Studien zur inneren römischen Geschichte der älteren Zeit bei T. Livius und Dionys v. Halikarnass*, Diss. Innsbruck 1969
Palanque, J.-R., *Essai sur la préfecture du prétoire du Bas-Empire*, Paris 1933
Palanque, J., R., Bardy, G., Labriolle, P. de., *Histoire de l'église*, Paris 1936
Pallasse, M., *Orient et Occident, à propos du colonat romain au Bas-Empire*, Lyon 1950
Paoli, U.E., *Das Leben im alten Rom*, Bern 1961[2]
Papini, A.M., *Ricimero. L'agonia dell'impero romano d'Occidente*, Milano 1959
Paribene, R., *Da Diocleziano alla caduta dell'Impero d'Occidente*, Bologna 1941
Parker, H.M.D., *The Roman Legions*, Cambridge 1958[2]
Parsi, B., *Désignation et investiture de l'empeureur romain*, Paris 1963
Paschoud, F., *Roma aeterna*, Roma 1967
Pauly-Wissowa, *Realencyclopädie der classischen Altertumswissenschaft*, Stuttgart 1922 ff.
Pavan, M., *La politica gotica di Teodosio nella pubblicistica del suo tempo*, Rom 1964
Pekáry, Th., *Studien zur römischen Währungs- und Finanzgeschichte von 161 bis 235 n. Chr.*, in: Historia 8 (1959)
Pekáry, Th., *Untersuchungen zu den römischen Reichsstraßen*, o. O., 1968
Pepe, G., *The moral downfall of the West*, in: Palaeologia 7 (1958-59)
Persson, A., *Staat und Manufaktur im Römischen Reiche*, Lund 1923
Petersen, E., *Ara Pacis Augustae*, o.O. 1912
Petersen, H., *Senatorial and Equestrian governors in the Third Century A.D.*, in: JRS 45 (1955)
Peterson, E., *Der Monotheismus als politisches Problem*, Leipzig 1935
Petit, P., *Histoire générale de l'Empire romain*, Paris 1974
Petri, E., *Zum Stand der Diskussion über die fränkische Landnahme und die Entstehung der germanisch-romanischen Sprachgrenze*, Darmstadt 1954
Pfister, K., *Der Untergang der antiken Welt*, Leipzig 1941
Pflaum, H.G., *Essai sur le cursus publicus sous le Haut-Empire romain*, in: Mém. prés à l'Acad. des Ins. 14 (1940)
Pflaum, H.-G., *Les procurateurs équestres sous le Haut-Empire romain*, Paris 1960
Pflaum, H.-G., *Les Carrieres procuratoriennes équestres*, Paris 1960-61
Picard, G.C., *La civilisation de l'Afrique romain*, Paris 1959
Pichon, R., *Études sur l'histoire de la littérature latine dans les Gaules*, Paris 1906
Pieri, G., *L'histoire de cens jusq' à la fin de la république romaine*, Paris 1968
Piganiol, A., *L'Empire chrétien (325-395)*, Paris 1947
Piganiol, A., *La crise sociale au Bas-Empire*, in: Journal des Savants 1955
Piganiol, A., *Les documents cadastraux de la colonie romaine d'Orange*, Paris 1962
Piganiol, A., *Histoire de Rome*, Paris 1962[5]
Piganiol, A., *Le sac de Rome*, Paris 1964

Pigulewskaja, N.W., *Die Problematik des Verfalls der Sklavenhaltergesellschaft und der Entstehung der Feudalordnung im Nahen Osten*, in: Sowjetwissenschaft 5/6 (1953)

Pinsent, J., *Military Tribunes and Plebejan Consuls*, Wiesbaden 1974

Pirenne, H., *Geburt des Abendlandes. Untergang der Antike am Mittelmeer und Aufstieg des germanischen Mittelalters*, Amsterdam 1939

Pirenne, H., *Mahomet und Karl der Große. Untergang der Antike und Aufstieg des germanischen Mittelalters*, Frankfurt 1963

Pöhlmann, R., *Römische Kaiserzeit und Untergang der antiken Welt*, in: Ullsteins Weltgeschichte, Berlin 1910

Pratt, K.J., *Rome as Eternal*, in: Journal of the History of Ideas 26 (1965)

Prêcheur-Canonge, T., *La vie rurale en Afrique romaine d'après les mosaiques*, Paris 1962

Premerstein, A. v., *Vom Wesen und Werden des Prinzipates*, München 1937

Puech, A., *Histoire de la littérature grecque chrétienne*, Paris 1928–30

Quasten, J., *Patrology*, Utrecht 1950–60

Rahner, K., *Kirche und Staat im frühen Christentum*, München 1961

Raith, W., *Spartacus. Wie Sklaven und Unfreie den Römern das Fürchten beibrachten*, Berlin 1981

Rehm, W., *Der Untergang Roms im abendländischen Denken*, Leipzig 1930

Reiche, F., *Der Untergang der antiken Welt, Festschrift des Gymnasiums zu Schrimm*, 1908

Reinerth, H. (Hg.), *Vorgeschichte der deutschen Stämme*, Leipzig-Berlin 1940

Reitter, N., *Der Glaube an die Fortdauer des Römischen Reiches im Abendlande während des V. und VI. Jahrhunderts, dargestellt nach Stimmen der Zeit*, Diss. Münster 1900

Rémondon, R., *La crise de l'Empire romain*, Paris 1964

Renan, E., *Histoire des origines du christianisme*, Paris 1882[14]

Riché, P., *Les invasions barbares*, Paris 1953

Richmond, I.A., *Roman and Native in North Britain*, Edinburgh 1958

Richter, H., *Das weströmische Reich besonders unter den Kaisern Gratian, Valentinian II. und Maximus (375-388)*, Berlin 1865

Rivet, A.C.F., *Town and Country in Roman Britain*, London 1964

de Robertis, F.M., *Lavoro e lavoratori nel mondo romano*, Bari 1963

de Robertis, F.M., *La produzione agricola in Italia dalla crisis del III secolo all età dei Carolinghi*, o.O. 1972

de Robertis, F.M., *Storia delle corporazioni e del regime associativo nel mondo romano*, Bari 1974

Rosenberg, A., *Der Untergang des weströmischen Reiches*, in: Deutsche Literaturzeitung 36 (1915)

Rostovtzeff, M., *Studien zur Geschichte des römischen Kolonats*, Leipzig 1910

Rostovtzeff, M., *Gesellschaft und Wirtschaft im römischen Kaiserreich*, Leipzig 1929

Rostovtzeff, M., *The Decay of the Ancient World and its Economic Explanations*, in: Economic History Review 2 (1929-30), dt. *Der Untergang des Römischen Reiches*, 1970

Rostovtzeff, M., *Geschichte der alten Welt*, Bremen o. J.

Rougé, J., *Recherches sur l'organisation du commerce maritime en Mediterranée sous l'Empire romain*, Paris 1966

Rouillard, G., *La vie rurale dans l'Empire byzantin*, Paris 1953

Rubin, B., *Das Zeitalter Justinians*, Berlin 1960

Rüdiger, H., *Wesen und Wandlungen des Humanismus*, Hamburg 1937

Rudolph, H., *Stadt und Staat im römischen Italien*, Leipzig 1935

Ruggini, L., *Economia e società nell'Italia annonaria*, Milano 1961

Runkel, F., *Die Schlacht bei Adrianopel*, Diss. Berlin, Rostock, 1903

Ruppert, G., *Untersuchungen zur Zusammensetzung des ordo decurionum in den westlichen Provinzen des Römischen Reiches*, Diss. Frankfurt 1972

Russell, J.C., *Late Ancient and Medieval Population*, Philadelphia 1958

Salmon, E.T., *The Roman Army and the Desintegration of the Roman Empire*, in: Transactions of the Royal Soc. of Canada 3rd Ser. 2nd Sect. (1958)

Salmon, E.T., *Roman Colonisation under the Republic*, London 1969

Sasse, C., *Die Constitutio antoniana*, Wiesbaden 1958

Saunders, J.J., *The Debate on the Fall of Rome*, in: History 48 (1963)

Schenk Graf v. Stauffenberg, *Das Imperium und die Völkerwanderung*, München 1948

Schiller, F.C.S., *The Ruin of Rome and Its Lesson for Us*, in: Eugenics Review 17 (1925–26)

Schiller, H., *Geschichte der römischen Kaiserzeit*, Gotha 1887

Schleiermacher, W., *Der römische Limes in Deutschland*, Berlin 1967

Schlesinger, W., *Herrschaft und Gefolgschaft in der germanisch-deutschen Verfassungsgeschichte*, in: Hist. Zeitschrift 176 (1953)

Schlippschuh, O., *Die Händler im Römischen Kaiserreich*, Amsterdam 1974

Schmidt, L., *Geschichte der deutschen Stämme*, München 1938–41[2]

Schmidt, L., *Geschichte der Wandalen*, München 1942[2]

Schneider, C., *Geistesgeschichte des antiken Christentums*, München 1954 Ndr. (ohne Anm.) München 1978

Schneider, H., *Germanische Altertumskunde*, München 1951[2]

Schneider, K., *Zusammensetzung des römischen Senats von Tiberius bis Nero*, Zürich 1942

Schönbauer, E., *Wesen und Ursprung des Prinzipats*, in: Zeitschr. d. Savignystiftung, Röm. Abt. 47 (1927)

Schönbauer, E., *Municipia und coloniae in der Prinzipatszeit*, Wien 1954

Schramm, P.E., *Kaiser, Rom und Renovatio*, Leipzig 1929

Schrot, G., *Wirtschaftliche und soziale Veränderungen in der Spätantike*, in: Neue Beitr. z. Gesch. der alten Welt (hgg. v. Welskopf) Berlin 1965

Schubart, W., *Justinian und Theodora*, München 1943

Schuller, W., *Grenzen des spätrömischen Staates: Staatspolizei und Korruption*, in: Zeitschr. f. Papyrologie u. Epigr. 16 (1975)

Schumacher, L., *Prosopographische Untersuchung zur Besetzung der vier hohen römischen Priesterkollegien im Zeitalter der Antoninen und der Severer (96-235)*, Mainz 1973

Schwarze, K., *Beiträge zur Geschichte altrömischer Agrarprobleme*, Halle 1912

Scullard, H.H., *From the Gracchi to Nero*, London 1963[2]

Seager, R. (Hg.), *The Crisis of the Roman Republic*, Cambridge 1969

Seeck, O., *Geschichte des Untergangs der antiken Welt*, Stuttgart 1887-1922, Ndr. Darmstadt 1966

Seston, W., *Dioclétien et la tétrarchie*, Paris 1946

Seston, W., *Verfall des Römischen Reiches im Westen*, Frankfurt–Berlin 1963 (Propyläen–Weltgeschichte IV)

Settimane di Studio del Centro Italiano de Studi sul Alto Medioevo, IX, Spoleto 1962

Seyfarth, W., *Die Spätantike als Übergangszeit zwischen zwei Gesellschaftssystemen*, in: Zeitschr. f. Gesch. 15 (1957)

Seyfarth, W., *Antiker Staat oder Feudalstaat*, in: Palaeologia 7 (1958–59)

Seyfarth, W., *Soziale Fragen der spätrömischen Kaiserzeit im Spiegel des Theodosianus*, Berlin 1963

Sherwin-White, A.N., *Procurator Augusti*, in: Papers of the British School at Rome 15 (1939)

Sherwin-White, A.N., *Roman Society and Roman Law in the New Testament*, Oxford 1963

Sherwin-White, A.N., *The Letters of Pliny*, Oxford 1966

Sherwin-White, A.N., *Racial Prejudice in Imperial Rome*, Cambridge 1967

Sherwin-White, A.N., *The Roman Citizenship*, Oxford 1973

Siber, H., *Römisches Verfassungsrecht in geschichtlicher Entwicklung*, Lahr 1952

Sigwart, G., *Die Fruchtbarkeit des Bodens als historischer Faktor*, in: Schmollers Jahrb. f. Gesetzgeb., Verw. u. Volkswirtsch. 39 (1915)

Simkhovitch, V., *Rome's Fall Reconsidered*, in: Pol. Science Quart. 31 (1916)

Singer, Ch. u. a., *A History of Technology*, o.O. 1954

Sinnigen, W., *The Officium of the Urban Prefecture during the Later Roman Empire*, Roma 1957

Sirago, V.A., *La politica agraria di Trajano*, Löwen 1958

Sirago, V.A., *Galla Placidia e la trasformazione politica dell'Occidente*, Löwen 1961

Smith, R.E., *Service in the post-Marian Roman Army*, Manchester 1958

Solari, A., *La crisi dell'Impero Romano*, Milano 1933–35

Sorel, G., *La ruine du monde antique*, Paris 1925[2]

Spranger, P.P., *Historische Untersuchungen zu den Sklavenfiguren des Plautus und Terenz*, Wiesbaden 1961

Spengler, O., *Der Untergang des Abendlandes*, Ndr. München 1963

Štaerman, E. M., *La chute du régime esclavagiste*, in: Recherches intern. à la lumière du marxisme 2 (1957)

Štaerman, E.M., *Die Krise der Sklavenhalterordnung im Westen des Römischen Reiches*, Berlin 1964

Štaerman, E.M., *Die Blütezeit der Sklavenwirtschaft in der römischen Republik*, Wiesbaden 1969

Starr, Chr. G., *Civilization and the Caesars*, Ithaca 1954

Stecchini, L. C., *The Historical Problem of the Fall of Rome*, in: Journal of General Education 5 (1950–51)

Stein, A., *Der römische Ritterstand*, München 1927

Stein, E., *Untersuchungen über das Officium der Praetorianerpräfekten seit Diokletian*, Wien 1922

Stein, E., *Histoire du Bas-Empire*, Paris 1949–59

Stein, E., *Untersuchungen zur spätrömischen Verwaltungsgeschichte*, in: Opera Minora Selecta, Amsterdam 1968

Stevens, C.E., *Sidonius Apollinaris and his Age*, Oxford 1933

Straub, J., *Die Wirkung der Niederlage bei Adrianopel auf die Diskussion über das Germanenproblem in der spätröm. Literatur*, in: Philologus 95, NF 49 (1942–43)

Straub, J., *Christliche Geschichtsapologetik in der Krisis des Römischen Reiches*, in: Historia 1 (1950)

Straub, J., *Parens principum. Stilichos Reichspolitik und das Testament des Kaisers Theodosius*, in: Nouvelle Clio 4 (1952)

Straub, J., *Heidnische Geschichtsapologetik in der Spätantike*, Bonn 1963

Straub, J., *Vom Herrscherideal in der Spätantike*, Stuttgart 1939, Ndr. Darmstadt 1964

Stroheker, K.F., *Der senatorische Adel im spätrömischen Gallien*, Tübingen 1948

Stroheker, K.F., *Politische Kräfte in der Auflösung des weströmischen Reiches*, in: Orpheus 1 (1954)

Stroheker, K.F., *Germanentum und Spätantike*, Zürich-Stuttgart 1965

Struwe, H.H. (Hg.), *Die Sklavenaufstände und der Sturz des weströmischen Reichs*, in: Geschichte der alten Welt, Rom-Berlin 1957

Sundwall, J., *Abhandlungen zur Geschichte des ausgehenden Römertums*, Helsingfors 1919

Suolahti, J., *The Roman Censors. A Study in Social Structures*, Helsinki 1963

Sutherland, C.H.V., *Coinage in the Roman Imperial Policy 31 B.C. - A.D. 68*, London 1951

Swift, E.H., *Roman Sources of Christian Art*, New York 1951

Syme, R., *The Roman Revolution*, Oxford 1939, dt. München 1962

Szilagyi, J.G., *Die Sterblichkeit in den Städten Mittel- und Süditaliens sowie in Hispanien in der römischen Kaiserzeit*, in: A. Arch. Hung. 15 (1963)

Taeger, F., *Charisma*, Stuttgart 1960

Tatin, R., Arnaldez, R., Massignon, L. (Hg.), *Histoire Général des Sciences*, Paris 1957

Teja, R., *Organisación económica y social de Capadocia en el siglo IV*, Salamanca 1974

Tengström, E., *Donatisten und Katholiken*, Göteborg 1964

Teutsch, L., *Das römische Städtewesen in Nordafrika in der Zeit von C. Gracchus bis zum Tode des Kaisers Augustus*, Berlin 1962

Thierry, A., *Alaric*, Paris 1880²

Thompson, E.A., *The Historical Work of Ammianus Marcellinus*, Cambridge 1947

Thomposon, E.A., *A History of Attila and the Huns*, Oxford 1948

Thompson, E.A., *The Visigoths from Fritigern to Euric*, in: Historica 12 (1963)

Thompson, E.A., *The Barbarian Kingdoms in Gaul and Spain*, in: Nottingham Medieval Studies 7 (1963)

Thompson, E.A., *The Goths in Spain*, London 1968

Tobler-Liermann, Chr., *Die Teilung des Römischen Reichs und ihre völkerrechtlichen Auswirkungen von Diokletian bis zum Untergang des weströmischen Reiches*, Diss. Erlangen 1949

Toynbee, A.J., *A Critique of Gibbon's General Observations on the Fall of the Roman Empire*, in: *A Study of History*, London 1955

Tsunoda, B., *The Problem of the Ending of the Ancient World*, in: Palaeologia 4 (1955)

Ure, P.N., *Justinian and his Age*, Harmondsworth 1951

Uttschenko, S.L. u. a., *Das Römische Reich in der späten Kaiserzeit. Der Zusammenbruch der Sklavenhalterordnung*, in: Weltgeschichte, Berlin 1963²

203

Vasiliev, A.A., *Justin the First*, Cambridge/Mass. 1950

Vázquez de Prada, V. (hg.), *Historia económica y social de España*, Madrid 1973

Vassili, L., *Rapporti fra regni barbarici e Impero nella II metà del V secolo*, Nuova Storica 21 (1937)

Vassili, L., *Oreste, ultimo esponente del tradizionalismo romano*, RFIC 67 (1939)

Vassili, L., *Note di storia imperiale*, RFIC 65 (1937)

Vittinghoff, F., *Römische Kolonisation und Bürgerrechtspolitik unter Caesar und Augustus*, Wiesbaden 1952

Vittinghoff, F., *Zur Verfassung der spätantiken ,,Stadt"*, in: Studien zu den Anfängen des europäischen Städtewesens IV (1958)

Vittinghoff, F., *Die Theorie des historischen Materialismus über den antiken ,,Sklavenhalterstaat"*, in: Saeculum 11 (1960)

Vittinghoff, F., *Die Bedeutung der Sklaven für den Übergang von der Antike ins abendländische Mittelalter*, in: Hist. Zeitschr. 192 (1961)

Vittinghoff, F., *Zum geschichtlichen Selbstverständnis der Spätantike*, in: Historische Zeitschrift 198 (1964)

Vogt, J., *Rom und Karthago*, Leipzig 1943

Vogt, J., *Orbis Romanus. Ein Beitrag zum Sprachgebrauch und zur Vorstellungswelt des römischen Imperialismus*, in: Orbis, Wiesbaden 1960

Vogt, J., *Constantin d. Gr. und sein Jahrhundert*, München 1960[2]

Vogt, J., *Zur Religiosität der Christenverfolger im Römischen Reich*, Heidelberg 1962

Vogt, J., *Der Niedergang Roms*, Zürich 1965

Vogt, J., *Kulturwelt und Barbaren, Zum Menschenbild der spätantiken Gesellschaft*, Wiesbaden 1967

Vogt, J., *Sklaverei und Humanität*, Wiesbaden 1972[2]

Vogt, J., *Die römische Republik*, Freiburg–München 1973

Vogt, J., Brockmeyer, N., *Bibliographie zur antiken Sklaverei*, Bochum 1971

Voigt, K., *Staat und Kirche. Von Konstantin bis zum Ende der Karolingerzeit*, Stuttgart 1936, Ndr. Aalen 1965

Volbach, W.-F., Hirmer, M., *Frühchristliche Kunst*, München 1958

Volkmann, H., *Die Massenversklavungen der Einwohner eroberter Städte in der hellenistisch-römischen Zeit*, Wiesbaden 1961

Volkmann, H., *Res gestae Divi Augustae*, Berlin 1969[3]

Wagner, N., *Gotica, Untersuchungen zum Leben des Jordanes und zur frühen Geschichte der Goten*, Berlin 1967

Walbank, F.W., *The Decline of the Roman Empire in the West*, London 1946

Walek-Czernecki, T., *Les causes profondes de la ruine du monde antique*, in: Bull. of the Internat. Comm. of Hist.Sc., Washington 1938

Wallace, S.L., *Taxation in Egypt from Augustus to Diocletian*, Princeton 1938

Wallace-Hadrill, J.M., *The Barbarian West 400-1000*, London 1952

Walser, G., Pekáry, Th., *Die Krise des Römischen Reiches*, Berlin 1962

Waltzing, J.P., *Étude historique sur les corporations professionelles chez les Romains*, Louvain 1895–1900

Warmington, B.H., *The North African Provinces from Diocletian to the Vandal Conquest*, Cambridge 1954

Watson, G.R., *The Pay of the Roman Army*, in: Historia 5 und 8

Weaver, P.R.C., *Familia Caesaris. A social Study of the Emperor's Freedmen and Slaves*, Cambridge 1972

Weber, M., *Gesammelte Aufsätze zur Sozial- und Wirtschaftsgeschichte*, Tübingen 1924

Weber, M., *Die römische Agrargeschichte in ihrer Bedeutung für das Staats- und Privatrecht*, Stuttgart 1891

Weber, M., *Die sozialen Gründe des Untergangs der antiken Welt*, in: Ges. Aufsätze, s. o.

Weber, W., *Herrschertum und Reich im 2. Jahrhundert*, Stuttgart-Berlin 1937

Weber, W., *Römische Geschichte bis zum Zerfall des Weltreichs* (Neue Propyläen Weltgeschichte), Berlin 1940

Webster, G., *The Roman Imperial Army of the first and second Centuries A.D.*, London 1969

Weinstock, St., *Pax and the »ara Pacis«*, in: Journal of Roman St. 50 (1960)

Werner, J., *Fernhandel und Naturalwirtschaft im östlichen Merowingerreich nach archäologischen und numismatischen Zeugnissen*, in: Ber. der röm.-germ. Komm XLII (1961)

Werner, R., *Der Untergang Roms. Studien zum Dekadenzproblem in der antiken Geistesgeschichte*, o. O. 1939

Werner, R., *Der Beginn der römischen Republik*, München 1963

Wes, M.A., *Das Ende des Kaisertums im Westen des Römischen Reichs*, Den Haag 1967

West, L.C., *The Economic Collapse of the Roman Empire*, in: Classical Journal 28 (1932)

Westermann, W.L., *The Economic Basis of the Decline of Ancient Culture*, in: American Historical Review 20 (1915)

Westermann, W.L., *The Slave Systems of Greek and Roman Antiquity*, Philadelphia 1955

White, K.D., *Agricultural Implements of the Roman World*, Cambridge 1967

White, L., *The Transformation of the Roman World*, Berkeley 1966

Wieacker, F., *Recht und Gesellschaft der Spätantike*, Stuttgart 1964

Wieacker, F., *Die Krise der antiken Welt*, Göttingen 1976

Wietersheim, E. v., *Geschichte der Völkerwanderung*, Leipzig 1880-81[2]

Wilamowitz-Moellendorf, U.v., *Der Untergang des Altertums*, in: Reden und Vorträge, Dublin-Zürich 1967[5]

Wilkes, J.J., *Dalmatia*, London 1969

Wilson, A.J.N., *Emigration from Italy in the Republican Age of Rome*, New York 1966

Wiseman, T.P., *New Men in the Roman Senate 1939 B.C. - A.D. 14*, Oxford 1971

Zeiller, J., *Les sentiments du monde romain en face des invasions germanique*, in: Journal des Savants 1949

Zeise, R., *Die Ursachen des Untergangs der weströmischen Sklavenhalterstaaten*, Geschichte in der Schule 6, 1953

Ziegler, K.H., *Die Beziehungen zwischen Rom und dem Partherreich*, Wiesbaden 1964

Zimmermann, F.F., *Der Untergang Roms*, in: Odal 6(1937)

Zwicky, H., *Die Verwendung des Militärs in der Verwaltung der römischen Kaiserzeit*, Zürich 1944

WAGENBACHS TASCHENBÜCHEREI

Franz Kafka, In der Strafkolonie. Eine Geschichte aus dem Jahre 1914. Mit Materialien, Chronik und Anmerkungen von Klaus Wagenbach WAT I. 96 Seiten DM 5,-.

Faust, Ein deutscher Mann. Die Geburt einer Legende und ihr Fortleben in den Köpfen. Lesebuch von Klaus Völker. WAT 2. 192 Seiten. DM 9,50

1848/49: Bürgerkrieg in Baden. Chronik einer verlorenen Revolution. Zusammengestellt von Wolfgang Dreßen. WAT 3. 160 Seiten. DM 8,50

Länderkunde: Indonesien. Von Einar Schlereth. WAT 4. 128 Seiten DM 9,50

Schlaraffenland, nimms in die Hand! Kochbuch für Gesellschaften. Von Peter Fischer. WAT 5. 224 Seiten. DM 11,-

Peter Brückner, ». . . bewahre uns Gott in Deutschland vor irgendeiner Revolution!« WAT 6. 128 Seiten. DM 6,50

Die Geschichte des Docktor Frankenstein und seines Mord-Monsters oder die Allgewalt der Liebe. Herausgegeben von Susanne Foerster. WAT 8. 128 Seiten. DM 6,-

Babeuf, Der Krieg zwischen Reich und Arm. Artikel, Reden, Briefe. Kommentiert von Peter Fischer. WAT 9. 128 Seiten. DM 6,-

1886, Haymarket. Die deutschen Anarchisten von Chicago. Lebensläufe, Reden. Herausgegeben von Horst Karasek. WAT 11. 193 Seiten. DM 8,50

Jonas Geist, Versuche das **Holstentor zu Lübeck** im Geiste etwas anzuheben. WAT 12. 144 Seiten. DM 6,50

Die Schlacht unter dem Regenbogen. Frankenhausen 1525, ein Lehrstück aus dem Bauernkrieg. Von Ludwig Fischer. WAT 13. 192 Seiten. DM 8,50

Zapata. Barbara Beck und Horst Kurnitzky: Bilder aus der mexikanischen Revolution. WAT 14. 160 Seiten. DM 7,50

Weißer Lotus, Rote Bärte. Geheimgesellschaften in China. Zur Vorgeschichte der Revolution. Ein Dossier von Jean Chesneaux. WAT 15. 192 Seiten. DM 8,-

Die Kommune der Wiedertäufer. Münster 1534. Von Horst Karasek. WAT 16. 160 Seiten. DM 7,50

Grand Guignol. Das blutige Theater Frankreichs. Zusammengestellt von Caroline Neubaur und Karin Kersten. WAT 17. 128 Seiten. DM 6,50

131 expressionistische Gedichte. Hrsg. Peter Rühmkorf. WAT 18. 160 Seiten. DM 8,-

Peter O. Chotjewitz/Aldo De Jaco, Die Briganten. Aus dem Leben süditalienischer Rebellen. WAT 19. 192 Seiten. DM 7,50

Die Scheidung von San Domingo. Dokumentation v. H. C. Buch. WAT 20. 192 Seiten. DM 8,-

GRIPS-Theater. Geschichte, Dokumente und Modelle eines Kindertheaters. Hrsg. Volker Ludwig u. a. WAT 21. 192 Seiten, DM 8,50

Erich Mühsam, Fanal. Ausgewählte Aufsätze und Gedichte (1905-1932). Hrsg. Kurt Kreiler. WAT 22. 192 Seiten. DM 8,50

Albert Soboul, Kurze Geschichte der Französischen Revolution. Ihre Ereignisse, Ursachen und Folgen. WAT 23. 160 Seiten. DM 9,50

Der Automaten-Mensch. E.T.A. Hoffmanns Erzählung vom »Sandmann«, auseinandergenommen und zusammengesetzt von Lienhard Wawrzyn. WAT 24. 160 Seiten. DM 8,-

Frauenhäuser. Gewalt in der Ehe. Hrsg. Sarah Haffner. WAT 25. 224 Seiten. DM 12,-

80 Barockgedichte. Hrsg. Herbert Heckmann. WAT 27. 128 Seiten. DM 7,50

Peter Brückner, Ulrike Marie Meinhof u. d. dt. Verhältnisse. WAT 29. 192 Seiten. DM 9,50

Bettina von Arnim. Eine weibliche Sozialbiographie aus dem 19. Jahrhundert. Von Gisela Dischner. WAT 30. 192 Seiten. DM 9,50

Die Päpstin Johanna. Ein Lesebuch von Klaus Völker. WAT 31. 128 Seiten. DM 6,50

Charles Fourier, Aus der neuen Liebeswelt. WAT 32. 208 Seiten. DM 9,50

Schinderhannes. ›Kriminalgeschichte voller Abenteuer und Wunder, doch streng der Wahrheit getreu. 1802.‹ Hrsg. Manfred Franke. WAT 34. 128 Seiten. DM 8,50